REGISTRAR
BOOKS

改訂

設題解説 戸籍実務の処理

Ⅵ 親権・未成年後見 編

木 村 三 男 監修
竹 澤 雅二郎
荒 木 文 明 著

日本加除出版株式会社

改訂版　はしがき

本書の初版は、平成七年一一月に「設題解説　戸籍実務の処理」シリーズの「第Ⅵ編　親権・後見・保佐編」として刊行された。その後、高齢社会への対応及び障害者福祉の充実の観点から、いわゆる成年後見関連四法（平成一一年法律一四九号「民法の一部を改正する法律」、同年法律一五〇号「任意後見契約に関する法律」、同年法律一五一号「民法の一部を改正する法律の施行に伴う関係法律の整備等に関する法律」及び同年法律一五二号「後見登記等に関する法律」）により、成年後見制度の改正が行われ、平成一二年四月一日から施行された。この改正により、従前の禁治産制度・準禁治産制度は、後見・保佐・補助の制度（法定後見制度）に改められるとともに、新たに任意後見制度が創設された。そして、この後見制度及び保佐制度に関する事項は、後見登記に関する法律に定める登記によって公示されることとなり、また、戸籍法の改正後の後見人に関する届出は、未成年者の後見に関する届出の規定に、また、保佐人及び後見監督人に関する届出の規定は、未成年後見監督人に関する届出の規定に改められた（これにより、戸籍法改正後の届出による後見に関する戸籍記載は、未成年者の後見に関する事項のみとなる。）。

次に、平成二四年四月一日から施行された「民法等の一部を改正する法律」（平成二三年法律六一号）においては、児童の虐待の防止を図り、児童の権利・利益を擁護する観点から、親権の一時停止制度が新設され、さらには法人又は複数の未成年後見人の選任が認められる等、主として民法中の親権及び後見に関する規定の改正が行われるとともに、戸籍法、児童福祉法等の関連規定が改められている。

一方、裁判制度についても、司法制度改革の一環として、人事訴訟に関する手続につき、明治三一年に制定された

「人事訴訟手続法（明治三一年法律一三号）」に代わる新しい法律として、「人事訴訟法（平成一五年法律一〇九号）」が制定・公布され（平成一六年四月一日施行）、裁判所の機能の充実による人事訴訟手続の充実及び迅速化が図られた。そのほか、家庭裁判所の家事事件手続の見直しが行われ、昭和二二年に制定された「家事審判法（昭和二二年法律一五二号）」に代わる新しい法律として「家事事件手続法（平成二三年法律五二号）」が制定・公布され（平成二五年一月一日施行）、制度の拡充・規定の整備が図られた。

このような社会情勢の変化に応じた戸籍関係法令等の改正は、戸籍実務の取扱いに変更等をもたらしていることから、本書の記述内容等について全般的な見直しを行った上、ここに改訂版を発刊させていただくこととした。

本書が、初版と同様に、戸籍実務の適正処理に多少でもお役に立つことができれば、望外の幸せである。

なお、本書の刊行に当たり、日本加除出版株式会社常任顧問・木村三男氏（元大津地方法務局長）に、初版と同様、適切なご指導と監修をいただいたことに対し、ここに記して深く感謝を申し上げる次第である。

平成二五年六月

著　者

目　次

できるだけ細分し、かつ、解説については、前説の引用の煩を避ける意味と理解を容易にする趣旨から説題ごとに極力詳述するよう心がけることとした。このため、記述が重複する部分もあることを御了承いただきたい。

本書が新たに実務に就かれる方はもとより、現に戸籍事務に携わっておられる方々のために、第Ⅰ編ないし第Ⅳ編と同様に、多少なりともお役に立つところがあれば望外の幸せである。

なお、本書の執筆に当たり、多くの方々の文献を参考にさせていただいたほか、日本加除出版株式会社常任顧問木村三男氏（元大津地方法務局長）に適切なご指導と監修をいただいたことに対し、ここに特に記して深く感謝申し上げる次第である。

平成七年一一月

竹澤雅二郎
（元浦和地方法務局次長）

荒木文明
（浦和地方法務局川越支局長）

はしがき

本書は、「設題解説　戸籍実務の処理」シリーズの第Ⅵ編　親権・後見・保佐編として刊行されることになったものである。

親権・後見及び保佐の制度は、未成年者・禁治産者及び準禁治産者の身上及び財産上の保護を図るとともに、これら行為無能力者の取引の相手方を保護する目的の下に設けられた制度であって、第三者にとってはその利害に影響するところが少なくない。そこで、これを戸籍に記載して一般に公示する必要がある。しかも、親権等の喪失を宣告する裁判や、いわゆる審判前の保全処分を命ずる裁判が確定した場合には、これを遅滞なく、かつ、的確に戸籍に記載して公示することが要請されている。このことから、昭和五五年法律第五一号により「家事審判法及び戸籍法の一部」が改正され、これらの身分関係の公示をより完全なものにするために、裁判所書記官からの戸籍の記載嘱託制度が新設されたところである。

このように親権・後見及び保佐に関する戸籍の届出・記載嘱託は、極めて重要な意味をもつものであるが、その取扱い件数は全届出事件からみれば、三パーセント弱にすぎないので、実際に事務処理をされる機会は一般に少ないと思われる。しかし、むしろ、それだけにこの制度の内容及び民法、家事審判法等関係法令の理解が特に求められるところである。

本書は、右のような観点から、親権・後見及び保佐に関する制度についての基本的な考え方や戸籍の届出・記載嘱託事件処理上の疑問あるいは問題点を解明するための一助に資するべく設題ごとに解説を試みたものである。設題は

第十二　親権・管理権の届出及び戸籍の処理

二　届書の審査

三　未成年後見の届出事例及び戸籍記載等の処理例

第一章　親　　権

第一　親権一般

問1　親権とは、どのような制度か。

答　父母が親の身分に基づき、未成年の子の利益のために監護教育することを目的とする権利義務の総称である。

解説

一　親権の意義

親権とは、親が未成年の子の利益のために哺育、監護、教育することを目的とする権利義務の総称であり、親子関係の中核となるものである。親子の法律関係のうち、親の子に対する監護養育の関係が親権関係であり、父母の養育者としての地位、職分から流出する権利義務を総称して親権という。

人が親子という身分関係を有することによっていろいろな法律的効果が生ずる。あるいは相互に相続人となり（民八八七条）、また、扶養の権利義務を負い（民八七七条）、さらには第三者の生命侵害に対する慰謝料請求権をもつ（民七一一条）など、子の保護養育が終わっても親子関係は存続することになる。したがって、親子関係は単に親権関係だけにとどまるものではない。しかし、親子関係から生ずる最も重要な効果は、親が未成熟な子を哺育、監護、養育することであり、これを親権として特別に取り扱うのが近代法の特色である（遠藤浩ほか「第四版増補補訂版民法(8)親族」二六二頁）。

親が子を哺育、監護、教育することは、国家社会に対する重大な義務といえる。これを権利であるというのは、この義務を遂行するために、他人にみだりに干渉されないという意味に理解すべきである。したがって、親権の行使が濫用におちいるときは、もはや親権の行使たる効力をもたなくなる（我妻栄ほか「第三版民法3親族法相続法」一八二頁）。

二　親権関係の当事者

親権に服する者は、未成年の子である（民八一八条一項）。なお、未成年の子も婚姻すると成年に達したものとみなされる（民七五三条）から、親権に服さなくなる。

親権は、父母が婚姻中の場合は、父母が共同して行使する（民八一八条一項・三項本文）。父母の一方が親権を行使できないときは、他の一方が行使する（民八一八条三項ただし書）。父母が離婚するときは、その一方だけが親権者となる（民八一九条一項・五項）。嫡出でない子については、母が親権を行使する（民八一九条四項）。養子の親権者は、養親である（民八一八条二項）。

問2　親権には、どのような効力があるか。

答　親権の効力は、子の身分に関するもの（身上監護権）と子の財産に関するもの（財産管理権）とに分けられる。

解説

一　子の身分に関するもの（身上監護権）

民法は、親権の効力について、「親権を行う者は、子の利益のために子の監護及び教育をする権利を有し、義務を負う。」（民八二〇条）と定めている。この親の責務を実行する手段として、次のような定めがされている。

1　居所指定権

ア　子は、親権者の指定した場所に居所を定めなければならない（民八二一条）。すなわち、親権者は、監護・教育のために必要な範囲で、子に対してその居所を指定し、そこに居住させることによって、監護・教育の効果を挙げることができる。そのためには子を指定した場所に居住させることが必要である。もし、子の所在が不明であったり、子が勝手に居所を定めているときは、監護・教育は事実上不可能である。親権者に子の居所指定権を認めているのは、そのためである。

イ　居所指定は、子に意思能力がある場合にだけ意味がある。子が親権者の指定した場所に居住することを第三者が妨害しているときは、子が意思能力のない幼児の場合には、引渡しを請求することができる（大正元・一二・一九大審院判決・民録一八輯一〇八七頁～間接強制ができる）。子に意思能力がある場合にも、その妨害の排除を請求することができるが、子がその自由意思によって第三者と同居している場合には、第三者による親権の妨害はないのであるから、引渡請求はもちろんのこと、妨害排除の請求もできない。この場合、子に対して居所指定をすることができるが、直接にその居所指定を強行する手段は認められていない〔注〕。

ウ　居所指定は、親権者が監護・教育上、最も適切な方法と場所を選ぶことでよい。親権者と同居させてもよいし、学校の寮に入れてもよい。ただ、この指定は特定の家屋である必要はなく、特定の市町村のように一定の範囲の地域でもよいとされている。どこに居住させるかは親権者の自由裁量に委されている。しかし、子の心身の発育に悪影響を及ぼすおそれのあるような場所を指定し、それが子の利益を著しく害するような場合には、親権喪失の原因となる（民八三四条）。

2　懲戒権

親権者は、民法第八二二条の規定による監護及び教育に必要な範囲で自らその子を懲戒することができる。しかし、社会通念を超える懲戒権の行使は、親権の濫用になるばかりではなく、傷害罪（刑二〇四条）、暴行罪（刑二〇八条）、監禁罪（刑二二〇条）、脅迫罪（刑二二二条）など刑事責任を問われることにもなる（明治三七・二・一大審院判決・刑録一〇輯一二三頁、昭和二八・二・一八札幌高裁函館支部判決・高刑集六巻一号一二八頁）。なお、平成二三年法律第六一号による民法の改正前のおける第八二二条の規定は、家庭裁判所の許可を得て子を懲戒場に入れることができると定めていたが、現在は懲戒場に該当する施設は存在しないことから、同条中の懲戒場に関する部分は削除された。

3　職業許可権

子は、親権者の許可を得なければ、職業を営むことができない（民八二三条）。この職業とは、営業よりも広く、工場や商店で働くために雇用契約を締結する場合も含まれる。いったん許可を与えても、営業又は職業に耐えないことが明らかなときは、これを取り消し又は制限をすることができる（民六条二項・八二三条二項）。

労働基準法は、親権者が本人に代わって労働契約を締結することを禁止している（労基法五八条一項）。もっとも、これは、親権者の代理契約を禁止しているだけであるから、親権者の同意は必要である。また、労働契約が未成年者に不利と認めるときは、親権者は労働契約を解約できる（労基法五八条二項）。

4　民法以外の法律で親権の内容を定めているもの

ア　子に義務教育を受けさせる義務（教育基本法五条、学校教育法一七条・一八条）

イ　子の監護が不十分又は不適当であるときには、市町村長等がその子を保護施設に収容し、又は、里親に委託するか救護院に入所させる等の措置を講ずることを、認容すること（児童福祉法二三条～三三条）。

ウ　親権者であっても、児童にこじきをさせたり、公衆の娯楽を目的として軽業や曲馬をさせてはならないこと（児童福祉法三四条・六〇条）

エ　児童福祉施設の長は、必要がある場合は、入所した児童に対し、その身上のことについて、親権を行うことができる（児童福祉法四七条一項）。また、児童相談所長は、一時保護を加えた児童、又は小規模住居型児童養育事業を行う者若しくは里親に委託中の児童に対し、親権を行うことができる（同法三三条の二第一項、三三条の八第二項、四七条二項）。

5　身分上の行為の代理

ア　親権者が、子の身分上の行為について、代理権限が認められる場合として、各別に規定されている。例えば、①嫡出子否認の訴えの相手方となること（民七七五条）、②認知の訴えをすること（民七八七条）、③子の氏の変更をすること（民七九一条）、④縁組の代諾をすること（民七九七条）、⑤未成年者が養親となる縁組をした場合の取消しを請求すること（民八〇四条）、⑥相続の承認又は放棄をすること（民九一七条）、⑦離縁の代諾をすること（民八一一条）、⑧離縁の訴えをすること（民八一五条）などである。

イ　親権者は、その親権に服する子が自分自身の子に対して親権を行使すべき場合に、代わって親権を行使する（民八三三条）。例えば、親権に服している未成年者が、嫡出でない子を出生したときは、未成年者である母自身が親権に服していながら、その子の親権者になることは、不都合であるため、未成年者の母の親権者（子からみて祖父母）が、その親権を代行するというものである。この代行は、未成年者である母が、その子の親権者になれないので、母の親権者が代わって親権を行使するだけで、その者が子の親権者になるわけではない。

〔注〕　一三歳の子に意思能力があるとした判例（昭和一三・三・九大審院判決・民集一七巻三七八頁）
　　三歳の幼児には自由意思はないとした判例（昭和三五・三・一五最高裁判決・民集一四巻四三〇頁）

二　子の財産に関するもの（財産管理権）

1　代理権

ア　未成年者は、自己の財産を管理するについて十分な能力を有しないので、自ら財産を管理することは危険である。そこで、民法は、未成年者は未成熟であるが故に判断能力が不十分であることから、これを保護し、親権者をつけて、その親権者に未成年者の財産を管理させることにしている。

親権者の財産管理については、未成年者を代理して法律行為をする（民八二四条）方法と、未成年者が財産に関して法律行為をする際に同意を与える（民五条一項本文）方法がある。

イ　親権者が子の財産を管理し、又は、財産に関する法律行為を代わってする場合は、自己のためにすると同一の注意をもって、その管理を行わなければならない（民八二七条）。

ウ　子が成年に達したときは、親権者は、遅滞なくその管理の計算をしなければならない。その場合には、この財産の収益は、その子の養育費及び財産管理の費用と相殺したものとみなされる（民八二八条）。

エ　第三者が、子に無償で財産を与える場合には、その財産について、親権者の一方又は双方に管理させない意思を表示することができる（民八二九条）。その場合には、排斥された親権者は、その財産については管理権を持たないことになる（民八三〇条一項）。その結果、父母ともに管理権を持たないときは、贈与者である第三者は管理者を指定することができる。第三者が指定しなかったときは、家庭裁判所が、子、その親族又は検察官の請求によって、その管理者を選任することになる（民八三〇条二項）。

オ　親権者と子との間に財産の管理について生じた債権は、管理権が存続している間は、その行使が困難であるから、管理権が消滅するまでは、消滅時効は進行しないとしている。また、このような債権は、管理権が消滅した後には、短期間に決済すべきものとして、五年間の短期消滅時効にかかるとしている（民八三二条）。

2　利益相反行為

ア　利益相反行為とは、例えば、子の財産を親権者に売却するような、親権者と子との間の法律行為（民一〇八条）や、親の債務について子が保証人もしくは物上保証人となる場合のような、子と第三者の行為の代理権行使である。これらの場合は、親権を行使する父や母とその子とは利益が相反することになる。このような利益相反行為については、親権者は、子を代理する権利も、子に同意を与える権利もない。この場合は、家庭裁判所は、その子のために特別代理人を選任し、特別代理人が、子を代理し、又は子に同意を与えることになる（民八二六条一項、家事一六七条・別表第一の六五項）。

なお、親権者が自分の財産を子に贈与する場合のように、利益が相反しない行為については、親権者は、自分の立場と子を代理する立場とを同時に兼ねて、贈与契約を結ぶことができる（昭和六・一一・二四大審院判決・民集一〇巻一一〇三頁)。

父母が共同して親権を行使している場合に、父母の一方と子との利益相反行為についても、特別代理人を選任しなければならない。子と父とだけ利益が相反する行為で、母が子を代理しても、子の利益を十分に保護することは困難であるからである。この場合は、特別代理人と母とが共同して子を代理するとされている(昭和三五・二・二五最高裁判決・民集一四巻二号二七九頁)。

イ　親権者が数人の子に対して親権を行使する場合に、一人の子と他の子との利益が相反する行為については、その一方の子のために、特別代理人を選任しなければならない(民八二六条二項)。例えば、親権に服している長男の財産を二男に譲渡する場合に、親権者が双方を代理して、契約を締結することはできない。

ウ　身分上の行為についても、利益相反行為がある。例えば、親権者が自分の一五歳未満の嫡出でない子を自己の養子とする場合である(昭和二三・一一・三〇民事甲三一八六号回答)。この場合に、もし、親権者が養子縁組の当事者としての養親と、養子となる子の親権者として代諾をするとすれば、親権の公正な行使が期待できず、子に不利益な養子縁組をする場合も生じかねない。また、この場合は、自己の直系卑属を養子とする場合であるから、家庭裁判所の許可を要しない(民七九八条ただし書)ことになるので、国家の後見的な作用も機能しない。

そこで、このような養子縁組の場合は、家庭裁判所の選任した特別代理人が子を代理し、その者と養親となる母が届出人となって縁組を成立させることになる。なお、自己の一五歳未満の嫡出でない子を配偶者とともに養子とする縁組の届出の場合、嫡出でない子とその親権者との縁組については、特別代理人の選任は要しないとされている(昭和六三・九・一七民二—五一六五号通達)。この通達は、昭和六二年法律第一〇一号で「民法等の一部を改正する法律」によって、「……民法第七九五条が改正され、配偶者のある者が未成年者を養子とするには原則として配偶者とともにしなければならないこととされたところであり、この改正の趣旨に照らし、前記先例（編注・昭和二三・一一・三〇民事甲三一八六号回答）による取扱いは一部これを変更するのが相当と思料されるので、今後は、標記縁組の場合（編注・自己の一五歳未満の嫡出でない子を配偶者とともに養子とする縁組の届出の場合、嫡出でない子とその親権者との縁組）に限って、嫡出でない子とその親権者との縁組につき特別代理人の選任は要しないこととし、その親権者からの縁組の届出を受理して差し支えないものとする。」とされている。

3　身上監護権と財産管理権

親権の効力には、前述したとおり身上監護権と財産管理権があるが、父又は母による虐待又は悪意の遺棄があるとき、その他父又は母による親権の行使が著しく困難又は不適切であることにより子の利益を著しく害するときは、子、その他の親族、未成年後見人、未成年後見監督人又は検察官の請求によって、親権喪失の審判をすることができる（民八三四条、児童福祉法三三条の七）。親権喪失の審判がされた場合は、身上監護権も財産管理権も喪失する。これに対し、親権を行う父又は母による財産管理権の行使が失当であることによって子の財産を危うくした場合でなくても、父又は母による管理権の行使が困難又は不適当であることにより子の利益を害するときも、同様に管理権喪失の審判がされる（民八三五条）。この場合は、親権の一部である財産管理権のみが喪失するにとどまり、親権者としての地位には形式的に影響がない（中川淳「改訂親族法逐条解説」四八三頁以下）。

問3　親権に服するのは、どのような場合か。

答　未成年の子である。

解説

親権に服する子

親権に服するのは、未成年の子に限られる（民八一八条一項）。未成年の子には養子も含まれる（民八一八条二項）。

なお、未成年者でも婚姻すると成年に達したものとみなされる（民七五三条）から、親権には服さないことになる。いったん成立した婚姻が、離婚、取消し、配偶者の死亡によって解消した場合において、その者が二〇歳に達していないときでも、再び親権に服することはないと解されている（昭和二三・二・二〇民事甲八七号回答、昭和二三・四・二一民事甲五四号回答）。ただし、婚姻適齢（男一八歳、女一六歳）に達しない婚姻として、取り消された場合（民七三一条・七四三条・七四五条）は、先例は、それが婚姻適齢に達しない間に取り消されたときであれば、未成年者に戻るとされている（昭和三〇・五・二八民二―二〇一号回答、昭和三一・二・一八民二―六〇号回答）。したがって、この場合は、親権に服することになる。

問4　親権者となるには、どのような能力が必要か。

答　未成年者及び成年被後見人である父母は、親権を行使することができない。それ以外の父母は親権を行使する能力を有する。

解説

一　親権を行使する能力

親権は、未成熟の子を哺育、監護、教育することを目的とするものであり、そのため、親権者は子の身分上及び財産上についての権利と義務を有する。もし、親権者となる父母が未成年者及び成年被後見人であるときは、その目的を果たすことができないから、親権を行使する能力を有しないということになる。

二　親が未成年者の場合

未成年者は未成熟であるが故に判断能力が不十分な者とされている（民五条）から、親が未成年のときは、自ら親権を行使することはできない。例えば、未成年者が嫡出でない子を出生した場合は、母である未成年者は、その子の親権を行使できないため、未成年者の親権者（父母）又は未成年後見人が、未成年者の親権を代わって行使することになる（民八三三条・八六七条一項）。この場合、親が成年に達すれば（民四条・七五三条）親権に服さないし、また、未成年後見のときは後見は終了し、自ら親権を行使することになる。

三　親が成年被後見人の場合

成年被後見人は事理を弁識する能力を欠く者とされている（民七条）から、親権者である父又は母が成年被後見人で八三八条一号)。

あるときは、自ら子の親権を行使することはできない。親が成年被後見人のときは、未成年後見人が選任される(民

四　被保佐人の親権行使の能力

被保佐人の親権行使については、明文の規定はないが、親権は子の財産管理権を含むものであり、被保佐人は、自らの財産についても完全な管理能力が認められていない(民一三条)ので、被後見人と同様に親権行使能力がないとするのが通説である(我妻栄「親族法」三二一頁)。判例及び先例も同様に解している(明治三九・四・二大審院判決・民録一二輯五五三頁、明治四四・一一・二七大審院判決・民録一七輯七二七頁、大正四・二・一〇民九五号回答、昭和三一・六・一三民事甲一三一八号回答)。

第二　共同親権

一　嫡出子の親権

問5　嫡出子の親権者は、だれか。

答　父母が婚姻中のときは、父母である。父母の一方が親権を行使できないときは、他の一方が行使する。父母が離婚しているとき、又は婚姻が取り消されているときは、父又は母の一方が親権者となる。父母の一方が死亡しているときは、生存する一方が親権者となる。

解説

一　父母が婚姻中の場合

成年に達しない子の親権は、父母が婚姻中のときは共同して行使する（民八一八条一項・三項）。すなわち、父母共同親権が原則である。

日本国憲法施行（昭和二二・五・三）前の旧民法においては、子は「其家ニ在ル父」（旧民八七七条一項）の親権に服するとされ　母は親権の行使ができなかった。ただ、父が、「知レサルトキ」「死亡シタルトキ」「家ヲ去リタルトキ」「親権ヲ行フコト能ハサルトキ」にはじめて、「家ニ在ル母」が親権を行使するとされていた（旧民八七七条二項）。

しかし、日本国憲法施行後は、男女平等を基調とする新憲法の理念により、婚姻中の父母は共同して親権を行使するものとされた（日本国憲法の施行に伴う民法の応急的措置に関する法律六条一項、民八一八条一項・三項）。

二　父母が婚姻中であるが、その一方が親権を行使できない場合

父母は婚姻中であるが、その一方が親権を行使できないときは、他の一方だけが親権を行使することになる（民八一八条三項ただし書）〔注〕。

父母の一方が親権を行使できない場合とは、一方が法律上又は事実上の障害がある場合である。法律上の障害としては、①親権の喪失の審判（民八三四条）、②親権停止の審判（民八三四条の二）、③親権の辞任（民八三七条一項）、④後見開始の審判又は保佐開始の審判（民七条・一一条）、事実上の障害としては、⑤行方不明、⑥服役中、⑦心神喪失又は心身の著しい障害があるとき等である。

三　父母が離婚した場合

未成年の子がいる場合に、父母が協議離婚をするときは、父母の協議で、その一方を親権者と定めなければならない（民八一九条一項）。協議が調わないとき、又は協議をすることができないときは、家庭裁判所は、父又は母の請求によって、協議に代わる審判をすることができる（民八一九条五項、家事一六七条・一六八条七号・別表第二の八項）。

裁判上の離婚の場合は、裁判所は、離婚判決とともに父母の一方を親権者と定める（民八一九条二項、人訴三二条三項）。調停又は審判による離婚の場合も、裁判所は同様に定める（家事一六七条・一六八条七号・別表第二の八項・二五七条・二六八条・二八四条・二八六条）。

四　嫡出子の出生前に父母が離婚した場合

子の出生前に父母が協議離婚又は裁判離婚した後、三〇〇日以内に出生した子は嫡出子と推定される（民七七二条二項）が、この場合の親権者は、母である（民八一九条三項）。子の出生後に、父を親権者と定めることもできるが、その場合は父母の協議によることになる（民八一九条三項ただし書）。もし、父母の協議が調わないとき、又は協議することができないときは、家庭裁判所は、父又は母の請求によって、協議に代わる審判をすることができる（民八一九条五項）。

父母の協議によって父が親権者となる場合は、親権者指定の届出（戸七八条）をすることになる。この届は、届出によって効力が発生する創設的届出である。また、家庭裁判所の審判により父が親権者となる場合は、審判の確定によって効力が発生しているので、親権者指定届は報告的届出である。

五　父母の婚姻が取り消された場合

婚姻の取消しの場合は、判決又は審判によらなければならない（民七四三条）ので、裁判離婚の場合に準じて、婚姻の取消しとともに親権者を定める裁判をする（民七四九条・八一九条二項、人訴三二条三項、家事二八二条）。

六　父母の一方が死亡した場合

父母が婚姻中は、原則として共同で親権を行使するが、その一方が死亡したときは、生存している他の一方が単独で親権を行使することになる。生存する親権者が復氏（民七五一条、戸九五条）しても、姻族関係終了の意思表示（民七二八条二項、戸九六条）をしても、また、父又は母が再婚しても、親権者であることに変わりはない。ただ、親権の行使ができないやむを得ない事由があるときは、家庭裁判所の許可を得て辞任することができる（民八三七条一項）。

父母の婚姻前に出生し、母の死亡後に父が認知したことによって準正嫡出子となった子（民七八九条二項）は、父の親権に服することになる（昭和二五・一二・四民事甲三〇八九号回答）。これは、母が生存していれば、認知準正によって父母の共同親権になるところ、母が死亡しているので、父が単独で親権を行使するということである。

〔注〕 父母が婚姻中でないのに、例外的に共同親権となっている場合がある。例えば、

① 協議離婚するについて、未成年の子の親権者を定めていないまま離婚届がされ、これが誤って受理された場合である。この場合、未成年の子の親権者を定め、これを離婚の届書に記載して届出しなければ受理されないのであるが（民七六五条一項・八一九条一項、戸七六条）、これが誤って受理された場合は、父母の共同親権になる（昭和二五・六・一〇民事甲一六五三号回答）。その後、協議が成立した場合は、親権者指定届（戸七八条）をすることになる（昭和二四・三・七民事甲四九九号回答）。もし、親権者は協議によって定められていたが、離婚の届書にその記載を遺漏しただけの場合は、追完届をすれば足りる（戸四五条、昭和二五・六・一〇民事甲一六五三号回答）から、この場合は、共同親権とはならない。

② 父母の婚姻中に父母の代諾によって他の者の養子となっている子が、養親と離縁する場合に、養子が一五歳未満のときは、離縁後の法定代理人（一般的には実父母である）が代諾することになる（民八一一条二項）。この場合、もし、離縁当時父母が離婚している場合は、父母の共同親権となる（昭和二三・五・六民事甲三二二号回答）が、離婚した父母の協議で（協議が調わないとき、又は協議をすることができないときは、家庭裁判所の審判で）、いずれか一方を養子の離縁後の親権者と定めた上、その定められた親権者（すなわち父又は母）が代諾することになる（民八一一条三項・四項）。この場合は、親権者指定届（戸七八条）をすることになる。

問6　父母の一方が親権を行使できない場合、親権はどうなるか。

答　他の一方が、単独で親権を行使する。

解説

一　父母が婚姻中の嫡出子の親権者

嫡出子の親権は、父母が婚姻継続中は、父母が共同して行使することとされている（民八一八条三項本文）。未成年の子については、父母が婚姻継続中の場合は、共同で監護教育することが、両性の平等の上でも、家庭の融和の上からも望ましいことであり、それは子の福祉の理念にも最もかなうものといえる。

二　父母が婚姻継続中であるが、一方が親権を行使できない場合

父母が婚姻継続中における未成年の子の親権は、父母が共同で行使することになっているが、父母の一方が親権を行使できないときは、他の一方が単独で行使することになる。親権を行使できない場合としては、後見開始又は保佐開始の審判があったとき及び親権の喪失・停止・辞任のときのように、法律上の障害で親権を行使できない場合と、行方不明、長期の不在、長期の別居等で事実上親権を行使できない場合がある。親権者の一方が、このような事由で親権を行使できないときは、他の一方が単独で親権を行使することになる。

三　父母の一方が親権を行使できない場合と戸籍の届出

1　親権喪失の場合

父又は母による虐待又は悪意の遺棄があるときその他父又は母による親権の行使が著しく困難又は不適当である

ことにより子の利益を著しく害するときは、家庭裁判所は、子、その親族、未成年後見人、未成年後見監督人又は検察官の請求により、その父又は母について親権の喪失の審判をすることができる（民八三四条）とされている。親権喪失の原因を具体的にいえば、必要以上の懲戒権の行使とか、子の財産を自己の利益のために利用処分するなど、親権の行使方法が子の利益に反して度を過ごしたり、不当に怠慢放置したりする場合、あるいは、親権者の素行が不良で、子の監護教育上悪影響を及ぼし、子の財産を危うくし、子の利益を害する恐れがある場合である（基本法コンメンタール第五版「親族」一二七頁）。その他、父母が精神的又は身体的な病気のために適切な親権の行使ができず、子供の利益が著しく害されている場合も親権喪失の原因となる（飛澤知行「児童虐待防止のための親権制度の見直しについて」戸籍時報六八九号（特別増刊号）三一頁参照）。

親権喪失の審判が確定した場合は、裁判所書記官から遅滞なく戸籍記載の嘱託がなされることとなる（家事一一六条、家事規七六条一項一号）。例えば、父が親権喪失の審判を受けた場合であれば、裁判所書記官からの嘱託に基づき、子の戸籍に「平成弐拾四年六月壱日父親権喪失の審判確定同月四日嘱託㊞」と記載される（法定記載例一〇八）ので、この記載によって、父は親権を喪失し、親権を行使できないということがわかる。

（コンピュータシステムによる証明書記載例）

親　権	【親権喪失の審判確定日】平成２４年６月１日 【親権喪失者】父 【記録嘱託日】平成２４年６月４日

2　親権の辞任の場合

親権を行使する父又は母は、やむを得ない事由があるときは、家庭裁判所の許可を得て、親権又は管理権を辞任することができる（民八三七条一項）。

親権は、未成年の子に対する権利であると同時に義務でもあるから、みだりに辞任して義務を怠ったり、他から辞任を強要されることがあってはならない。辞任するについての「やむを得ない事由」については、家庭裁判所の審判（家事一六七条・別表第一の六九項）の際に辞任の許可の当否とともに判断されることになるが、一般的には、重病・服役・海外出張等による長期不在や、未亡人が子を置いて再婚し、親権の行使が困難な場合などが親権辞任の事由になるものと考えられている（基本法コンメンタール第五版「親族」二三〇頁）。

親権の辞任について、許可の審判がされた場合は、辞任する父又は母は、審判書の謄本を添付して親権辞任の届出をすることになる（戸八〇条）が、辞任の効果は、許可の審判によって生ずるのではなく、戸籍の届出をすることによってはじめてその効果が生ずることになる（青木義人・大森政輔「全訂戸籍法」三六七頁）。

親権辞任の届出に基づく戸籍の記載は、子の戸籍に「平成九年六月拾参日父親権辞任届出㊞」とされる（法定記載例一一二）ので、この記載により、父は親権を辞任し、親権の行使ができないということがわかる。

（コンピュータシステムによる証明書記載例）

親　　権	【親権辞任日】平成９年６月１３日 【親権辞任者】父

問7　父母の一方が死亡した場合、親権はどうなるか。

答　生存する他の一方が、単独で親権を行使する。

解説

一　父母の親権

嫡出子の親権は、父母が婚姻継続中は、共同して行使することとされている（民八一八条三項本文）が、父母の一方が死亡したときは、婚姻は解消されるし、また、死亡した父又は母が親権を行使するということはあり得ない。したがって、子の親権は生存する父又は母が単独で行使することになる。

二　親権者の死亡と戸籍の記載

親権者である父又は母が死亡したときは、死亡の届出によって、死亡した者の戸籍に死亡事項が記載されるから、その記載により、子の親権を行使できないことがわかる。なお、子の戸籍に親権者の一方が死亡し、他の一方が単独の親権者であるという記載はしない。

〔注〕　親権の戸籍の記載についての詳細は、「第十三の三　親権・管理権の届出事例及び戸籍記載等の処理例」を参照のこと。

問8　父母が離婚した場合、親権者には、だれがなるか。

答　協議離婚の場合は、父母の協議によって、その一方を親権者に定める。もし、協議が調わないとき又は協議することができないときは、父又は母の請求により、家庭裁判所は、協議に代わる審判で、その一方を親権者に定める。

裁判離婚の場合は、裁判所が父母の一方を親権者に定める。

解説

一　親権と父母の離婚

嫡出子の親権は、父母が婚姻継続中は、共同して行使するものとされている（民八一八条三項本文）が、父母が離婚した後は、共同して親権を行使することは事実上不可能となるため、離婚の際に、父母の一方を親権者に定めなければならない（民八一九条一項・二項）。

二　協議離婚の場合の親権者

親権に服する未成年の子を有する夫婦が、協議離婚するときは、協議によって、その一方を親権者に定め、その旨を協議離婚の届書に記載して、届出しなければ受理されない（民七六五条一項・八一九条一項、戸七六条一号）。

離婚の合意はできたが、子の親権について、父母の協議が調わないときは、離婚の届出に先立って、父又は母は、家庭裁判所に協議に代わる審判を請求し（民八一九条五項）、その審判を得る必要がある。この親権者指定審判事件（家事三九条・別表第二の八項）は、子の住所地の家庭裁判所の管轄に属するので（家事一六七条）、子の住所地の家庭裁判所に中立てすることになるが、当事者が合意により管轄裁判所を定めることもできる（合意管轄、家事六六条一項）。また、この事件は調停によることもできるが、その場合は、調停の相手方の住所地の家庭裁判所又は当事者が合意で定める家庭裁判所に中立てすることになる（家事二四五条一項）。

協議に代わる審判がされたときは、父又は母は二週間以内に即時抗告をすることができる（家事一七二条一項一〇号）が、その期間内に即時抗告をしなければ、審判は確定し、親権者指定の効力が生ずる（家事七四条）。また、調停において合意が成立し、調停調書に記載されたときは、その記載は確定審判と同一の効力を有するから（家事二六八条一項）、そのときに親権者の指定がされたことになる（昭和二六・一〇・一六民事甲一九五六号回答）。このように離婚の合意はできたが、親権の協議が調わないため、協議に代わる審判等がされたときは、その審判等によって定まった親権者の親権に服する子の氏名を離婚届の該当欄に記載して届出をすることになる。この場合の協議に代わる審判については、右のとおり協議離婚の届書に記載すればよく、別途に親権者指定届をするものではないことに留意を要する。

三　親権者の定めのない協議離婚の届出が誤って受理された場合

協議離婚する夫婦の間に、未成年の子がある場合は、協議又は協議に代わる審判によって、その一方を親権者に定めなければならず、その定めのない離婚の届出は受理されない（民七六五条一項）が、誤って受理されたときは、離婚は有効に成立している（民七六五条二項）。この場合の親権については、父母の共同親権ということになる。もし、親権者は協議によって定まっていたが、離婚の届書にその記載を遺漏した場合であれば、追完届をすればよいことになる。また、親権者の協議が成立していない場合であれば、新たに協議した上で親権者指定の届出（戸七八条）を要することになる（昭和二五・六・一〇民事甲一六五三号回答）。

四　裁判離婚の場合の親権者

裁判離婚の場合は、裁判所が父母の一方を親権者に定めることになる（民八一九条二項）から、審判又は判決の謄本若しくは調停調書の謄本に基づいて、離婚届書の該当欄に親権に服する子の氏名を記載することになる（戸七七条二項）。

五　親権者の定めのない裁判離婚の場合

裁判離婚において、未成年の子の親権を定めないまま離婚が成立している場合は、裁判離婚の届出は受理せざるを得ないことになる。この場合は、父母の共同親権ということになる。

このような事例が生じる場合としては、①未成年の子があるにもかかわらず、親権者の定めを遺漏したとき、②調停離婚において、離婚の合意は成立したものの、親権者については合意が成立しないため、後日子の意向を尊重して当事者間で協議して定める旨調書に記載されているとき、③離婚の確定判決の理由中に、子は夫婦間の子ではない旨記載され、親権者の定めがされていないとき等がある。

いずれも裁判離婚は有効に成立しているから、その届出は受理せざるを得ない。そして、①、②については、後日、父母の協議又は協議に代わる審判によって、一方を親権者と定めたときは、改めて親権者指定の届出をすることになる（昭和五四・三・七第七回金沢戸籍事務連絡協議会決議、昭和三四・一〇・三一民事甲二四二六号回答）。また、③については、市町村長から当該子の出生の届出人又は届出事件本人に対し、その出生届出に基づく戸籍の記載に錯誤がある旨の通知（戸二四条一項）をし、親子関係不存在確認の裁判（審判）等に基づく戸籍訂正の申請をまって訂正をすることになる（昭和三〇・六・三民事甲一一一七号回答）。

問9　子の出生前に父母が離婚し、その後に出生した嫡出子の親権者は、だれか。

答　親権者は、母である。ただし、子の出生後に、父母の協議で、父を親権者と定めることができる。この場合に、父母の協議が調わないとき、又は協議することができないときは、父又は母の請求によって、家庭裁判所は、協議に代わる審判をすることができる。

解説

一　父母の離婚と親権

父母の離婚後三〇〇日以内に出生した子は、嫡出子と推定される（民七七二条二項）。嫡出子の親権は、一般的には父母が共同して行使することになる。しかし、この共同行使は、父母が婚姻継続中であれば可能であるが、離婚している場合は、事実上不可能となる。そこで、民法は、子が父母の婚姻中に出生し、共同親権に服している場合に、父母が離婚するときは、一方を親権者に定めなければならないとしている（民八一九条一項・二項）。

また、子が出生する前に父母が離婚し、離婚後三〇〇日以内に出生した嫡出子については、父母が離婚後であるため、親権の共同行使が事実上困難であること、また、出生後に協議で親権者を定めるとしても、出生の日から協議で定まるまでの間は、だれが親権を行使するかが問題である。そこで、民法は「子の出生前に父母が離婚した場合には、親権は、母が行う。」と規定している（民八一九条三項本文）。母は、子の出生のときから、子のそばにいて監護し養育するというのが一般的であることから、当然の規定ということができる。以上のように、父母離婚後に出生した嫡出子の親権者は、法律上母と定められているが、子の出生後に父が親権者になることが、子の福祉の上から適当であるという場合も考えられることから、父母の協議で父を親権者とすることができるものとしている（民八一九条三項ただし書）。

二　父が親権者になる場合の親権者の指定届と戸籍の記載

1　父母の協議で親権者を母から父に指定する場合

父母の協議によって、親権者を母から父に定めるものであるから、父母双方が届出人となって、親権者指定の届出をする（戸七八条）。この届出は、いうまでもなく届出によって効力の生じる創設的届出である。

親権者指定の届出による戸籍の記載は、親権に服する子の戸籍の身分事項欄に「平成四年壱月拾弐日親権者を父と定める旨父母届出㊞」（法定記載例一〇五）と記載される。

（コンピュータシステムによる証明書記載例）

親　権	【親権者を定めた日】平成４年１月１２日 【親権者】父 【届出人】父母

2　父母の協議に代わる審判がされ、親権者を母から父に指定する場合

父母の協議が調わないとき、又は協議をすることができないときは、父又は母の請求によって、家庭裁判所は、協議に代わる審判をすることになる（民八一九条五項）。もっとも、この親権者の指定は家事事件手続法第三九条別表第二の八項の審判事項であるから、調停によってすることもできる（家事二七四条一項・二四四条）。審判が確定したとき又は調停が成立したときは、その時に親権者指定の効力が生じるから、親権者に指定された父は、審判による

ときは審判書謄本及び審判の確定証明書、調停によるときは調停調書の謄本を添付して、親権者指定の届出をする（戸七九条・六三条）。この届出は、既に効力の生じていることを届出するものであるから、報告的届出である。この届出による戸籍の記載は、親権に服する子の戸籍の身分事項欄に「平成五年弐月六日親権者を父と定める裁判確定同月九日父届出同月拾壱日横浜市中区長から送付㊞」（法定記載例一〇六）と記載される。

（コンピュータシステムによる証明書記載例）

親　権	【親権者を定める裁判確定日】平成5年2月6日 【親権者】父 【届出日】平成5年2月9日 【届出人】父 【送付を受けた日】平成5年2月11日 【受理者】横浜市中区長

調停成立の場合の親権者指定の記載は「平成五年六月拾弐日親権者を父と定める調停成立同月拾五日父届出㊞」（参考記載例一四二）となる。

（コンピュータシステムによる証明書記載例）

親　権	【親権者を定める調停成立日】平成５年６月１２日 【親権者】父 【届出日】平成５年６月１５日 【届出人】父

問10　準正により嫡出子となった子の親権者はだれか。

答　親権者は、父母である。

解説

一　準正嫡出子

嫡出でない子に、嫡出子の身分を与えることを準正という。その身分を取得した子を、一般に準正嫡出子又は準正子と呼んでいる。

1　婚姻準正

父に認知された子は、その後に父母が婚姻したときは嫡出子の身分を取得する（民七八九条一項）。父母が婚姻したときを基準に嫡出子の身分を取得することから、これを婚姻準正と呼んでいる。

2　認知準正

父母が婚姻した後、母の嫡出でない子を、父が認知したときは、その子は嫡出子の身分を取得する（民七八九条二項）。父が認知したときを基準に嫡出子の身分を取得することから、これを認知準正と呼んでいる。

二　準正嫡出子の親権者

準正によって嫡出子の身分を取得するまでは、嫡出でない子であるから、その子の親権者は母である。しかし、父が認知した後、父母の協議又は協議に代わる審判で父を親権者に指定したときは、父が親権者となるから（民八一九条四項）、嫡出でない子の親権者は、母のみに限られるということはない。

準正によって嫡出子の身分を取得した子は、父母の共同親権に服することになる（民八一八条三項）。父母の共同親権に服するのは、嫡出子の身分を取得したときであるから、婚姻準正の場合は父母の婚姻が成立したときであり、認知準正の場合は、父が認知したときである。

父母が共同で親権を行使している場合に、その一方が行方不明、長期不在、長期の別居等で事実上親権を行使できないとき、又は法律上の障害（例えば、後見開始又は保佐開始の審判を受けた場合、親権喪失・親権停止の審判を受けた場合、あるいは、親権の辞任をした場合で親権を行使できないときは、他の一方が単独で親権を行使することになる（八一八条三項ただし書））。

三　準正による嫡出子の親権者と戸籍の記載

嫡出子の親権は、父母が共同で行使することになっているが、準正嫡出子の場合も、嫡出子の身分を取得したときから、同様に父母が共同で行使することになる。

法令上で、親権者がだれであるかが定められている場合は、親権者についての戸籍の記載はしない。すなわち、父母が親権者である嫡出子の場合や、母が親権者である嫡出でない子の場合は、法令上で定められているので、親権の記載はしない。ただ、父母の離婚後三〇〇日以内に出生した嫡出子の場合は、母が親権者となるが（民八一九条三項本文）、この場合は、親権者である母と子が戸籍を異にする場合があるため、親権者が母であることを明確にする意味で、「親権者母」の記載をすることとされている（昭和三六・一二・五民事甲三〇六一号通達、参考記載例五）。

なお、婚姻準正となる場合は、父母の婚姻届書の「その他」欄に、「この婚姻によって嫡出子の身分を取得する者」として、その者の戸籍の表示、住所、氏名及び出生年月日を記載することとされている。この記載によって、婚姻により嫡出子の身分を取得する子があることが表示される。この記載に基づいて、子が父母と戸籍を異にするときの子の戸籍の身分事項欄に「平成拾八年壱月拾日父母婚姻届出同月拾参日東京都千代田区長から送付父母との続柄訂正㊞」（法定記載例七九）と記載される。

（コンピュータシステムによる証明書記載例）

訂　正	【訂正日】平成１８年１月１３日 【訂正事項】父母との続柄 【訂正事由】平成１８年１月１０日父母婚姻届出 【送付を受けた日】平成１８年１月１３日 【受理者】東京都千代田区長 【従前の記録】 　【父母との続柄】長男（長女）

この記載によって嫡出子となったことが表示され、親権者が父母であることは、法令上から当然に判断できるので、親権事項の記載を要しないということになる。また、認知準正となる場合は、認知届書の「その他」欄に、「被認知者は、この認知により嫡出子の身分を取得するので、父母との続柄を長男と訂正する。」と記載することとされている。この記載に基づいて、子の戸籍の身分事項欄に「平成拾八年参月五日東京都千代田区平河町一丁目四番地甲野義太郎認知届出同月七日同区長から送付父母との続柄訂正㊞」（法定記載例一六）と記載される。この記載によって嫡出子となったことが表示され、親権者が父母であることは、法令上から当然判断できるので、親権事項の記載を要しないということになる。

（コンピュータシステムによる証明書記載例）

認　　知	【認知日】平成１８年３月５日 【認知者氏名】甲野義太郎 【認知者の戸籍】東京都千代田区平河町一丁目４番地　甲野義太郎 【送付を受けた日】平成１８年３月７日 【受理者】東京都千代田区長 【関連訂正事項】父母との続柄 【従前の記録】 　【父母との続柄】長男

問11　父母が離婚し、次いで母が死亡し、その後に父から婚姻前に出生した子について、戸籍法第六二条の出生届があった場合、その子の親権はどうなるか。

答　認知した父が、親権者として親権を行使する。

解説

一　戸籍法第六二条の出生届と親権

1　戸籍法第六二条の出生届

父母の婚姻前に出生した子の出生届は、母の嫡出でない子として届出することになるが、この届出を未了のまま父母が婚姻し、その後に出生の届出を父がした場合は、その届出は認知の届出の効力も有するものとされている（戸六二条）。これによって、出生子は、父母婚姻後に認知されたことになり、嫡出子の身分を取得することになる（民七八九条二項）。

父母婚姻後の認知により嫡出子の身分を取得する場合は、認知準正と呼ばれているが、この認知の時期は、嫡出でない子に嫡出子の身分を取得させることに意義があるから、父母が婚姻後であれば、その後に父母が離婚したときであっても、また、父又は母の死亡後であっても差し支えないとされている（昭和二四・八・三〇民事甲一九三九号回答、昭和二五・一二・四民事甲三〇八九号回答、昭和二五・一二・二八民事甲三三五八号回答）。

設問の場合も、これらの条件が備わっているので、当然に認知が認められることになる。

2 嫡出子の親権

嫡出子の親権は、父母が婚姻中は共同で行使することになる（民八一八条三項）が、父母が離婚するときは、離婚後に共同して親権を行使するということは、事実上困難であることから、どちらか一方を親権者に定めるものとしている（民八一九条一項・二項）。協議上の離婚のときは、協議で父母の一方を親権者に定めることになるが、協議が調わないとき、又は協議することができないときは、父又は母の請求によって、家庭裁判所は協議に代わる審判をすることになる（民八一九条一項・五項）。

また、裁判上の離婚のときは、裁判所が父母の一方を親権者に定めて離婚を成立させる（民八一九条二項）。

3 戸籍法第六二条の出生届の場合の親権

戸籍法第六二条の出生届の出生子は、出生の時は嫡出でない子であるから、母の親権に服しているところ、その後に、母が事実上の父と婚姻しても、父の認知がない限り嫡出子の身分を取得することにはならない。したがって、父母の共同親権に服することはない。共同親権に服することになるのは、父の認知のとき、すなわち戸籍法第六二条の出生届をしたときである〔注一〕。

設問の出生子も、出生の当初は嫡出でない子であるから、母の単独親権に服しているが、その後、父母が婚姻しても、認知されていないので、嫡出子の身分は取得しない。したがって、引き続いて母の親権に服していることになる。そして、その母が死亡したので、結局、親権を行使する者がいないことになり、後見が開始する（民八三八条一項）ことになる。このように後見が開始した状態であるときに、父が戸籍法第六二条の出生届をしたときは、当該出生届出によって、子は準正嫡出子の身分を取得することとなるから、その届出の時から父が親権者となり、後見は終了することになる（昭和二九・一〇・二三民事甲二二〇六号回答参照）。

二　親権者が死亡した場合の親権

父母の共同親権となっている場合に、一方が死亡したときは、生存する他の一方が単独で親権を行使することになる。もし、その者も死亡等で親権を行使できないときは、親権者がいないことになるので、後見が開始することになる（民八三八条一号）〔注二〕。

また、母の親権に服する嫡出でない子は、母が親権を行使しているが、もし、その母が死亡した場合は、親権者がいないことになるので、前述と同様に後見が開始することになる〔注三〕。

〔注一〕　戸籍法第六二条の出生届の場合、いつの時点から父が親権者になるかについて、若干の問題がある。

認知準正による嫡出子としての身分取得は、民法第七八九条第二項では、認知のときからとされているが、それでは父死亡後の認知では、父死亡時に嫡出子の身分でないことから、嫡出でない子としての相続分しか取得できず、準正を認めた意義がないことになる。このため、準正の効果である嫡出子の身分取得は、父母の婚姻の時からと解されている。戸籍の先例も、婚姻のときからと解している（昭和四二・三・八民事甲三七三号回答）。このことは、親権についても同様に、嫡出子の身分取得は父母の婚姻のときからと解すれば、共同親権になるのは父母の婚姻のときからということになる。ただ、親権については、相続の場合のように婚姻のときまで、認知の効果をさかのぼらせ、共同親権にする必要性はないように考えられる。この場合は、条文どおり認知のときから嫡出子の身分を取得するものと解釈し、その時点から、親権の行使ができることになると考える。したがって、認知する以前は、母が親権を行使し、その母が、父の認知前に死亡したときは、後見が開始するが、その後に父からの戸籍法第六二条の出生届によって認知が成立し、子は嫡出子の身分を取得することになるので、そのときから父が親権者となり、後見は終了するに至るものと解することになろう。

〔注二〕　離婚の際に親権者に指定された者が死亡した場合、生存する実親が親権者になることができるかについては、後述の**問12**を参照のこと。

〔注三〕　嫡出でない子の親権者である母が死亡した場合、認知した父がいるときは、父が親権者になることができるかについては、後述の問12を参照のこと。

問12　離婚の際に親権者となった者が死亡した場合、親権はどうなるか。

答　未成年後見が開始し、未成年後見人が指定又は選任される。

解説

一　父母の離婚の場合の親権

父母が離婚する場合に、未成年の子を有するときは、父母のいずれか一方を親権者に指定しなければならない（民八一九条一項・二項）。親権者に指定された父又は母は、単独で親権を行使することになる。

二　離婚の際に親権者と定められた者が死亡した場合の親権

離婚の際に親権者に指定された父又は母が死亡した場合は、民法第八三八条第一号の「未成年者に対して親権を行う者がないとき」に該当するので、未成年後見が開始し、未成年後見人が指定（民八三九条一項）又は選任（民八四〇条）されることになる。

この場合に、生存する父又は母（離婚の際に親権者に指定されなかった者）を親権者に指定し得るかについては、学説が分かれている。通説は、親権者の死亡によって後見が開始しているから、親権者指定の余地はなく、もし、生存する父又は母が適任であれば後見人に選任すればよいとしている。なお、後述三を参照されたい〔注一〕。

三　離婚の際に親権者に指定されなかった父又は母への親権者指定（変更）

離婚の際に親権者に指定された者が死亡したときは、二で述べたとおり未成年後見が開始するので、生存する父又は母（離婚の際に親権者に指定されなかった者）が、親権者になるために、親権者変更の請求（民八一九条六項）をしても、この請求は認められない（昭和二四・五・一九民事甲一〇〇八号回答）。

このように未成年後見が開始した場合に、生存する父又は母を親権者とする変更の審判ができるとの見解のもとに、親権者変更の審判がされ、その変更届がされたときは、戸籍の実務上はこれを受理するほかはないとしている。その場合には未成年後見は終了することになるとしている（昭和二六・九・二七民事甲一八〇四号回答）。さらに、生存する父又は母が未成年後見人に就職している場合において、その父又は母を親権者とする変更の審判が確定し、その変更届がされたときは、これを受理し、未成年後見終了の記載をする取扱いになっている（昭和五〇・七・二民二―三五一七号回答）〔注二〕。

〔注一〕　この問題については、戸籍先例上次のような変遷がある。

(1)　「単独の親権者が死亡した場合」

嫡出でない子を認知した父が、子の母と親権について協議又は協議に代わる審判をする前に、母が死亡又は親権を喪失したときは、未成年後見が開始する（昭和二三・八・一二民事甲二三七〇号回答）。

(2)　「嫡出でない子の母が死亡し、いまだ未成年後見人が選任されないうちに父が認知した場合」

民法第八一九条第五項に基づく審判により父を親権者に指定することができる（昭和二三・一〇・一五民事甲六六〇

号回答）。

(3)　「同事例の場合」

後見が開始した以上、他方の実親の親権は、民法第八一九条第五項の規定に基づく指定又は変更の審判をもってしても回復されることはない（昭和二四・三・一五民事甲三四九九号回答、昭和二四・五・一九民事甲一〇〇八号回答）。として、(2)の見解を改めた。その後、

(4)　「嫡出でない子の母が死亡し、後見人が未選出前の場合」

認知した父を親権者とする親権者変更の審判がされ、その変更届がされた場合は受理するほかない（昭和二五・二・六民事甲二八四号回答）。

(5)　「父母離婚の際に親権者を父と定めたが、その父が死亡し後見が開始した場合」

母を親権者とする変更審判はできないが、これと見解を異にして、変更審判がされ、その変更届がされた場合は、受理するほかない（昭和二六・九・二七民事甲一八〇四号回答）。同様の事例において、生存する母を親権者と定める審判がされ、その指定届がされた場合は、親権者変更の届出に訂正させた上で受理する（昭和五四・八・三一民二―四四七一号通達。なお、木村三男「戸籍届書の審査と受理Ⅱ」二五頁参照）。

(6)　「父が認知している嫡出でない子の母が死亡した場合」

父を親権者に指定する審判が確定し、その旨の届出があったときは、これを受理する（昭和四八・四・二五民二―三四〇八号回答）。

(7)　「単独の親権者が死亡し、未成年後見人の選任がされている場合」

親権者変更の審判がされ、その旨の届出があったときはこれを受理し、それによって未成年後見は終了する（昭和五〇・七・二民二―三五一七号回答）。

以上の(1)〜(5)のような戸籍先例上の変遷について「……実質的には、親権者変更の審判を認めるような結果になった

ようにみられるが、しかし、これらの先例が、届出を受理するよりほかないとしたのは、①その審判の内容の当否にかかわらず、当該親権者変更の審判の有する形成力によって他方実親に親権者たる地位が付与されるという実体的効果（換言すれば、親権者変更の効力が発生していること）を是認せざるを得ないこと、②親権者変更の審判に基づく戸籍の届出は、その旨の報告的届出に過ぎないし、しかもその届出の受理に際し親権者変更の実体法上の可否に関してまでの審査をすることは、市町村における事務手続（届出審査を含めて）等を複雑かつ煩さにするのみでなく、当事者の意思を無視することにもなりかねないこと等を考慮したものと解されるのであって、単独親権者の死亡によって既に後見が開始している場合にも親権者変更の審判ができるとし、あるいは、後見開始説と異なる見解の下に同審判が可能であるとする考え方を積極的に肯定した趣旨とは解されない。」との見解がある（木村三男「戸籍届書の審査と受理Ⅱ」二一〇頁参照）。

(6)の先例は、従来の先例では否定的であったものを変更したものであるが、その理由は、「……そもそもこの場合は民法第八一九条第四項の規定により父母の協議で父を親権者と定めることができたのであるが、母の死亡によって協議不能となったので、同条第五項の規定により家庭裁判所が協議に代わる親権者指定の審判をする余地があると解した点にあるものと思われる。」との見解がある（木村三男「前掲」二一〇頁）。

〔注二〕　前掲(1)から(6)の先例は、いずれも未成年後見開始後いまだ未成年後見人の選任がされていない場合における親権者の変更又は指定に基づく届出の取扱いに関するものであるが、この(7)の先例は、未成年後見人が選任されている場合の親権者変更届の取扱いを示しているものである。

問13　離婚の際に親権者となった者が再婚した場合、親権者は変更するか。

答　再婚したことによって、変更することはない。
ただ、再婚によって親権の行使ができないやむを得ない事由があるときは、家庭裁判所の許可を得て、親権を辞任することはできる。

解説

一　父母の離婚と子の親権

父母が離婚した場合は、離婚後の父母は共同して親権を行使することは事実上困難であるため、離婚の際にどちらか一方を親権者に定めるものとされている（民八一九条一項・二項）。

親権者に定められた者は、子が成年に達するまで、単独で親権を行使することになるが、その間に、離婚した相手方以外の者と婚姻した場合でも、子の親権者であることに変わりはない。再婚したことによって、前婚の子についての親権を行使できないというものではないから、再婚を理由に当然に親権者の変更がされることはない。ただ、親権に服する子を実家又は他に預けて再婚する場合に、親権の行使が事実上困難であるときは、家庭裁判所の許可を得て親権を辞任することができる（民八三七条一項）。

再婚の場合は、親権に服する子を有しつつ、相手方と婚姻を継続することになるが、再婚の相手方が前婚の子の親権者になることはない。この場合の身分関係は、子からみれば、相手方は父の妻（又は母の夫）ということになるし、相手方からみれば、夫（又は妻）の前婚の子ということになる。

二　親権の辞任

親権は、未成年の子に対する権利であると同時に義務でもあるから、みだりに辞任して義務を怠ったり、他から辞任を強制されることがあってはならない。しかしながら、親権を行使する父又は母は、やむを得ない事由によって、親権の行使ができない場合は、親権又は管理権を辞任することができることになっている。辞任する場合は、家庭裁判所の許可を得る必要がある（民八三七条一項）。

親権を辞任するについてのやむを得ない事由とは、一般的には、重病・服役・海外出張等による長期不在や、未亡人が子を置いて再婚し、親権の行使が困難な場合等であるとされている（基本法コンメンタール第五版「親族」二三〇頁）。

親権を辞任する場合は、家庭裁判所に申し立て（家事四九条）許可を得なければならない（民八三七条一項、家事一六七条・別表第一の六九項）。辞任の効果は、許可の審判書の謄本を添付して親権辞任届を市町村長にし、これが受理されたときに発生する。詳しくは、**問61**参照のこと。

二　養子の親権

問14　養子の親権者は、だれか。

答　養親が親権者である。養親が夫婦のときは、共同で親権を行使する。

解説

一　養子縁組と親権

養子は、縁組の日から養親の嫡出子たる身分を取得する（民八〇九条）から、養子が未成年の場合は、実親の親権を離れ、養親の親権に服することになる（民八一八条二項）。配偶者のある者が未成年者を養子とするときは、配偶者とともに縁組をする必要があり（必要的共同縁組）、一方のみが養親となる縁組はできないことになっている（民七九五条本文）。したがって、養親が夫婦である場合は、当然養父母が親権者になる（民八一八条三項本文）。養父母の一方が死亡したときは、生存する一方が単独で親権を行使する。これらは、実父母が親権者の場合と変わらない。

二　養子の実親の親権

普通の養子縁組の場合は、養子と実方の親族関係は継続し、特別養子縁組の場合のように、実方との親族関係は断絶しない（民八一七条の九本文）。ただ、親権については実親の親権を離れて、養親の親権に服することになる。親権は未成年の子の監護教育等をする親の権利でもあり、また義務でもあるところ、養子縁組後は、養親は養子を自己の嫡出子として養育するものであるから、縁組後においても養子の実親が親権を行使できるとすることは、養子の監護教育等に混乱を生じさせることにもなりかねないので、縁組後は、実親の親権を離れ、養親の親権に服するとするものである。

三　養父母が離婚した場合

養父母が協議離婚するときは、協議（協議が調わないとき又は協議をすることができないときは、協議に代わる審判）によって一方を親権者に定め、その定められた者が親権を行使する（民八一九条一項）。裁判離婚の場合は、裁判によって一方が親権者に定められる（民八一九条二項）。

四　養父母の一方と離縁した場合

養親が夫婦である場合において、未成年の養子と離縁するには、夫婦共同で離縁しなければならず、単独で離縁することはできない。したがって、養父母の親権に服している養子は、その一方との離縁はできない（民八一一条の二本文）から、離縁によって養父母の一方が親権者になるということはない。ただ、養親の一方が心身喪失、行方不明等の事由によってその意思を表示できないときは、他の一方は単独で離縁することが認められる（民八一一条の二ただし書、昭和六二・一〇・一民二―五〇〇〇号通達第2の1(2)イ）。この場合は、離縁の意思を表示することのできない養親との縁組は継続していることになる〔注〕。しかし、この養親は、意思を表示できないから、親権は行使できず、したがって、一方の養親との離縁が成立した後は、未成年後見が開始し、未成年後見人が法定代理人となる。なお、離縁する養親との離縁の協議は、養子が一五歳以上のときは自らすることになるが、一五歳未満のときは、養子の離縁後に法定代理人となる者との協議ですることになる（民八一一条二項）から、その場合の法定代理人は未成年後見人ということになる。

〔注〕　意思表示のできない養親との離縁は、裁判離縁をするほかないことになる。

五　養父と実母（又は養母と実父）が婚姻中の場合

養子の実母と養父が婚姻している場合は、養子は養父と実母との共同親権に服することになる（民八一八条三項、昭和二三・三・一六民事甲一四九号回答、昭和二四・一一・二民事甲二七九四号回答）。この場合の例としては、実母の婚姻した夫と実母の子が養子縁組した場合と、養子縁組後に、養父と実母が婚姻した場合があるが、いずれの場合も、養父と実母の共同親権になる。また、養母と実父が婚姻している場合も同様となる。

なお、養子となる者が未成年の嫡出でない子である場合に、実母の夫と養子縁組するときは、実母の夫とだけ縁組することはできず、実母もともに縁組する必要がある（民七九五条本文）。この縁組によって、養子は養親の親権に服することになるが、この場合は実母も養親であるから当然に実母も親権者になる。

六　養父と実母（又は養母と実父）が離婚した場合

養子は、養親と実親との婚姻中は、共同親権に服しているので、協議離婚する場合は、夫婦の協議によってその一方を親権者に定めることになる（民八一九条一項）。また、裁判離婚の場合は、裁判所が夫婦の一方を親権者に定めることになる（民八一九条二項、昭和二五・九・二二民事甲二五七三号通達）。

七　養父と実母（又は養母と実父）が離婚した後、離縁した場合

養父と実母が離婚する際は、その一方を親権者に定めることになる（民八一九条一項・二項）が、実母を離婚後の親権者に定めたときは、その後離縁した場合においても親権者に変更がない。離婚の際に養父を親権者と定めたときは、縁組前の実父母の離婚の際に、親権者を実父に定めたか、実母に定めたかによって、離縁後の親権者が、実父になるか実母になるかに分かれる。例えば、実父が親権者に定められた後、子が実父の代諾で養子縁組し、その後に養父が実母と婚姻した場合、養子は養父と実母の共同親権に服する。そして、養父を親権者に定めて離婚した場合は、離縁

によって実父の親権が復活する（昭和二六・一・一〇民事甲三四一九号回答）。右の事例において、実父母の離婚の際に実母を親権者に定めている場合であれば、未成年後見が開始することになる（平成二三・八・一九民一—二〇三五号回答。問15参照）。

問15　実父母が子の親権者を実母と定めて離婚した後、再婚した実母の後夫と子が実母の代諾で縁組をした。その後、養父と実母が養子の親権者を実母と定めて離婚し、次いで、養子（一五歳未満）が離縁をする場合、離縁後にその法定代理人となるべき者はだれか。また、養父と実母が離婚する際に、養子の親権者を養父と定めていた場合はどうか。

答　前段・離縁によって親権者は変わらないから、実母が離縁協議者である。

後段・離縁により親権者が不在となるので、養子の離縁後の未成年後見人となるべきものを選任し、その者が離縁協議者となるか、又は実母が離縁の前に親権者変更の調停又は裁判を経て親権者となり、離縁協議者となる。

解説

一　養子（一五歳未満）の離縁代諾者

養子が一五歳未満であるときの離縁協議者について規定する現行の民法第八一一条第二項は、「離縁後にその法定代理人となるべき者」としている。この代諾権者については、昭和三七年法律第四〇号による改正前の民法の規定は、「養子に代わって縁組の承諾をする権利を有する者」とされていたことから、その解釈について説が分かれ、混乱が生じていたので、将来の法定代理人が代諾するものと規定し、これに関する三項ないし五項を追加して具体的に明確化された（青木義人・大森政輔「全訂戸籍法」三二五頁、中川淳「改訂親族法逐条解説」三二六頁）。

通常、離縁後にその法定代理人となるべき者は、離縁によって親権を回復する実父母であり、実父母のうち一方が死亡しているとき又は親権を行うことができないときは、他の一方である（民八一八条三項）。実父母が子の縁組後に離婚しているときは、その協議又は家庭裁判所の審判（家事三九条・別表第二の七項）により親権者となるべき者と定められた一方である（民八一一条三項・四項）。また、実父母がともに死亡しているとき又は親権を行うことができないときは、家庭裁判所の審判（家事三九条・別表第一の七〇項）で選任された離縁後に未成年後見人となるべき者が、これに当たることになる（民八一一条五項、青木義人・大森政輔「全訂戸籍法」三二六頁）。

二　実父母離婚後の縁組の場合

1　設問前段の、実父母が子の親権者を実母と定めて離婚し、子が、再婚した実母の後夫と実母の代諾で縁組した場合は、養子は養父と実母の共同親権に服することとなり（昭和二四・二・一二民事甲一九四号回答）、その後、養父と実母が養子の親権者を実母と定めて離婚し、次いで養子（一五歳未満）が離縁をする場合は、離縁によって実母の親権は変わらないから、離縁後に子の法定代理人となるべき者は実母である（昭和二六・六・二二民事甲一二三一号回答㈠、「新版実務戸籍法」一四一頁）。

2　後段は、右の場合に養父と実母が離婚する際に養子の親権者を養父と定めていた場合である。この場合、従前は、縁組前の親権者であった実母の親権が回復するから、離縁後に子の法定代理人となるべき者は実母とされてい

た（昭和二六・八・四民事甲一六〇七号民事局長回答㈡、「新版実務戸籍法」一四一頁）。

しかし、平成二二年八月一九日法務省民一第二〇三五号民事局民事第一課長回答により、本事案のように、実母と養父との離婚の際に親権者となった者が親権を行使できなくなった場合についても、実親夫婦が離婚した際に親権者となった者が親権を行使することができなくなった場合と同様に未成年後見が開始すると解するのが相当としている。これにより、後段の事案の場合には、離縁によって親権者が不在となるので、養子の離縁後に未成年後見人となるべき者を選任し、その者が離縁協議者となるか、又は実親が離縁の前に親権者変更の調停又は裁判を経て親権者となり、離縁協議者になるとするのが相当であるとしている（前掲回答の解説1（戸籍八四七号八四頁））〔注〕。

〔注〕　前記2に関しては、次のような見解がある。すなわち「離縁は、養子縁組の解消であり、縁組がなかった状態に復することにほかならないから、離縁後の養子の親権も実親の親権が回復するとの解釈を基本とすべきである。実際にも、離縁後は、養子は実親の許での生活に帰るのが通常と考えられるから、離縁後はやはり実親の親権が回復するとするのが実情に沿うというべきである（この場合に、もし実親が親権行使者として不適当とされるときは、親権喪失又は親権停止の措置（民八三四条・八三四条の二）により対応する。）。なお、事例の場合、実親と養親の離婚の際に親権者とならなかった実親が協議者となるべきとの見解も従来から有力であったところである（基本法コンメンタール第五版「親族」一七三頁、「新版注釈民法㉔親族⑷」四二二頁）。」というものである。

問16　養父母の一方が親権を行使できない場合、親権はどうなるか。

答　他の一方の養親が、単独で親権を行使する。

解説

一　養父母が婚姻中の養子の親権者

養子は養親の親権に服するが、養父母が婚姻継続中である場合は、共同で親権を行使することになる（民八一八条三項本文）。

未成年者を養子にする場合に、養親となる者が配偶者を有するときは、その配偶者とともに縁組をしなければならない（必要的夫婦共同縁組の原則―民七九五条本文）。

これは、未成年者を養子とする縁組は、子の監護教育が中心となることから、子のために父母双方があることが、子の福祉の上で望ましいためである。そこで、養親となる者に配偶者があるときは、夫婦双方が養親となる縁組をしなければならないこととされているのである。

親権の行使についても、養父母が婚姻中であるときは、共同で行使するのが自然であり、養子の監護教育の上でも望ましいことである。また、養子と養父母の関係は、実親子の関係と何ら異なるものではなく、親権の行使についても実父母の場合と同様とされている。

二　養父母が婚姻継続中であるが、一方が親権を行使できない場合

養父母が婚姻継続中であるが、その一方が①後見開始・保佐開始の審判によって判断能力が不十分な状態にある者として一定の保護を要する者とされたとき、②親権の停止、喪失の審判を受けたとき、又は③親権を辞任したときのように、法律上の障害で親権を行使できない場合、あるいは行方不明、長期の不在、長期の別居等で事実上親権を行使できない場合は、他の一方が単独で親権を行使することになる。

このことは、実父母が親権者である場合と何ら異なるところはない。詳しくは、前述の**問6**を参照願いたい。

問17　養父母の一方が死亡した場合、親権はどうなるか。

答　生存する養親が、単独で親権を行使する。

解説

一　養父母の親権

養子についての親権は、養父母が婚姻継続中の場合は、共同で行使することとされている（民八一八条三項本文）が、養父母の一方が死亡したときは、婚姻は解消されるし、また、死亡した養父又は養母が親権を行使するということはあり得ないので、養子の親権は生存する養父又は養母が単独で行使することになる。

二　養父母の一方の死亡による単独親権の表示

親権者である養父又は養母が死亡したときは、死亡の届出によって、養父又は養母の戸籍に死亡事項が記載される。この記載により、共同の親権者である一方が死亡したことで、その者は親権の行使ができないことがわかる。したがって、養子の戸籍に親権者の一方が死亡し、他の一方が単独の親権者であるという記載はしない〔注〕。

〔注〕 1　親権者であることの戸籍上の表示は、民法上で当然に親権者と定められているものは、記載しなくても明らかなので記載しない取扱いである。例えば、設問のような養子の場合は、養親が親権者であり（民八一八条二項）、養親が婚姻中であれば、共同親権であることが明らかであるから（民八一八条三項本文）、親権の記載はしない。また、一方が死亡したときは、当然に親権の行使ができないので、他の一方の単独親権となるから、単独親権である旨の記載も要しないことになる。

2　親権の戸籍の記載についての詳細は、「第十三の三　親権・管理権の届出事例及び戸籍記載等の処理例」を参照のこと。

問18　養父母がともに死亡した場合、実父母の親権は回復するか。

答　未成年後見が開始し、実父母の親権は回復しない。

解説

養父母の死亡と親権

養子についての親権は、養父母が婚姻継続中の場合は、共同で行使することとされている（民八一八条三項本文）が、養父母の一方が死亡したときは、生存する他の一方が単独で行使することになる。その者も死亡したときは、親権を行使する者がいないことになるので、未成年後見が開始し（民八三八条一号）、後見人が指定（民八三九条一項）されるか、選定される（民八四〇条）ことになる〔注〕。もし、養父母が同時に死亡した場合（民三二条の二）は、一方の単独親権という機会はないから、直ちに未成年後見が開始することになる。

このように養親が死亡し、親権を行使することができないときは、直ちに未成年後見が開始するか（後見開始説）、実親の親権行使が復活するか（親権復活説）について、見解が分かれている。後見開始説が通説である。戸籍実務は通説による取扱いである。すなわち、「……養親死亡後の養子に対する親権は……養子のために未成年後見が開始し実親は親権を行うことができないと解するのが相当と思考される……」（昭和二三・一一・一二民事甲三五八五号通達）とし、後見開始説が採られている。

〔注〕　未成年後見が開始したことによって、未成年後見人が当然におかれるわけではない。未成年後見が開始されたというのは、未成年後見人の選任申立てができる状態になったことを意味するものである（遠藤浩ほか編「第四版増補補訂版民法(8)親族」二九三頁）。ただし、最後に親権を行う者は、遺言で未成年後見人を指定することができるので、遺言の効力が生じたときに未成年後見人が就任したものとみられる（我妻栄「親族法」三五五頁、中川善之助「新訂親族法」四八九・五二四頁ほか）。

問19　養父母の一方死亡後、生存養親と離縁した場合、親権はどうなるか。

答　未成年後見が開始する。

解説

一　養父母の一方死亡後の親権

養子についての親権は、養父母が婚姻中は共同で行使する（民八一八条三項本文）が、養父母の一方が死亡したときは、生存する養父又は養母が単独で親権を行使することになる。

二　生存養親との離縁後の親権

養子が、単独で親権を行使している生存養親と離縁しても〔注一〕、死亡養親との縁組は継続しているので、実親の親権は復活せず、未成年後見が開始するとするのが、戸籍実務の取扱いである（昭和二五・三・三〇民事甲八五九号回答、昭和二六・一・三一民事甲七一号回答）〔注二〕。

三　実親の親権が復活する場合

生存養親と離縁する前に、死亡養親との離縁を家庭裁判所の許可を得て（民八一一条六項）、離縁の届出をして成立させ、その後に生存養親と離縁した場合は、実親の親権が復活する。この場合、死亡養親との離縁と生存養親との離縁を同時に届出しても、同様に実親の親権が復活することになる。また、設問のように、まず、生存養親と離縁し、これにより未成年後見が開始した後において、死亡養親と離縁したときは、後見は終了して実親の親権が復活することになる（昭和二五・八・二四～二五秋田地方法務局管内戸籍協議会決議・同二六・四・三法務府民事局変更指示参照）。

〔注一〕 養父母の一方が死亡している場合において、一五歳未満の養子が、生存養親とのみ離縁するときは、離縁後に未成年後見人となるべき者を選任し、その未成年後見人となるべき者が養子に代わって届出をすることになる（昭和三七・七・一四民事甲一九八九号回答）。

〔注二〕 養親の一方が死亡した後、養子が親権を行使している生存養親と離縁したときは、縁組前の実親の氏に復し、その戸籍に入籍することを根拠に、実親の親権の行使が復活すると解する学説が多数である（我妻栄「親族法」三二二頁、中川善之助「新訂親族法」四八九・五四四頁）。

この考え方は、従来の戸籍の先例は、生存養親との離縁によって、実方に復するとの取扱い（昭和二四・九・九民事甲二〇三九号通達、昭和二四・九・一七民事甲二〇九二号回答、昭和二六・一・三一民事甲七一号回答）にも影響されているとも考えられるが、これらの先例は、民法の一部を改正する法律（昭和六二年法律第一〇一号、昭和六三・一・一施行）により、民法第八一六条第一項にただし書が新設されたことによって変更されている。すなわち、養親の一方のみと離縁しただけでは、縁組前の氏に復さないことになった（昭和六二・一〇・一民二―五〇〇〇号通達第2の3(1)エ参照）。設問に則していえば、生存養親と離縁しても死亡養親との離縁は継続しているから、縁組前の氏に復することはないということになる。

問20　養父母の一方死亡後、死亡養親と離縁した場合、親権はどうなるか。

答　生存養親が行使している親権に変更はない。

解説

死亡養親と離縁した場合の親権

養子についての親権は、養父母が婚姻中は共同で行使する（民八一八条三項本文）が、養父母の一方が死亡したときは、生存する養父又は養母が単独で親権を行使することになる。生存養親との縁組が継続されている限り、原則的には、養子は生存養親の親権に服することになる。その間に、養子が家庭裁判所の許可を得て死亡養親と離縁（民八一一条六項）したとしても、生存養親の親権に影響を与えることはない。

死亡養親と離縁後に、生存養親と離縁した場合は、実親の親権が復活することになるが、生存養親が離縁しないうちに死亡した場合は、後見が開始することになる。ただし、この場合でも、その後に離縁をすれば、後見は終了し、実親の親権が復活することになる（本問については、なお**問19**参照）。

問21　婚姻中の養父母の一方と離縁することができるか。できるとした場合の親権はどうなるか。

答　養親が婚姻中であるときは、養子が、成年者である場合は格別、未成年者である場合は各別に離縁することは原則としてできない。ただし、養親の一方が意思表示ができないときは、意思表示のできる養親のみが単独で協議離縁をすることができる。この場合、縁組の継続する養親は意思表示ができないので、親権の行使もできない。したがって、未成年後見が開始することになる。

解説

一　養親が婚姻中の離縁

養親が夫婦である場合に未成年の養子と離縁をするときは、夫婦が共同でしなければならないとされている（民八一一条の二）。これは、養親となる者が夫婦である場合は、養子となる者が未成年者のときは、夫婦共同で縁組しなければならない（民七九五条本文）とされている結果として、離縁の場合も夫婦が共同ですべきものとされているることによるものである。この場合に、もし離縁が各別にできるとすれば、未成年養子の福祉を考慮して、夫婦共同縁組を定めた趣旨が意味をなさないことになるからである。この夫婦共同離縁の規定は、昭和六二年法律第一〇一号をもって「民法等の一部を改正する法律」によって新設されたものである（昭和六三・一・一施行）。ただし、養親である夫婦の一方が、心神喪失の常況にある場合や行方不明等の事由により意思を表示することができない場合は、意思表示のできる一方の養親だけで単独で離縁することができる（民八一一条の二ただし書）。意思を表示することができない養親との離縁は裁判によるほかはない。

なお、昭和六二年の法律改正前は、夫婦共同離縁の明文の規定はなかったことから、改正前の民法第七九六条の夫婦が共同縁組をすべき場合に「夫婦の一方がその意思を表示することができないときは、他の一方は、双方の名義で、縁組をすることができる。」との規定を類推適用し、夫婦の他の一方は、双方の名義で離縁をすることができるものと解されていた（明治三一・一一・八民刑一九四四号回答、大正六・八・二五民一五〇〇号回答）。しかし、改正法により夫婦の一方による双方名義の縁組を廃止したので、双方名義による離縁もまた、これを認める余地はなくなった。したがって、養親夫婦の一方が意思を表示することができないときは、その者と養子の協議離縁はできないことになるので、裁判離縁をするほかはないということになる。

二　養父母の一方と離縁が認められる場合の親権

養父母の婚姻中は、未成年の養子との各別の離縁は、原則として認められないが、養父母の一方が意思表示ができないときは、意思表示のできる養親のみと単独で離縁ができることは**一**で述べたとおりである。この場合は、一方との縁組は継続しているので、本来であればその者の親権に服することになるが、その者は意思表示ができない状況にあるため、親権の行使も当然できないということになる。したがって、「未成年者に対して親権を行う者がないとき」に該当し、未成年後見が開始することになる（民八三八条一号）。もっとも、養子が一五歳未満の場合、生存養親との協議離縁は、離縁後の法定代理人となるべき者が、養子に代わって協議することになるので、その際に未成年後見人が選定されることになると考えられる。

問22　養父母が離婚した場合、養子の親権者には、だれがなるか。

答　協議離婚の場合は、養父母の協議によって、その一方を親権者に定める。もし、協議が調わないとき又は協議をすることができないときは、養父又は養母の請求により、家庭裁判所は、協議に代わる審判で、その一方を親権者に定める。

裁判離婚の場合は、裁判所が養父母の一方を親権者に定める。

解説

一　養父母の離婚と親権

養子についての親権は、養父母が婚姻継続中は、共同して行使するものとされている（民八一八条三項本文）が、養父母が離婚した後は、共同で親権を行使することは事実上困難であるため、離婚の際に、養父母の一方を親権者に定めなければならないことになる（民八一九条一項・二項）。

二　協議離婚の場合の親権者

親権に服する未成年の養子を有する養親夫婦が、協議離婚をするときは、協議によってその一方を親権者に定め、その旨を協議離婚の届書に記載して、届出しなければ受理されない（民七六五条一項・八一九条一項、戸七六条一号）。

以上及びその他裁判離婚の場合の親権者等については、実父母の離婚の場合と同様につき、**問8**を参照願いたい。

問23　養父母と離縁した場合、親権はどうなるか。

答　実親の親権が復活する。

解説

一　離縁と親権

養親子関係は離縁によって解消し、養子は、縁組前の氏に復することになり（民八一六条一項）、親権ついても、縁組前の親権者である実父母の親権が復活することになる。養子が縁組を継続したまま、重ねて縁組をした場合は、後の縁組のことを転縁組と呼んでいるが、この場合に、転縁組を離縁したときは、最初の縁組の養親の親権が復活し、実親の親権は復活しない。もし、その前に最初の縁組が離縁になっていれば、実親の親権が復活することになる（昭和三二・九・二八民事甲二二三四号回答）。また、この転縁組において、最初の縁組を離縁しても、転縁組が継続しているときは、転縁組の養親の親権に変更がないことはいうまでもない。

二　実父母が、子の縁組後、離縁までの間に離婚しているときの親権

婚姻中の実父母の代諾で縁組した子が、離縁する場合に一五歳未満であるときは、離縁後の法定代理人となるべき者（普通は親権を回復する実父母）が、養子に代わって離縁の協議をすることになる（民八一一条二項）。しかし、離縁をする時点で既に実父母が離婚している場合は、離縁後の親権者を実父母のいずれか一方にあらかじめ定めなければならず（民八一一条三項・四項、八一五条）、もし、定めていないときは、離縁の協議をすることができないことになる。

右の事例で、養子が一五歳以上であるときは、自ら離縁の協議をすることができ、実父又は実母が協議者にならないので、離縁が成立した後の親権者を実父母のいずれか一方に定めていないということが生じる。この場合は、離婚した実父母の共同親権ということになるが、その協議でいずれか一方を親権者に指定しなければならないことになる（昭和二三・五・六民事甲三二二号回答）。

問24　養父母の離婚後に親権者でない養親とのみ離縁した場合、又は、反対に親権者である養親とのみ離縁した場合、親権はどうなるか。

答　親権者でない養親とのみ離縁しても、親権者は変わらない。

親権者である養親とのみ離縁したときは、未成年後見が開始する。

解説

一　養父母の離婚と親権

親権に服する未成年の養子を有する養親夫婦が、離婚をするときは、いずれか一方を親権者に定めなければならない（民八一九条一項・二項）。養父母の婚姻中は、養子についての親権は共同して行使することになる（民八一八条三項本文）が、離婚した後は、共同行使は事実上困難であるため、離婚の際に、養父母の一方を親権者に定め、以後親権者に定められた者が単独で親権を行使することになる。

二　親権者でない養親と離縁した場合の親権

養父母が離婚の際に親権者にならなかった養親とのみ離縁しても、親権者に変更はなく、養父母離婚の際に親権者となった養親が引き続き親権を行使する。

右の場合の離縁は、養子が一五歳未満のときは、離縁後に法定代理人となるべき者が養子に代わって離縁の協議をすることになる（民八一一条二項）が、養父母離婚の際に親権者となった養親は、右の法定代理人に該当する（昭和二三・六・二四民事甲一八九九号回答）ので、その養親が離縁する養親（すなわち離婚の際に親権者とならなかった養親）と協議して離縁を成立させることになる。

三　親権者である養親のみと離縁した場合の親権

親権者である養親とのみ離縁しても、親権者でない養親との縁組は継続しているので、実父母の親権は回復せず、未成年後見が開始することになる（昭和二五・三・三〇民事甲八五九号回答、昭和二六・一・三一民事甲七一号回答、昭和二七・一二・八最高裁家庭局第二課長電報回答）。この場合の離縁は、養子の離縁後の法定代理人となる未成年後見人を選任し、その者が離縁の協議をすることになる（民八一一条五項、昭和三七・七・一四民事甲一九八九号回答）。

問25　嫡出でない子を認知した父が、妻とともにその子を養子とし、その後、妻とともに離縁した場合、離縁後の親権者はだれか。

答　父母の協議で、いずれか一方を親権者に指定することになる。

解説

一　嫡出でない子の認知と親権

嫡出でない子の親権については、母が行使するとされている（民八一九条四項）から、父が認知しても、親権者が母であることに変わりはない。ただ、父が認知した後、父母の協議又は協議に代わる審判によって、父を親権者と定めたときに限り、父が親権者になることはできる（民八一九条四項・五項）。

二　嫡出でない子を、認知した父と父の妻が、養子にした場合の親権

1　養子縁組後の親権者

養子は養親の親権に服することになる（民八一八条二項）ので、設問の場合、縁組後は養父（実父でもある。）と養母の共同親権に服することになる。

2　養子の縁組前の親権者及び縁組の承諾者

養子となる者が、一五歳未満の未成年の場合は、その者の法定代理人が、代わって縁組の承諾をする（民七九七条一項）。設問の場合、普通は、親権者である母が代わって承諾をする。もし、その母が未成年である場合は、母に対して親権を行使する者が、母の親権を代行して行使する（民八三三条）ので、その代行者が承諾することになる。また、親権者である母が死亡等により親権を行使できないときは、未成年後見が開始するので（民八三八条一号）、未成年後見人が承諾をすることになる。

三　設問の縁組を離縁した場合の親権

一般的には、縁組前の親権者である実母の親権が復活するものと考えられるが、認知した父の親権がどうなるかの問題がある。

認知によって父は当然に親権者にならないことは、一で述べたとおりである。その後、父は、認知した子と養子縁組したことによって、養親としての親権者になったが、この親権について、昭和五三年五月三一日付け民二第三二五四号民事局第二課長回答は、「母が死亡している一五歳未満の嫡出でない子を父が認知し、後見人の代諾で実父及びその妻と養子縁組後離縁した場合」の子の親権についての事案で、「離縁前における父の親権は、自己（父）の子と養子縁組したことにより取得した実親としての親権（民八一八条三項本文）及び自己が子と養子縁組したことにより取得した養親としての親権（民八一八条二項）の双方の性格を併有するものと考えられるから、本件離縁により父の養親としての地位は消滅するも、実親としての地位は消滅するものではない以上、子は引き続いて父の親権に服するものと考える。」とされている。この先例の事案は、母が死亡している場合であるため、父の単独親権になるとの解釈がとられたものと思われるが、設問は、母が生存している場合であるので、この場合は、先例の考え方に沿えば、離縁により父母の共同親権になる。しかし、父母は婚姻関係にないので、共同で親権を行使するのは困難であるため、離縁後に父母の協議によっていずれか一方を親権者に指定するのが相当と解される（民八一九条四項参照）。

問26　養親と実親が婚姻した場合、養子の親権者はだれか。

答　養親と実親であり、共同親権になる。

解説

養親と実親の婚姻による共同親権

養親と実親の婚姻によって共同親権になる場合として、

(1)　実親AがBと婚姻した後、BがAの実子Cと養子縁組したとき（婚姻先行）。

(2)　BがCと養子縁組した後、Bが養子Cの実親Aと婚姻したとき（縁組先行）。

がある。

これらの場合は、民法第八一八条第三項の規定により、実親と養親の共同親権になると解されている（昭和二三・三・一六民事甲一四九号回答、昭和二四・一二・二民事甲二七九四号回答、昭和二五・九・二二民事甲二五七三号通達）。

(1)の場合は、実親Aは、Bと婚姻しても実子Cの親権者であることに変わりはない。その後にBがCと縁組したときは、Cは養親Bの親権に服することになる（民八一八条二項）が、実親Aは養親Bと婚姻中であるから、この場合は、民法第八一八条第三項の「親権は、父母婚姻中は、父母が共同してこれを行う。」との規定により、共同親権になる（前掲先例参照）。

(2)の場合は、実親Aは、実子CがBと縁組したことにより、Cは養親Bの親権に服することになる（民八一八条二項）。これによりCの親権は、その反射的効果として実親Aの親権から離脱することになる（基本法コンメンタール第五版「親族」二〇〇頁）。その後、AがBと婚姻したことによって、Aの親権は復活し、Cは実親Aと養親Bの共同親権に服することになる（昭和二五・九・二二民事甲二五七三号通達）〔注〕。

〔注〕　養子は養親の親権に服する（民八一八条二項）とされていることから、「養親が実親と婚姻したとしても、実親の親権は復活しないとする学説もみられるが（外岡茂十郎「親族法」二三四頁）、このように解して養親のみが親権を行使することは、当事者の意思に反するのみでなく、養親と実親の婚姻により夫婦共同生活体が構成されるに至ったのであるから、縁組成立当時の親権の所在に関係なく、養親と実親とをして親権を行わせるとすることが子の利益に最も適合し、かつ、民法第八一八条第三項の趣旨にも合致するものと解される（木村三男「戸籍届書の審査と受理Ⅱ」一五頁参照）。

問27　養親と実親が離婚した場合、養子の親権者には、だれがなるか。

答　離婚の際に、養親又は実親のいずれか一方を親権者に定める。

解説

一　養親と実親の離婚による親権

配偶者の一方が他の一方の子を養子にした場合、又は養親が養子の実親と婚姻した場合には、養子が未成年者であるときは、養親と実親とが共同して親権を行使するものとされている（民八一八条三項）。この養親と実親の婚姻中の共同親権は、実父母又は養父母の婚姻中の共同親権と何ら変わるところはない。

ところで、父母が離婚した場合は、父母に親権の円満な共同行使を求めるのは困難であることから、離婚に際しては、父母のいずれか一方を親権者に定めなければならないとしている。すなわち、協議離婚の場合は、父母の協議又は協議に代わる審判により、いずれか一方を親権者に定める（民八一九条一項・五項）。また、裁判離婚の場合は、裁判所が父母の一方を親権者に定める（民八一九条二項）。このことは、養親と実親の離婚においても同じことである。

二　戸籍先例の変遷

設問については、一で述べたとおり、いずれか一方を親権者に定めて離婚をすることになるが、この見解に至るまで、戸籍の先例は若干の変遷があるので、共同親権及びその後の離婚の場合の親権についての、先例を、次に掲記することとする。

①　昭和二三年三月一六日民事甲第一四九号回答

（照会）　夫婦の一方が他の一方の未成年の子を養子とした場合の親権者は養親だけであるか、それとも実親も親権者になるか。

（回答）　実親も親権者になる。
②　昭和二三年一二月二二日民事甲第三六五五回答
（照会）　昭和二三年三月一六日民事甲第一四九号回答（注・①の回答）の未成年の子は、実親の非嫡出子であると否とを問わないものと解してよろしいか。

（回答）　意見のとおり、嫡出子であると非嫡出子であるとを問わない。
③　昭和二三年一〇月五日民事甲第三一六〇号回答
（照会）　(1)　婚姻中夫が妻の未成年嫡出子を養子としたときは、民法第八一八条第二項の規定があるにかかわらず、同条第三項により父母（養父と養母）が共同して親権を行うものと解しておりますが、いかがでしょうか。
(2)　前項見解のとおりとすれば、前項の父母が協議離婚すれば、その協議でその一方を親権者と定めなければならないように考えますが、離婚後は当然養父である夫のみが親権を行うものとして、親権者を定めなかったときは、夫のみが親権を行うべきでしょうか。
（回答）　(1)　意見のとおりである。
(2)　当然養父が親権を行う。～（注）⑤の通達で変更された。
④　昭和二四年一二月二日民事甲第二七九四号回答
（照会）　甲男が乙女と婚姻し、甲が乙の未成年の子丙を養子とした場合は、丙に対する親権は甲、乙共同行使と

なり、甲乙離婚の場合は当然甲のみが丙の親権者となることは先例の示すところであるが、甲が乙の子丙を養子とした後甲が死亡した場合においても、その死亡による婚姻解消と同時に乙の丙に対する親権は、当然消滅すると解すべきではないか（本件については、甲が死亡しても乙は引き続き丙に対する親権を有するものと解するのを相当とする反対意見がある。）。

（回答） 養父死亡後は、実母のみで親権を行うと解するのが相当である。

⑤ 昭和二五年九月二二日民事甲第二五七三号通達

配偶者の一方が他の一方の子を養子とし、又は養親が養子の実親と婚姻した場合に養子が未成年者であるときは、民法第八一八条第三項の規定によって養親と実親とが共同して養子の親権を行使するものと解されるところ、この場合における養親及び実親の親権者としての地位には互いに優劣の差を認むべきものではないから、右の養親と実親が離婚する場合は、同法第八一九条第一、二項の規定により、その協議で、その一方を養子の親権者と定めるのが相当であると思考される。したがって、右の場合において、養親と実親との離婚後は、同法第八一八条第二項の規定によって、当然養親のみが養子の親権を行使すると解していた従前の取扱いは、これを改める。

⑥ 昭和二六年七月二三日民事甲第一五〇五号回答

（照会） 昭和二五年九月二二日民事甲第二五七三号通達（注・⑤の通達）前に、養父と実親が離婚し未成年の子に対する親権を養父が行っている場合は、同通達後も依然として養父が行うか、又は同通達後は、両者協議で親権者を定めるまでは養父実母が共同して親権を行うものと解してよいか。

（回答） 協議で親権者を定めるまでは、養父と実母が共同して親権を行う。

問28　養親と実親の婚姻中に離縁した場合、離縁後の親権はどうなるか。

答　実親が親権者になる。

解説

養親と実親の婚姻中の離縁と親権

養親と実親の婚姻中の養子の親権については、民法第八一八条第三項の規定によって、養親と実親とが共同して行使するものと解されている（昭和二三・三・一六民事甲一四九号回答、昭和二三・一〇・五民事甲三一六〇号回答、昭和二五・九・二二民事甲二五七三号通達）。

この場合に、養子が養親と離縁したときは、離縁後の養子の親権者は実親である。戸籍の先例は、養親と実親の共同親権になったときの実親の地位は、養親と同一視して、離縁後の親権者は実親であるとしている（昭和二六・六・二二民事甲一二三一号回答、昭和二六・八・一四民事甲一六五三号回答）。これは、例えば、養父母の一方と離縁したときは、他の一方の養親が親権者になるのと同一にみられるということである。

なお、この場合の親権者は、縁組前の親権者で縁組の承諾をした実親（養親と婚姻中の実親でない他の一方の実親）の親権が復活すると解する考え方もある（小石寿夫「誰が親権者となるか」（家族法大系Ⅴ）五一頁）。しかし、先例は、養親と婚姻して共同親権となった実親が、離縁後の親権者になると解している（前掲回答）。

問29　養親と実親の婚姻中に実親が死亡した後、離縁した場合、親権はどうなるか。

答　縁組前の親権者がいる場合は、その者が離縁後の親権者になる。
縁組前の親権者がいない場合は、未成年後見が開始し、未成年後見人が選任される。

解説

離縁による縁組前の親権者の親権復活

養親と実親が婚姻中である場合、養子の親権は、養親と実親が共同で行使するものとされていることは、**問26**で述べたとおりである。

養親と実親が共同で親権を行使中に、いずれか一方が死亡した場合は、生存する他の一方の単独親権になる。設問は、実親が死亡した事例であるから、養親が単独で親権を行使していることになるが、その養親と離縁した場合の親権の問題である。

養子が未成年者である場合の離縁は、養子が一五歳未満であるときは、養子の離縁後にその法定代理人となるべき者が、養親と協議することとされている（民八一一条二項）。また、養子が一五歳以上の未成年者であれば、自ら離縁の協議をすることになる。しかし、いずれの場合も、離縁後の親権者はだれかということについては、同じである。したがって、養子の離縁後の親権者はだれになるかは、養子に代わって離縁の協議をする者はだれかを考えればよいことになる。

まず、縁組の際に、養子に代わって縁組の承諾をした親権者がいるときは、その親権者の親権が復活する（昭和二六・一・一〇民事甲三四一九号回答(イ)。したがって、その者が養子に代わって離縁の協議をし、離縁後の親権者になる。

もし、縁組の承諾をした親権者がいないときは、離縁後の法定代理人になる未成年後見人を選任し、その者が離縁の協議をし、離縁後の未成年後見人になる。

設問の場合、例えば、縁組前の親権者が実父で、養親と婚姻中に死亡したのが実母であれば、縁組の承諾をした実父が、養子の離縁後の親権者ということになる。もし、縁組前の親権者が死亡した実母であれば、離縁によって未成年後見が開始することになる。

問30　実父母の代諾によって縁組した子が、一五歳未満で協議離縁する場合に、実父母が子の縁組後に離婚しているときは、離縁後の子の親権はどうなるか。

答　実父母の一方を、離縁後の親権者となるべき者に定めなければならない。

解説

一　養子縁組の承諾者と親権

一五歳未満の者が養子縁組する場合は、その者に代わって法定代理人（親権者又は未成年後見人）が縁組の承諾をすることになる（民七九七条一項）。

普通の場合は、養子となる者が父母の共同親権に服しているときは父母が、養子となる者が父又は母の単独親権に服しているときは父又は母が、また、親権者がなく未成年後見が開始しているときは未成年後見人が、それぞれ養子に代わって縁組の承諾をする。

二　養子が一五歳未満の場合の離縁の協議者と親権

設問は、実父母が、子の縁組当時は婚姻中であったので、共同親権者として、縁組の承諾をしたが、その後に離婚したことによって、養子となった子が離縁する際には、縁組前の親権者である実父母の親権がそのまま復活するのか、それとも離婚しているので、実父母のいずれか一方の親権が復活することになるのかという問題である。父母が離婚の際には、他の者の養子になっている子が未成年者のうちに離縁することを想定して、離縁後の親権者をいずれか一方にあらかじめ定めておくというようなことは通常はあり得ないものと考えられる。養子は、養父母の親権に服しているから、実父母の離婚では、養子になっている子の親権は問題にならないからである。したがって、父母が離婚の際には親権者は定められていないので、縁組前の親権がそのまま復活するとも考えられなくもない。しかし、離婚した父母が共同で親権を行使することは事実上困難であることから、設問の場合は、離縁のときにいずれか一方を父母の協議で、離縁後の親権者になるべき者と定めなければならないとされている（民八一一条三項）。もし、父母の協議が調わないとき、又は協議をすることができないときは、父若しくは母又は養親の請求によって、家庭裁判所は協議に代わる審判をすることになり、この審判によって、養子の離縁後に親権者となるべき者が定められる（民八一一条四項）。

以上のようにして定められた者が、離縁の協議者になり、離縁後の親権者になる。

三　離縁届と親権者指定届

設問の場合は、養子の離縁後の親権者となるべき者を定めて、その者が養子に代わって離縁の協議をし、離縁後の親権者になるが、親権者となるべき者の定めを父母の協議によったか、協議に代わる審判によったかによって、届出に相違がある。

1　協議による親権者指定届の場合

父母の協議によって養子の離縁後の親権者を定めたときは、定められた者が養親と離縁の協議をすることになり、その者が離縁届の届出人になる。届出に際しては、届出人の資格を証するために、父母の協議で親権者となるべき者に定められたことを証する書面を添付しなければならない。ただ、このような場合は、離縁届と親権者指定届を同時に提出し、離縁届書の「その他」欄に、「離縁後における親権者は母乙野梅子（又は父甲野義太郎）と定める親権者指定届を別件で同時届出した。」と記載し、親権者となるべき者が定められたことを証する書面の添付を省略する取扱いである（昭和三七・六・二九民事甲一八三九号回答）。この協議による親権者指定届は、戸籍法第七八条に準じて父母双方が届出人となるものであるから、この届書は、親権者となるべき者を定めたことを証する書面でもあるということができる。しかし、この協議による親権者指定届は、届出期間が定められていないことから、必ずしも離縁届と同時に提出されないこともあり得る。その場合には、離縁届書に、父母の協議で親権者となるべき者に定められたことを証する書面を添付することを要することになるが、できる限り同時に提出するように指導することとされている（昭和三七・六・二九民事甲一八三七号回答）。また、同時に提出しない場合、離縁の届出の日から一〇日を経過してもなお届出がないときは、戸籍法第四四条による届出の催告をすることになる（昭和三七・六・二九民事甲一八三九号回答）。

2　協議に代わる審判による親権者指定届の場合

協議に代わる審判（家事一六七条・別表第二の八項）又は調停（家事二四四条）によって、離縁後の親権者となるべき者が指定された場合は、その審判書の謄本及び審判の確定証明書又は調停調書の謄本を離縁届書に添付することになる。

また、親権者指定届は、戸籍法第七九条に準じて親権者から届出することになる。この届出を離縁届と同時に提出するときは、離縁届書に添付した審判書の謄本等を援用する取扱いができる。さらには、親権者指定届と離縁届の届出人は同一であるから、離縁届書の「その他」欄に、親権者指定に関する事項を記載し、親権者指定届に代えることもできる取扱いである。ただし、この場合の届出件数は二件として処理することになる（昭和三七・五・三〇民事甲一四六九号通達）。

問31　転縁組について離縁した場合、離縁後の養子の親権はどうなるか。また、第一の縁組が既に解消している場合、養子の親権はどうなるか。

答　前段　転縁組前の養親の親権が復活する。
後段　実親の親権が復活する。

解説

一　転縁組と親権

転縁組というのは、最初の縁組を継続したまま、第二の縁組をしたことをいう。もっとも、第三の縁組、第四の縁組と、従前の縁組を継続したまま縁組をしたときも、それらの縁組を転縁組と呼んでいる。

転縁組の場合の養子は、後の縁組の養親の親権に服することとなり、前の養親の親権は消滅すると解されている（通説）。

養子縁組によって、養子は養親の親権に服することになる（民八一八条二項）が、親権事項は養子の戸籍に記載しない。養子の親権者は、原則として養親が法律上当然になるとされているから、記載するまでもないということである。転縁組の場合も同じであるから、現在の養親が親権者であるということは、戸籍に記載しない。ただ、転縁組の場合は、継続する縁組事項については全部養子の身分事項欄に記載（移記）することになっている（戸規三九条一項三号）。したがって、養親が死亡していても離縁していない限り縁組は継続しているから、養子の戸籍には縁組事項は記載される。なお、養父母欄の記載は、最後の養父母についてのみ記載すれば足りる取扱いである（大正四・一・二四民二四一号回答)。

二　転縁組の離縁と親権

例えば、第二の縁組を離縁したとき、最初の縁組が継続しているときは、その縁組の養親の親権が復活するから、養子が一五歳未満のときは、その者が離縁の協議者になり、離縁後の親権者になる(昭和二六・一一・五民事甲一九一五号回答(イ))。また、従前の縁組を継続したまま、第三の縁組、第四の縁組をした場合でも、最後の縁組を離縁したときは、直前の縁組の養親の親権が復活することになる。ただし、その直前の縁組の養親が死亡又はその他の事由で親権を行使できない場合、さらにその前の養親の親権が復活するということにはならない。この場合は、離縁後に法定代理人となるべき者がないということになり、養子の親族その他の利害関係人の請求によって、家庭裁判所が養子の離縁後に法定代理人(未成年後見人)となるべき者を選任し、その者が離縁の協議者となる(民八一一条五項)。また、復活する直前の縁組の養親が離婚している場合は、離縁する養子が一五歳未満のときは、協議でその一方を離縁後の親権者となるべき者に定め、その者が離縁の協議をし、離縁後の親権者になる(民八一一条三項・四項)。その詳細は、**問30**を参照されたい。

三　転縁組前の縁組解消と親権

例えば、第二の縁組が継続中に、最初の縁組を離縁したとしても、第二の縁組の養親の親権に影響はないが、その後に、第二の縁組を離縁したときは、最初の縁組はそれ以前に解消されているから、実親の親権が復活することになる(昭和三二・九・二八民事甲二二三四号回答)。実親が死亡又はその他の事由で親権を行使できないとき、あるいは実親が離婚しているときの親権については、前記**二**で述べたとおりである。

第三　単独親権

問32　嫡出でない子の親権者は、だれか。

答　原則として母である。

解説

一　母が親権を行使する場合

嫡出でない子は、原則として母の親権に服する（民八一九条四項）。父が認知しても当然に親権が父に変わることはないし、父母が共同して親権を行使するということにもならない。

二　認知した父が親権を行使する場合

嫡出でない子の親権者は母であるところ、父が認知した後、父母が協議して父を親権者にすることができる（民八一九条四項）。父を親権者にすることについて、父母の協議が調わないとき、又は一方が所在不明や病気などのため協議することができないときは、父又は母は、家庭裁判所に対し、協議に代わる審判を請求することができる（民八一九条五項、家事一六七条・別表第二の八項）。

親権者指定の審判は、子の住所地の家庭裁判所又は当事者が合意で定める家庭裁判所の管轄である（家事一六七条・六六条一項）が、調停の申立てをすることもできる（家事二四四条）。調停の場合は、相手方の住所地の家庭裁判所又は当事者が合意で定める家庭裁判所に申し立てることになる（家事二四五条一項）。

審判又は調停の結果、父が親権者とされたときは、父が親権者になるが、父が親権者となることの審判が確定しないとき又は調停が成立しないときは、母が親権者であることに変わりはない。

父母の協議で父を親権者と定めたときは、親権者指定の届出をすることになる（戸七八条）。この届出は、届出によって効力を生ずる創設的届出であり、父母双方が届出人にならなければならない。

協議に代わる審判が確定し、又は調停が成立したときは、新たに親権者となる父が親権者指定の届出をすることになる（戸七九条）。この届出は、審判の確定又は調停の成立によって親権者は定まっているから報告的届出である。この届書には、審判書謄本及び審判の確定証明書又は調停調書の謄本を添付しなければならない（戸七九条・六三条）。

三　親権の代行者

嫡出でない子の母が未成年者であるときは、母自身が親権に服していることから、同時にその子の親権者になることは、不都合であるため、未成年者である母の親権者（子からみて祖父母）が、その親権を代行することになる（民八三三条）。この代行は、未成年者である母が、その子の親権者になれないので、その母の親権者が代わって親権を行使するだけで、子の親権者になるわけではない。したがって、もし、その代行者が死亡すれば、未成年者の母のため未成年後見が開始し、その未成年後見人が親権を代行することになる（民八六七条一項）。

問33　嫡出でない子の親権者が死亡した場合は、だれが親権を行使するか。

答　後見が開始し、未成年後見人が指定又は選定される。未成年後見人には親権者と同様の権限が与えられる。

解説

一　嫡出でない子の親権

嫡出でない子は、原則として母の親権に服する（民八一九条四項）。父が認知した子であっても母の親権に変わりはない。ただ、父の認知後に、父母の協議又は協議に代わる家庭裁判所の審判によって、父が親権者に指定されることはある（民八一九条四項・五項）。

また、嫡出でない子の母が未成年者のときは、母自身が親権に服していることから、子の親権者になることは不都合であるため、未成年者である母の親権者が、その親権を代行することになる（民八三三条）。この代行は、母が子の親権者となることができないので、代行者が、未成年者の母が本来親として有すべき親権を代行するだけで、親権者になるものではない。

二　嫡出でない子の親権者が死亡した場合の親権

1　親権者の母が死亡した場合

親権者の母が死亡した場合は、親権を行使する者がいないので、未成年後見が開始することになる（民八三八条一号前段）〔**注一**〕。

未成年後見が開始した場合において、未成年後見人は、母が遺言で未成年後見人を指定していれば、その者が未成年後見人になる（指定未成年後見人・遺言未成年後見人）。指定未成年後見人がいない場合は、未成年被後見人の親族その他の利害関係人の請求によって、家庭裁判所は未成年後見人を選任することになる（選定未成年後見人）。

未成年者の後見は、親権の延長であることから、監護・教育（民八二〇条）、居所指定（民八二一条）、懲戒（民八二二条）、職業許可（民八二三条）という未成年者の身上に関する権利義務については、未成年後見人は親権者と同じ権限を有する。また、母が未成年者のため、親権の代行者がいる場合に、母が死亡したときは代行ではなく、子について直接に未成年後見が開始することになる。

2　親権者が父となっている場合に、その父が死亡した場合

父が認知した後、父母の協議又は協議に代わる審判によって、父が親権者に指定されている（民八一九条四項・五項）場合に、その父が死亡したときは、親権を行使する者がいないことになるから、前記1と同様に未成年後見が開始することになる（民八三八条一号前段）〔注二〕。

未成年後見が開始した場合において、未成年後見人の指定及び選定等については、前記1で述べたことと変わりはない。

〔注一〕　親権者の母が死亡したときでも、死亡後に父が認知した場合において、父を親権者に指定できるかについて、学説は分かれる。多数説は、既に親権者の死亡によって未成年後見が開始しているから、親権者指定の余地はないとしている。戸籍の実務は、多数説と同じく後見が開始するという取扱いである（昭和二四・三・一五民事甲三四九九号回答）。しかし、この場合に、家庭裁判所が親権者を父に変更する審判をし、これに基づき親権者変更届があったときは、受理するほかないとしている（昭和二五・二・六民事甲二八四号回答）。

また、父が認知している嫡出でない子の母が死亡した後、父を親権者に指定する審判が確定し、その旨の届出があったときは、受理するほかないとしている（昭和四八・四・二五民二―三四〇八号回答）。なお、この点の詳細は、**問12**を参照願いたい。

〔注二〕　親権者である父が死亡したとしても、母が生存していて親権の行使ができる場合は、**〔注一〕**と同様の親権者変更又は親権者指定の審判も考えられる。その場合は、前掲先例と同様の取扱いになるものと考えられる。

問34　嫡出でない子の親権者が成年被後見人の場合、だれが親権を行使するか。

答　未成年後見人が選任され、後見人が親権者と同様の権限が与えられる。

解説

親権を行使する能力

嫡出でない子は、原則として母の親権に服する（民八一九条四項）ことになるが、親権を行使する者が成年被後見人である場合は、親権を行使することはできない。親権は、未成熟の子に対する監護教育を目的とするものであるから、親権者である親が成年被後見人である場合は、その目的を果たすことができない。

成年被後見人のうち、未成年者と被後見人は親権を行使することができないとされている（明治三三・一一・一六民刑一四五一号回答）〔注〕。

1　未成年者の場合

嫡出子でない子の母が未成年者のときは、母自身が親権に服しているから、その子の親権者になることは不都合である。そのため未成年者である母の親権者（子の祖父母）が、親権を代行することになる（民八三三条）。この代行は、母が子の親権者となることができないため、代行者が未成年者の母が本来親として有すべき親権を代行するだけで、親権者になるものではない。

2　被後見人の場合

嫡出でない子の親権者である母（又は父が親権者に指定されているときは父（民八一九条四項））が、後見開始の審判を受けたときは、その者について後見が開始し（民八三八条二号）、後見人が選任されることになる。この場合、母又は父の親権に服している子は、親権を行使する者がいないことになる（明治三九・四・二大審院判決・民録一二輯五五三頁）ので、子についても未成年後見が開始する（民八三八条一号）。

〔注〕　被保佐人については、親権のうち、身上監護権は認められるべきであるとの見解もあり、問題がある。しかし、判例、先例は、親権者が被保佐人であるときは、子について未成年後見が開始するとしている（明治三九・四・二大審院判決・民録一二輯五五三頁、明治四四・一一・二七大審院判決・民録一七輯七二七頁、大正四・二・一〇民九五号回答、昭和三一・六・一三民事甲一三一八号回答）。通説もこれを支持している（我妻栄「親族法」三五五頁、中川善之助「新訂親族法」四九三頁）。

問35　嫡出でない子が父に認知された場合、親権者に変更を生じるか。

答　認知によって変更は生じない。ただし、父の認知後に父母の協議又は協議に代わる審判によって、父を親権者に指定することはできる。

解説

一　嫡出でない子の親権者

嫡出でない子は、原則として母の親権に服することになっている（民八一九条四項）から、父が認知しても、認知のみによって父が親権者になることはない。もちろん、父母が婚姻関係にないから、共同親権ということもない。

二　認知した父が親権者になる場合

認知した父が親権者になるには、認知した後、父母の協議によって、父が親権者に指定されなければならない（民八一九条四項）。

父母の協議が調わないとき、又は一方が所在不明や病気などのため協議をすることができないときは、父又は母は、家庭裁判所に対し、協議に代わる審判を請求することができる（民八一九条五項、家事一六七条・別表第二の八項）。この協議に代わる審判によって、父が親権者に指定されたときは、父が親権者になる。

親権者指定の審判は、子の住所地の家庭裁判所又は当事者が合意で定める家庭裁判所の管轄である（家事一六七条・六六条一項）が、調停の申立てもすることができる（家事二四四条）。調停の場合は、相手方の住所地の家庭裁判所又は当事者が合意で定める家庭裁判所に申し立てることになる（家事二四五条一項）。

審判又は調停の結果、父が親権者とされたときは、父が親権者になるが、父が親権者となることの審判等が確定しないとき（家事七四条）は、母が親権者であることに変わりはない。

父母の協議で父を親権者と定めたときは、親権者指定の届出をすることになる（戸七八条）。この届出は、届出によって効力を生ずる創設的届出であり、父母双方が届出人にならなければならない。

家庭裁判所において、協議に代わる審判が確定し、又は調停が成立したときは、新たに親権者となる父が親権者指定の届出をすることになる（戸七九条）。この届出は、審判の確定又は調停の成立によって親権者は定まっているから報告的届出である。この届書には、審判書謄本及び審判の確定証明書又は調停調書の謄本を添付しなければならない（戸七九条・六三条）。

問36　嫡出でない子の親権者である母が死亡し、その後に父が子を認知した場合、父が親権者になるか。

答　親権者の母が死亡したことによって未成年後見が開始しているから、認知した父が親権者になる途はない。なお、これと見解を異にして、親権者を父に変更する審判がされ、その審判に基づき親権者変更届がされた場合は、受理するほかはない。

解説

一　嫡出でない子の母が死亡した場合の親権

嫡出でない子は、原則として母の親権に服することになっている（民八一九条四項）が、その母が死亡したときは、親権を行使する者がいないことになるから、未成年後見が開始する（民八三八条一号前段）。

二　嫡出でない子の母が死亡した後、父が認知した場合の親権

嫡出でない子は、父が認知することができる（民七七九条）が、認知によって父が当然に親権者になることはない。父が親権者になるには、父母の協議又は協議に代わる審判によって、指定されなければならない（民八一九条四項・五項）。親権者の母が死亡したときは、死亡により未成年後見が開始しているから、もはや親権者指定の余地はない。

先例は、当初は後見開始後、後見人がまだ選任されない間は、民法第八一九条第五項による親権者指定の審判によって、父を親権者とすることができるとしていた（昭和二三・一〇・一五民事甲六六〇号回答）。その後、この見解を改め、後見が開始した以上父が親権者となる途はないとした（昭和二四・三・一五民事甲三四九九号回答）。しかし、他方、未成年後見人が選任されない間に、認知した父を親権者とする親権者変更の審判がされ、その変更届がされた場合は、受理するほかはないとしている（昭和二五・二・六民事甲二八四号回答）。

これに対して審判例のうちには、未成年後見開始後でも、未成年後見人が選任される前であれば、民法第八一九条第五項による親権者の指定ができるとの見解のもとに、親権者指定の審判を行っている事例がみられる。これについては、例えば、①嫡出でない子の母死亡後に、その子を認知した父が事実上その子の監護教育の任に当たっていた場合に、民法第八一九条第五項の協議に代わる審判をして、父を親権者に定めた事例（昭和三三・一〇・一三広島家裁呉支部審判・家月一〇巻一二号八一頁、昭和三七・一一・八大阪家裁審判・家月一五巻三号一五三頁）。②親権者の母が死亡し後見が開始しているときでも、認知によってはじめてその資格を与えられた父が親権者たる適格を有する限り、これを親権者と指定すること、つまり親権の復活を認めることが、法の建前にかなうものであり、認知した父の意思に沿うとして、民法第八一九条第五項は、母の死亡後父が認知した場合に、これを排斥するほど強い意味をもつものではないとして、父を親権者に指定した事例（昭和三七・八・一五長崎家裁審判・家月一五巻一号一五七頁）。③「親権者はだれであるとか、いかなる場合に親権者変更や指定の申立てが許されるか等は、単純に民法各法条の文理解釈に止まることなく、各場合について妥当な判断を下すべきである。問題は、父を親権者とすることが、果たして、子の福祉のためによいかどうかである。もし、父が親権者として不適当であれば、親権者指定を許容せず後見開始となるだけである。民法が親権と後見を別個のものとする以上、父が親権者として子を監護養育したいというのは、親子の情愛であって、法律上も敢えて後見に付さなければならぬとする理由がない。父が子を引き取って監護養育している場合は、父を親権者とする方が、より父の子に対する愛情を深め責任感を高めて、ひいては子の福祉に合するものであろう。」として、父からの申立てを認めた事例（昭和三八・一二・二五東京家裁審判・家月一六巻六号一七五頁、昭和三九・一〇・一四大阪家裁審判・家月一七巻一号一一〇頁、昭和四〇・一二・一三大阪家裁審判・家月一八巻八号五八頁）がある。

学説は、多く判例の立場に賛成している。本来、父母双方共に子に対する情愛において、また、親権者たる資格ないし能力において差異はないのであり、一方を親権者としたのは全く便宜上のことであり、また、親権の喪失ないし辞任の場合でもその回復が許されているのに、単に養育上の便宜のため親権者とされないに過ぎない場合に、かえってこれを許さないのは均衡を失するし、また、この場合を「協議することができない場合」に含ませることもできるとするのである。これに対しては、「民法八一九条五項の規定の仕方からすれば、民法は後見開始後における親権者指定の審判の如きは全く予想しなかったというべきであって、この場合父を後見人に選定するのは格別、親権者となる途はないと解するほかない」とする説がある（小石寿夫「誰が親権者となるか」（家族法大系Ⅴ）四六〜四七頁）、（新版注釈民法㉕親族⑸五二〜五六頁）。

なお、**問12**を参照願いたい。

第四　親権者の指定

一　協議による親権者の指定

問37　父母が離婚する場合、親権者はどのようにして決めるか。

答　協議離婚の場合は、父母の協議によって、その一方を親権者に定める。協議が調わないとき又は協議することができないときは、父又は母の請求により、家庭裁判所は、協議に代わる審判で親権者を定める。
裁判離婚の場合は、裁判所が親権者を定める。

解説

一　父母が離婚した場合の親権

嫡出子は、父母が婚姻継続中は、父母の共同親権に服している（民八一八条三項本文）。しかし、離婚した後は、父母は共同して親権を行使することは事実上困難であるため、離婚の際には一方を親権者に定めなければならないとされている（民八一九条一項・二項）。

二　協議離婚の場合の親権者

父母の親権に服する未成年の子を有する夫婦が、協議離婚をするときは、協議によってその一方を子の親権者に定め、その旨を協議離婚の届書に記載して届出しなければ受理されない（民七六五条一項・八一九条一項、戸七六条一号）。

離婚の合意はしたが、子の親権について協議が調わないとき、又は協議をすることができないときは、離婚の届出に先立って、父又は母は、家庭裁判所に協議に代わる審判を請求することになる（民八一九条五項、家事一六七条・別表第二の八項）。また、調停の申立てをすることもできる（家事二四四条）。

調停で合意が成立し、調停調書に記載されたときは、その記載は確定判決と同一の効力を有するから（家事二六八条一項）、このときに親権者の指定が成立したことになる（昭和二六・一〇・一六民事甲一九五六号回答）。また、審判によった場合は、父又は母は二週間以内に即時抗告をすることができる（家事一七二条一項一〇号）が、その期間内に即時抗告をしなければ、審判は確定し、親権者指定の効力が生ずる。

このように離婚の合意はできたが、親権の協議が調わないため、調停又は審判によって親権者が定まったときは、そのことを離婚届書の該当欄に記載して届出をすることになる。

三　裁判離婚の場合の親権者

裁判離婚の場合は、裁判所が父母の一方を親権者に定めることになる（民八一九条二項）。この場合も離婚届書の該当欄に、調停調書の謄本又は審判書の謄本に記載されている親権に服する子の氏名を記載して届出をすることになる（戸七七条二項）。

なお、父母が離婚した場合の親権者については、**問12**を参照願いたい。

問38　子の親権者を定めない離婚の届出が、誤って受理された場合、親権はどうなるか。

答　一応は、父母の共同親権が継続していることになるが、離婚後に親権者を定めて、親権者指定届をすべきものとされている。

解説

一　協議離婚の場合の親権者指定

父母が協議離婚をする場合に、未成年の子があるときは、父母の協議でその一方を親権者に定めなければならない（民八一九条一項）とされている。もし、協議が調わないとき、又は協議をすることができないときは、父又は母の請求によって、家庭裁判所は協議に代わる審判をすることができる（民八一九条五項）ことになっている。

二　親権者の指定のない協議離婚届が誤って受理された場合の親権

1　親権者の協議がされていない場合

未成年の子の親権者を定めない協議離婚の届出は、届出の要件を備えていないから、離婚の協議が当事者の間で成立していても、離婚の届出は受理されないことになる（民七六五条一項、昭和二五・一・三〇民事甲二三〇号回答）。

離婚の届出を受理する際は、届書の記載について民法及び戸籍法等に規定されている実質的要件及び形式的要件が備わっているか否かについて、添付されている書類その他保管されている関係戸籍等によって慎重に審査し、適法である場合は、これを受理することとされている。したがって、本来、右の要件を欠く届書が受理されるということはない。しかしながら、慎重な審査にもかかわらず、設問の場合のように親権者を定めない要件を欠く離婚届出でも、これを誤って受理することも、ときには生じ得る。その場合には、離婚そのものの成立を否定することにはならない（民七六五条二項）が、子の親権については、いまだ父母の間の協議がなされていないことになるので、一応は父母の共同親権ということになる（昭和二四・一〇・二八新潟地方法務局管内戸籍協議会決議、昭和二五・一・三〇法務府民事局変更指示、昭和二五・六・一〇民事甲一六五三号回答）。しかし、このことは、離婚後の父母が共同で親権を行使することは事実上困難であるため、離婚の際には父母の一方を親権者に定めることとされている法の趣旨にも反することになる。したがって、離婚後の父母の共同親権というのは、速やかに是正されるべきものである。そこで、設問のような場合は、離婚後において、民法第八一九条第一項又は第五項の規定に基づき親権者を定め、戸籍法第七八条又は第七九条の規定に準じて親権者指定届をすべきであるとされている（昭和二四・三・七民事甲四九九号回答、昭和二四・一〇・二八新潟地方法務局管内戸籍協議会決議、昭和二五・一・三〇法務府民事局変更指示）。

2　親権者の協議がされていたが、届書に記載を遺漏した場合

離婚の届出当時、既に父母の間で親権者の協議がされ、親権者が定まっていたが、離婚の届書に記載するのを遺漏し、そのまま届出し、それが誤って受理された場合であれば、離婚届書の記載遺漏ということであるから、離婚届に対する追完の届出ができることになり（昭和二五・六・一〇民事甲一六五三号回答）、それによって親権の指定の戸籍の記載がされることになる。

三　裁判離婚の場合の親権者指定

裁判上の離婚の場合においても、裁判所は、未成年の子があるときは父母の一方を親権者に定めなければならないとされている（民八一九条二項）。離婚の判決又は審判によるときは、判決又は審判の謄本に親権者を定めた旨の記載がされるし、また、調停による場合は、調停調書に親権者の指定について合意が成立した旨の記載がされるので、これ

に基づいて離婚届書に記載すればよいことになる。

しかし、親権者を定める旨の記載が、判決又は審判の謄本若しくは調停調書にされていないときは、仮にそれが指定の遺漏であるか又は追って審判されることになっている場合であるとしても、離婚の効力は生じているから、離婚の届出がされればこれを受理することになる（昭和五四・三・七第七回金沢戸籍事務連絡協議会決議）。この場合の親権者の指定は、その後に調停又は審判若しくは協議によって定めて、あらためて親権者指定届をすることになるものと解されている。

問39　子の出生前に父母が離婚している場合、子の出生後の親権者は母であるが、父を親権者とすることができるか。

答　父母の協議で、父を親権者と定めることができる。この場合に、父母の協議が調わないとき、又は協議することができないときは、父又は母の請求によって、家庭裁判所は、協議に代わる審判をすることができる。

解説

一　父母の離婚後に出生した嫡出子の親権

父母の離婚後三〇〇日以内に出生した子は、嫡出子と推定される（民七七二条二項）が、この嫡出子の親権は、父母が離婚後であるため共同して行使することが事実上困難であるため、母が行使することとされている（民八一九条三項本文）。

父母の離婚後に出生した子は、出生のときから母が子のそばにいて監護し養育しているのが一般的であるから、子の養育上の便宜から、とりあえず母を単独の親権者に定めたものである（基本法コンメンタール第五版「親族」二〇六頁）。

しかし、子の出生後における母の監護養育が十分ではなく、むしろ父を親権者として、その監護下に置くのが、子の福祉の上から適当であるという場合も生じることも考えられる。そこで、その場合は、父母の協議で父を親権者とすることができるものとされている（民八一九条三項ただし書）。また、父母の協議が調わないとき、又は協議することができないときは、父又は母の請求によって、家庭裁判所は、協議に代わる審判をすることができることになっている（民八一九条五項）。

なお、父母が離婚の際には子は出生していないので、親権の指定をすることができないのは当然であるが、胎児のうちに、子が出生と同時に父が親権者となる旨の調停条項に基づいて、親権者指定届がされても受理できないとされているほか、あらかじめ親権者を父に指定しておくことも認められないとされている（昭和二五・九・一民事甲二三二九号回答、昭和二五・一二・一六民事甲三二四三号回答）。

二　父母の協議で親権者を母から父に指定する場合

父母の協議によって、親権者を母から父に定めるものであるから、父母双方が届出人となって、親権者指定の届出をする（戸七八条）。この届出は、いうまでもなく届出によって効力が生ずる創設的届出である。

三　父母の協議に代わる審判で親権者を母から父に指定する場合

父母の協議が調わないとき、又は協議することができないときに、父又は母の請求によって、家庭裁判所において協議に代わる審判がなされた場合は、その審判の確定のとき（調停による場合は調停成立のとき）に親権者指定の効力が生じるから、親権者に指定された父は、審判によるときは審判書謄本及び審判の確定証明書（調停による場合は調停調書の謄本）を添付して、親権者指定の届出をすることになる（戸七九条・六三条）。この届出は、既に親権者指定の効力が生じていることを届出するものであるから、報告的届出である。

問40　嫡出でない子を認知した父を親権者に指定する場合、どのようにするか。

答　父母の協議又は協議に代わる審判に基づき、父を親権者とする親権者指定届をする。

解説

一　父母の協議による親権者指定届

嫡出でない子は、原則として母の親権に服することになっている（民八一九条四項）から、認知した父が親権者になるには、認知後に父母の協議で、父が親権者に定められなければならない（民八一九条四項）。

父母の協議で父を親権者に定めたときは、父母双方から親権者指定の届出をすることになる（戸七八条）。この届出は、届出によって効力が発生する創設的届出であるから、必ず父母双方が届出人にならなければならない。父が親権者になるのは、届出が受理されたときである。

二　父母の協議に代わる審判による親権者指定届

父を親権者とする父母の協議が調わないとき、又は一方が所在不明や病気などのため協議ができないときは、父又は母は、家庭裁判所に対し協議に代わる審判を請求することになる（民八一九条五項、家事一六七条・別表第二の八項）。また、調停の申立てをすることもできる（家事二四四条）。審判が確定し又は調停が成立したときは、そのときに父が親権者になる。

親権者指定の審判は、子の住所地の家庭裁判所又は当事者が合意で定める家庭裁判所の管轄である（家事一六七条・六六条一項）が、調停の申立てをすることもできるので（家事二四四条）、その場合は、相手方の住所地又は当事者の合意で定めた家庭裁判所に申立てることになる（家事二四五条）。

審判が確定し又は調停が成立したことによって、父が親権者に定められたときは、そのときから父が親権者になる。父を親権者と定めることの協議に代わる審判等が確定しないときは、母が親権者であることに変わりはない。

家庭裁判所において、協議に代わる審判が確定し、又は調停が成立したときは、新たに親権者となった父が、審判書謄本及び審判の確定証明書又は調停調書の謄本を添付して、親権者指定の届出をすることになる（戸七九条・六三条）。この届出は、審判の確定又は調停の成立によって既に親権者は定まっているから報告的届出である。

問41　協議により親権者を指定したとき、親権の届出を要するのは、どのような場合か。

答(1)　子が出生する前に父母が離婚し、出生後に父を親権者とする場合
(2)　嫡出でない子を父が認知した後、父を親権者とする場合
(3)　一五歳未満の養子が協議離縁をするとき、その縁組につき代諾した父母が子の縁組後に離婚しているため、離縁後に親権者となるべき者を父又は母とする場合
(4)　親権者の定めがない父母の離婚届が誤って受理された後、親権者を父又は母とする場合
がある。

解説

一　親権に関する届出

嫡出子は、父母の婚姻中は父母の共同親権に服し、嫡出でない子は母の親権に服することは、法定されているので、そのことについての届出は要しないし、戸籍にも記載されない。

また、父母が離婚する際の親権者の定めについては、戸籍に記載されることとなるが、その記載は、離婚の届書に基づいてされることになるから、別途の親権者指定の届出は要しない。

結局、協議による親権者指定の届出を要するのは、次に述べる場合ということになる（協議が調わないとき又は協議ができないときは、父又は母の請求によって、家庭裁判所は、協議に代わる審判又は調停をすることができるが、その場合の親権者指定届については、**問43**を参照願いたい。）。

二　協議による親権者指定の届出を要する場合

1　子が出生する前に父母が離婚し、出生後に父を親権者とする場合

父母の離婚後三〇〇日以内に出生した子は、嫡出子と推定される（民七七二条二項）が、親権は母が行使することになる（民八一九条三項）。この場合に、親権者を父に定めることができるが、そのためには、子の出生後に父母が協議して、父を親権者に定めなければならない（民八一九条三項ただし書）。

父を親権者に定めたときは、父母双方が届出人となって親権者指定届をすることになる（戸七八条）。なお、「第二　共同親権」問9を参照願いたい。

2　嫡出でない子を父が認知した後、父を親権者とする場合

嫡出でない子を父が認知しても親権者は母であることに変わりはない。父を親権者とするには、父母の協議で親権者を父に定めなければならない。

父を親権者に定めたときは、父母双方が届出人となって親権者指定届をすることになる（戸七八条）。なお、「第三　単独親権」問35を参照願いたい。

3　一五歳未満の養子が協議離縁するとき、縁組代諾者である父母が離婚しているため、離縁後に親権者となるべき者を父又は母とする場合

縁組の際に父母の承諾で養子となった者（民七九七条一項）が、一五歳未満のうちに離縁をするときは、通常は縁組を承諾した父母が養子に代わって離縁の協議をすることになる。しかし、その離縁の際に既に父母が離婚しているときは、離縁後に共同で親権を行使することはできないので、離縁後に親権者となるべき者を定めて、その者が養子に代わって離縁の承諾をすることになる（民八一一条二項）。そのために、あらかじめ離縁後に親権者となるべ

き者を父母の協議で定めなければならない（民八一一条三項）。父母のいずれか一方が親権者に定められたときは、戸籍法第七八条に準じて父母双方が届出人となって親権者指定届を離縁届と同時にする（昭和三七・六・二九民事甲一八三七号回答）か、又は離縁の届出後一〇日以内にしなければならない（昭和三七・六・二九民事甲一八三九号回答）。

なお、**問30**を参照願いたい。

4　親権者の定めがない父母の離婚届が誤って受理された後、親権者を父又は母とする場合

父母が協議離婚をする場合に、未成年の子があるときは、いずれか一方を親権者に定めて（民八一九条一項）離婚の届出をしなければ、その届出は受理されない（民七六五条一項）。しかし、親権者の定めのない離婚届が誤って受理されることもあり得る。その場合は、離婚そのものは有効である（民七六五条二項）が、親権者については、父母の共同親権と解するほかないとされている（昭和二八・七・六民事甲九六七号回答）。そこで、この場合は、父母の協議によって親権者を定めた上、父母双方から親権者指定の届出人をすることになる（昭和二四・三・七民事甲四九九号回答、昭和三四・一〇・三一民事甲二四二六号回答）。なお、**問38**を参照願いたい。

二　裁判による親権者の指定

> **問42　親権者の指定について、父母の協議が調わないとき又は協議が不能のときは、どのようにして親権者を定めるか。**

答　協議に代わる審判の申立てを家庭裁判所にし、その審判の確定によって親権者が定まる。

解説

一　親権者の指定

未成年の子は、嫡出子については父母の婚姻中は、父母の共同親権に服し（民八一八条一項・三項）、嫡出でない子については母の親権に服するものとされている（民八一九条四項）。また、養子は、養父母の親権に服するものとされている（民八一八条二項・三項）。

親権者の指定とは、右のように定められている親権の行使を、例えば、共同行使から単独親権に定める場合、あるいは一方の親権を他方の親権に定める場合のことである。

二　親権者の指定がされる事例

親権者が指定される事例としては、次の⑴ないし⑸のような場合がある。いずれの場合においても、父母の協議によって親権者を定めることになるが、父母の意見が合わず協議が調わないときや、一方が所在不明とか病気等のために協議をすることができないときは、父又は母の請求により（⑷の場合は、父若しくは母又は養親の請求により）、家庭裁判所は協議に代わる審判をすることができるものとされている（民八一九条五項・八一一条四項）。

(1)　父母が離婚する場合に、その一方を親権者に定めるとき（民八一九条一項・二項）。

(2)　子の出生前に父母が離婚し、離婚後に出生した嫡出子の親権を、母から父に定めるとき（民八一九条三項ただし書）。

(3)　嫡出でない子を父が認知した後、父を親権者と定めるとき（民八一九条四項）。

(4)　一五歳未満の養子が協議離縁するとき、父母が離婚しているため、離縁後に親権者となるべき者を父又は母に定めるとき（民八一一条二項）。

(5)　親権者の定めのない父母の協議離婚届が誤って受理されたため、その後に親権者を父又は母に定めるとき（昭和二四・三・七民事甲四九九号回答、昭和三四・一〇・三一民事甲二四二六号回答）。

三　協議に代わる審判の申立て

前記**二**の(1)ないし(3)及び(5)の場合は、父又は母が子の住所地の家庭裁判所又は当事者が合意で定める家庭裁判所に親権者の指定について、審判の申立てをすることになる（家事一六七条・六六条一項）。この審判は、家事事件手続法第三九条別表第二の八項における民法第八一九条第五項及び第六項の規定による「親権者の指定又は変更」事件として審判がされることになる。また、人事に関する事件（別表第一に掲げる事件を除く。）については調停の申立てもできるので（家事二四四条）、この場合は相手方の住所地の家庭裁判所又は当事者が合意で定める家庭裁判所に調停の申立てをすることになる（家事二四五条）。

(4)の場合は、父若しくは母又は養親が子の住所地の家庭裁判所又は当事者が合意で定める家庭裁判所に親権者の指定について、審判の申立てをすることになる。この審判は、家事事件手続法第三九条別表第二の七項における民法第八一一条第四項の規定による「養子の離縁後に親権者となるべき者の指定」事件として審判がされることになる。この事件も調停の申立てができる。

四　協議に代わる審判の確定による親権者指定届

協議に代わる審判がされた場合は、父又は母は二週間以内に即時抗告をすることができる（家事八六条・一七二条一項一〇号）ので、その期間内に即時抗告をしなければ、審判は確定し、親権者指定の効力が生ずる。また、調停で合意が成立し、調停調書に記載されたときは、その記載は確定判決と同一の効力を有するから（家事二六八条）、そのときに親権者の指定の効力が生じることになる（昭和二六・一〇・一六民事甲一九五六号回答）。

このように親権者指定について、協議に代わる審判が確定し又は調停が成立したときは、親権者になった者は、審判確定の日から一〇日以内に審判書の謄本及び審判の確定証明書（調停の場合は調停調書の謄本）を添付して親権者指定届をしなければならない（戸七九条・六三条一項）。なお、**二**の(4)の場合は、戸籍法第七九条に準じて親権者指定届をすることになるが、離縁の届出と指定届の届出人は同一であるから、離縁届書の「その他」欄に親権者指定事項を記載し、親権者指定届に代えることが認められている（昭和三七・五・三〇民事甲一四六九号回答）。

問43　裁判により親権者が指定された場合に、親権の届出を要するのは、どのような場合か。

答(1)　子が出生する前に父母が離婚し、出生後に父を親権者とする協議に代わる審判が確定した場合

(2)　嫡出でない子を父が認知した後、父を親権者とする協議に代わる審判が確定した場合

(3)　一五歳未満の養子が協議離縁するとき、父母が離婚しているため、離縁後に親権者となるべき者を父又は母とする協議に代わる審判が確定した場合

がある。

解説

一　親権に関する届出

裁判によって親権者が定められるのは、父母の協議で親権者を定めることができない場合、すなわち、父母の協議が調わないとき又は協議ができないときに、父又は母の請求により家庭裁判所が協議に代わる審判をした場合である（以下「協議が調わない場合等」という。）。その場合に、親権者指定届を要するのは、次の**二**以下に述べる場合である。なお、裁判による離婚の場合には、離婚する夫婦間に未成年の子がいるときは、裁判所が離婚の判決（又は審判）と同時にその子の親権者を父母のいずれか一方に定めることになる（民八一九条二項）が、この場合の親権の届出は、離婚の届出によってされるから、別に親権者指定の届出は要しない。

二　子が出生する前に父母が離婚し、出生後に父を親権者とする協議に代わる審判が確定した場合

父母の離婚後三〇〇日以内に出生した子は、嫡出子と推定される（民七七二条二項）が、親権は母が行使することになる（民八一九条三項）。この場合に、親権者を父に定めることができるが、そのためには子の出生後に、父母の協議によって父を親権者に定めることを要する（民八一九条三項ただし書）が、協議が調わない場合等には、協議に代わる審判の申立てによって定められることになる。この審判によって父が親権者に定められたときは、父から親権者指定届をすることになる（戸七九条）。なお、**問9**を参照願いたい。

三　嫡出でない子を父が認知した後、父を親権者とする協議に代わる審判が確定した場合

父が認知しても親権者は母であることに変わりはない。父を親権者とするには、父母の協議で親権者を父に定めることを要する（民八一九条四項）が、協議が調わない場合等には、協議に代わる審判の申立てによって定められる（同条五項）。この審判によって、父が親権者に定められたときは、父から親権者指定届をすることになる（戸七九条）。なお、**問35**を参照願いたい。

四　一五歳未満の養子が協議離縁をする場合に、父母が離婚しているため、離縁後に親権者となるべき者を父又は母とする協議に代わる審判が確定した場合

縁組の際に父母の承諾によって養子となった者（民七九七条一項）が、一五歳未満のうちに離縁をするときは、通常は縁組を承諾した父母が養子に代わって離縁の協議をすることになる。しかし、離縁のときに父母が離婚しているときは、離縁後に共同で親権を行使することはできないので、離縁後に親権者となるべき者を定めて、その者が養子に代わって離縁の承諾をすることになる（民八一一条二項）。そのために、あらかじめ離縁後に親権者となるべき者を父母の協議で定めることを要する（民八一一条三項）が、協議が調わない場合等には、協議に代わる審判の申立てによって定められる。この審判が確定した場合は、親権者になるべき者は、離縁の届出が受理された日から親権を行使することになるので、その者は、離縁の届出後に戸籍法第七九条に準じて親権者指定の届出をすることになる（昭和三七・五・三〇民事甲一四六九号通達）。なお、この場合は、離縁届と親権者指定届の届出人は同一人であるため、離縁届書の「その他」欄に親権者指定に関する事項を記載して、親権者指定届に代える取扱いが認められている（昭和三七・五・三〇民事甲一四六九号通達）。なお、**問30**を参照願いたい。

第五　親権者の変更

問44　離婚の際に子の親権者を父と定めたが、後日、親権者を母に変更する場合、どのようにするか。

答　子の利益のために必要があると認められれば、家庭裁判所が、子の親族からの請求に基づく審判によって、親権者を母に変更することになる。
親権者の変更は、父母の協議によってすることはできない。

解説

一　親権者の変更

父母の協議又は協議に代わる審判によって、親権者に指定された父又は母が単独で親権を行使している場合に、これを他の一方に変更することが親権者の変更である。

親権者の指定がされるのは、設問のように父母が離婚をするときに、父母の一方が親権者に定められる（民八一九条一項・二項）場合のほか、父が認知した子の親権を母から父に定める場合（民八一九条四項）等がある（詳細は、**問41**及び**問43**を参照のこと）

このように親権者の指定によって父母の一方が単独で親権を行使している場合に、その親権者が子の福祉上不適当であることが判明した場合とか、その後の事情変更によって親権者を他の一方に変更することが適当であるとされる場合には、家庭裁判所は、子の親族の請求により親権者を他の一方に変更することできる（民八一九条六項、家事一六七条・別表第二の八項)。親権者の変更は、家庭裁判所の審判又は調停によってのみ認められるものであり、親権者指定の場合のように父母間の協議によって変更することは認められていない。

なお、親権者の変更は、変更した後の事情によって、さらに他方に変更することができる。つまり、変更の回数に特に制限はないが、多数回の変更は、子の監護の継続性に反し妥当でない場合が多いと考えられる。

二　親権者の変更手続

親権者変更の審判の申立ては、子の親族が、子の住所地の家庭裁判所又は当事者が合意で定める家庭裁判所にすることになる(家事一六七条・六六条一項・別表第二の八項)。また、調停の申立てもできる(家事二四四条)ので、この場合は相手方の住所地の家庭裁判所又は当事者が合意で定める家庭裁判所にすることになる(家事二四五条)。

三　親権者の変更届

親権者変更の審判が確定したときは、親権者に定められた者が、一〇日以内に審判書の謄本及び審判の確定証明書を添付して親権者変更届をすることになる(戸七九条・六三条一項)。また、調停が成立したときも、同様に親権者に定められた者が調停調書の謄本を添付して親権者変更届をすることになる。親権者変更の効力は、審判の確定又は調停の成立によって生じているので、親権者変更届は報告的届出である。

四　親権者死亡後の親権者変更

例えば、単独で親権を行使している母が死亡したときは、父が生存していたとしても、父が当然に親権者になることはない。この場合は、親権を行う者がいない場合として未成年後見が開始するとするのが多数説(いわゆる未成年後見開始説)である。戸籍の先例も、この立場を採っている(昭和二四・三・一五民事甲三四九九号回答、昭和二四・五・一九民事甲一〇〇八号回答)。

しかし、学説上は異論のあるところである。また、現に右の後見開始説と異なる見解のもとに、親権者である母死亡後に、親権者を生存する父に変更する審判がされることがあり、そしてこの審判に基づき親権者変更の届出がされたときは、これを受理するほかはないとされている（昭和二六・九・二七民事甲一八〇四号回答）。また、離婚の際に指定された親権者が死亡し、他方の親が未成年後見人に選任された後、その者を親権者とする親権者変更の審判が確定した場合に、その審判に基づく親権者変更届がされたときも、これを受理せざるを得ないとしている（昭和五〇・七・二民二―三五一七号回答）。なお、**問12**を参照願いたい。

問45　離婚の際に子の親権者を母と定めたが、その母が死亡した場合、親権者を父に変更することができるか。

答　親権者である母の死亡によって未成年後見が開始しているから、親権者を父に変更する余地はない。
ただし、右とは見解を異にして、父を親権者とする親権者変更の審判がされ、その審判に基づく親権者変更届がされたときは、その届出は、受理するほかはないとされている。

解説

一　単独親権者が死亡した場合の親権

父母の協議又は協議に代わる審判によって、父又は母が単独で親権を行使している場合に、その親権者が死亡したときは、親権を行使する者がないときに該当するので、未成年後見が開始することになる（民八三八条一号）。したがって、生存する親が親権者になることはない。このことについて、学説は分かれているが、多数説はこの後見開始説である（中川善之助「新訂親族法」四九二頁）。戸籍の先例もこの立場を採っている（昭和二四・五・一九民事甲一〇〇八号回答）〔注一〕。

二　単独親権者が死亡後に親権者変更の審判がされ、その変更届がされた場合

単独親権者が死亡後に、生存する親を親権者に変更することができるかについては、前記**一**で述べたように学説は分かれている。
裁判例は、後見開始後で後見人が選任される前、又は選任された後でも生存する親への親権者変更審判ができるとするのが圧倒的に多く（昭和五二・三・二三名古屋高裁金沢支部決定・家月二九巻八号三三頁ほか）、この考え方は既に裁判実務上定着しているようである（基本法コンメンタール第五版「親族」二〇八頁）。

これに対し、戸籍の実務は、親権者の死亡により後見が開始しているから、生存する親が親権者になるための親権者変更の請求をしても、その請求は認められないと解している（昭和二四・五・一九民事甲一〇〇八号回答）。しかし、親権者の変更審判ができるとの見解のもとに、親権者変更の審判がされ、これに基づき届出がされた場合は、その届出は受理するほかはなく、また、この場合は、後見は終了することになるとしている（昭和二六・九・二七民事甲一八〇四号回答）。また、生存する親が未成年後見人に就職している場合において、その親を親権者とする親権者変更の審判が確定し、これに基づく親権者変更の届出がされたときは、これを受理し、後見終了の記載をする取扱いである（昭和五〇・七・二民二―三五一七号回答）〔注二〕。この取扱いについては、なお、問12の〔注二〕を参照願いたい。

〔注一〕　学説は、四つに分かれる。第一は、単独親権者が死亡すると後見が開始し（民八三八条一号）、その後はもはや生存する親に親権者の変更をすることはできないとする見解であり（後見開始説、中川善之助「新訂親族法」四九二頁）、第二は、単独親権者が死亡すれば、離婚によって睡眠状態にあった生存親の親権が当然に復活し、未成年の子はその親権に服することになり、後見開始の余地はないとする見解であり（当然復活説、青山道夫「改訂家族法論Ⅰ」一九七頁ほか）、第三は、後見人が指定・選任によって就職していない間であり、しかも生存親が親権者として子の監護教育や財産管理をするのに適任であれば、審判で生存親を親権者に変更することができるが、既に後見人が就職後であれば不可能だとする見解であり（制限的回復説、我妻栄「親族法」三二五頁ほか）、第四は、後見人が既に就職しているか否かにかかわりなく、生存する親が親権者として子の監護教育や財産管理をするにつき適任であれば、審判により親権者の変更をなし得るとする見解である（無制限回復説、島津一郎「家族法入門」二六八頁ほか）。かつては第一の後見開始説が通説であったが、近時の多数説は第四の無制限回復説をとっているようである（基本法コンメンタール第五版「親族」二〇八頁参照)。

〔**注二**〕　設問の場合において、生存する父を親権者と定める審判が確定し、その審判の謄本を添付して親権者指定の届出がされた場合には、親権者変更の届出に訂正させた上で受理するのが相当とされている（昭和五四・八・三一民二―四四七一号通達)。

問46　父母の一方が親権者になっている場合、その親権者が死亡又は親権の喪失・停止・辞任によって親権を失っているときに、他の一方を親権者に変更する旨の審判書の謄本及び確定証明書を添付して、親権者変更届がされた場合、どのように処理するか。

答　親権者の死亡又は親権の喪失・停止・辞任によって未成年後見が開始しているから、親権者を他の一方の親に変更する余地はないが、これと見解を異にして、親権者の変更の審判がされ、その審判に基づく親権者変更届がされたときは、その届出は受理するほかない。

解説

単独親権者が死亡又は親権の喪失・停止・辞任をした場合の親権

父母の一方が単独で親権を行使している場合に、その親権者が死亡したとき、又は親権喪失（民八三四条）若しくは親権停止（民八三四条の二）の審判がされたとき、又は親権を辞任したとき（民八三七条）は、親権を行使する者がいないときに該当するから、未成年後見が開始することになる（民八三八条一号）。したがって、生存する親が親権者になる余地はない。

しかし、この場合でも親権者変更の審判ができるとの見解のもとに、他の一方の親を親権者とする親権者変更の審判がされ、その審判に基づく親権者変更届がされた場合は、これを受理するほかはないとするのが戸籍実務の取扱いである（昭和二六・九・二七民事甲一八〇四号回答）。

なお、この詳細は、**問45**及び**問12**を参照願いたい。

問47　親権者変更の届出を要するのは、どのような場合か。

答(1)　父母が離婚の際に、一方を親権者に定めたが、その後、親権者を変更した場合
(2)　子が出生する前に父母が離婚し、出生後に父を親権者としたが、その後、母を親権者に変更した場合
(3)　嫡出でない子を父が認知した後、父を親権者としたが、その後、母を親権者に変更した場合
(4)　一五歳未満の養子が協議離縁をするとき、父母が離婚しているため、離縁後に親権者となるべき者を父又は母としたが、その後、親権者を変更した場合
(5)　親権者の定めがない父母の離婚届が誤って受理された後、親権者を父又は母としたが、その後、親権者を変更した場合
がある。

解　説

一　親権者の変更届

父母の協議又は協議に代わる審判によって親権者に指定された父又は母が、単独で親権を行使している場合に、これを他の一方に変更するのが、親権者の変更である。親権者の変更は、子の利益と福祉に影響するところから、家庭裁判所の審判によらなければならないとされている（民八一九条六項）。

親権者変更の審判（家事一六七条・別表第二の八）が確定したときは、変更によって新たに親権者となった者は、審判確定の日から一〇日以内に審判書の謄本及び審判確定証明書を添付して届出をしなければならない（戸七九条・六三

条)。

親権者変更の届出をする事例としては、次のような場合がある。

二　父母が離婚の際に一方を親権者に定めたが、その後、親権者を変更した場合

父母が離婚する際には、その一方を子の親権者に定めることになる(民八一九条一項・二項・五項)が、その後に、この親権者を他の一方に変更したときは、親権者変更の届出をしなければならない。

三　子が出生する前に父母が離婚し、出生後に父を親権者としたが、その後に母を親権者に変更した場合

父母の離婚後に出生した嫡出子は、母の親権に服することになる(民八一九条三項)。この親権者を父に定めることができる(民八一九条三項ただし書)が、そのためには、子の出生後に父母の協議、又は協議に代わる審判によらなければならない(民八一九条三項・五項)。このようにして父を親権者に定めたが、その後、親権者を母に変更したときは、親権者変更の届出をしなければならない。

四　嫡出でない子を父が認知した後、父を親権者としたが、その後に母を親権者に変更した場合

父が認知しても親権者は母であることに変わりはない。父を親権者とするには、父母の協議、又は協議に代わる審判によることになる(民八一九条四項・五項)。このようにして親権者を父に定めたが、その後、親権者を母に変更したときは、親権者変更の届出をしなければならない。

五　一五歳未満の養子が協議離縁をするとき、父母が離婚しているため、離縁後に親権者となるべき者を父又は母としたが、その後に親権者を変更した場合

縁組のとき父母の承諾で養子となった者(民七九七条一項)が、一五歳未満のうちに離縁をするときは、通常は縁組を承諾した父母が養子に代わって離縁の協議をすることになる。しかし、離縁のときに父母が離婚していれば、離縁後に共同で親権を行使することは事実上困難であり、また不適当でもあるため、離縁後に親権者となるべき者を定めて、その者が養子に代わって離縁の承諾をすることになる（民八一一条二項）。そのために、あらかじめ離縁後に親権者となるべき者を父母の協議又は協議に代わる審判によって定めなければならない（民八一一条三項・四項）。このようにして定められた親権者を、その後に他の一方に変更したときは、親権者変更の届出をしなければならない。

六　親権者の定めがない父母の離婚届が誤って受理された後、親権者を父又は母としたが、その後に親権者を変更した場合

父母が協議離婚をする際に、未成年の子がある場合は、いずれか一方を親権者に定めて（民八一九条一項）離婚の届出をしなければ、その届出は受理されない（民七六五条一項）。しかし、親権者の定めのない協議離婚届が誤って受理された場合、当該離婚は有効であり（民七六五条二項）、親権者については、父母の共同親権と解するほかないとされている（昭和二八・七・六民事甲九六七号回答）。そこで、この場合は、父母の協議によって親権者を定めることになる（昭和二四・三・七民事甲四九九号回答、昭和三四・一〇・三一民事甲二四二六号回答）。このようにして定められた親権者を、その後、他の一方に変更したときは、親権者変更の届出をしなければならない。

第六　特別代理人

問48　親権者と子の利益が相反する行為とは、どのような行為か。

答　親権者と親権に服する子との間において、互いに利益が衝突する行為をいう。このような場合は、親権者に親権の公正な行使が期待できないので、親権者の代理権及び同意権を制限し、家庭裁判所が選任した特別代理人にこれらの権利を行使させて、未成年者の利益を保護させることにしている。

解説

一　親権者と子の利益相反行為

親権者と子との利益が相反する行為については、親権者は子のために特別代理人の選任を家庭裁判所に請求しなければならない（民八二六条一項、家事一六七条・別表第一の六五項）。そして、その行為については、特別代理人が子を代理することになる。

また、親権者が数人の子の親権を行使している場合に、一人の子と他の子との利益が相反する行為については、一方の子のために特別代理人の選任を家庭裁判所に請求しなければならないとされている（民八二六条二項、家事一六七条・別表第一の六五項）。その場合は、子の一方は親権者が代理し、他の一方の子は特別代理人が代理することになる。

二　利益相反行為の具体例

(1)　親権者と子との間の不動産の売買や債権譲渡（昭和六・三・九大審院判決・民集一〇巻一〇八頁）

(2)　親権者と子との間における遺産分割や扶養の請求及び協議（昭和四一・七・一大阪高裁決定・家月一九巻二号七一頁、昭和三九・八・四福岡高裁決定・家月一七巻四号四九頁）

(3)　親権者が自己の債務のため、子を代理して子を連帯債務者又は保証人とする行為（大正三・九・二八大審院判決・民録二〇輯六九〇頁、昭和一一・八・七大審院判決・民集一五巻一六三〇頁）

(4)　親権者が自己の債務の担保として、子を代理して不動産に抵当権を設定する行為（大正三・九・二八大審院判決・民録二〇輯六九〇頁、昭和三七・一〇・二最高裁判決・民集一六巻一〇号二〇五九頁）

(5)　親権者自身が第三者の保証人となっている場合に、子を新たにその第三者の保証人にする行為（昭和四三・一〇・八最高裁判決・民集二二巻一〇号二一七二頁）

(6)　相続権を有しない親権者が共同相続人である数人の子を代理して行った遺産分割の協議（昭和四八・四・二四最高裁判決・家月二五巻九号八〇頁、昭和四九・七・二二最高裁判決・判例時報七五〇号五一頁）

(7)　父母が共同で親権を行使している場合、その一方と子との利益が相反する行為については、特別代理人を選任する。子と父だけ利益相反する行為でも、母が子を代理しては子の利益を十分に保護することは困難であるためである。この場合は、母と特別代理人が共同して子を代理する（昭和三五・二・二五最高裁判決・民集一四巻二号二七九頁）

なお、親権者と子との間の行為でも、子に親権者の財産を贈与する場合のように、利益が相反しない行為については、親権者は子を代理し、自己との贈与契約ができるとしている（昭和六・一一・二四大審院判決・民集一〇巻一一〇三頁）。

三　身分上の利益相反行為

二で述べた利益相反行為の具体例は、財産上のものであるが、身分上の行為については、次のような行為が利益相反行為に当たる。

例えば、親権者が自己の一五歳未満の嫡出でない子を養子にする場合は、利益相反行為に当たるから、養子になる子のために特別代理人を選任して、その者が子を代理して縁組の行為をすることとされている（昭和二三・一一・三〇民事甲三一八六号回答）。また、この場合に、母に夫がいるときは、昭和六二年法律第一〇一号「民法等の一部を改正する法律」の施行以前（昭和六二・一二・三一以前）は、夫と子、母と子のように各別に縁組することや、夫と母との共同縁組をすることもできた。この場合は、母と子の縁組部分が利益相反行為に当たるとされ、特別代理人の選任が必要とされていた（前掲回答）。

しかし、改正法施行後（昭和六三・一・一施行）は、右事例の場合には、各別に縁組することはできず、必ず夫婦共同縁組をしなければならない（民七九五条）ことになった。したがって、この場合は、夫との縁組については、母が子を代理することになるが、母と子の縁組は利益相反行為に当たるとした従前の取扱い（前掲回答）は一部変更され、特別代理人の選任は要しないこととされた。これは、民法第七九五条の改正により、配偶者のある者が未成年者を養子とする場合は、当然に配偶者とともにしなければならないとされた趣旨に基づくものである（昭和六三・九・一七民二―五一六五号通達）〔注〕。

〔注〕　改正後の民法第七九五条が、未成年者を養子にする場合に、養親が夫婦であるときは、必ず夫婦共同で縁組を要することに改めた趣旨は、未成年養子の適正、かつ、円滑な監護養育の観点から、養親が夫婦である場合には、夫婦がともに養

親となって、共同で親権を行使し、養子を監護養育することが子の福祉にとって望ましい姿であるということによるものである。

このように民法第七九五条の改正趣旨は、夫婦共同縁組の一環として、親権者とその親権に服する子（嫡出でない子）との縁組が子の利益になると認め、これを前提にしていることにほかならない。また、法律行為が専ら子の利益に当たる場合には、民法第八二六条の利益相反行為の適用は除外されている。したがって、右の事例の場合（嫡出でない子の母がその夫とともに、その子を養子にする場合）は、民法第八二六条に規定する「親権者と子の利益相反」に該当しないものとして取り扱うのが相当であると解されている（戸籍五四二号八二頁）。

問49　親権者と子の利益が相反するとき、子のための特別代理人はどのようにして選任されるか。

答　親権者がその子のために、特別代理人の選任を家庭裁判所に請求し、審判によって選任される。

解説

特別代理人の選任

親権者が選任の申立てをすることになるが、父母共同親権の場合は、その一方の申立てで足りるとされている（昭和五七・一一・二六最高裁判決・民集三六巻一一号二二九六頁）。また、申立人は親権者だけでなく、民法第八四〇条（未成年後見人の選任）を類推適用して、未成年者の親族その他の利害関係人も、選任の申立てができるとされている。

特別代理人選任の申立ては、子の住所地の家庭裁判所にすることになる（家事一六七条・一六八条一号）。選任は審判（家事別表第一の六五項）によってされるが、選任されたときは、申立人及び選任された特別代理人に家庭裁判所から告知される（家事七四条）。

特別代理人をだれにするかは、家庭裁判所が選任することになっているが、実際は、家庭裁判所が適任者を探すことは不可能であることから、申立人の推薦する者の中から選任されるようである。そのため申立ての際は、あらかじめ特別代理人候補者の戸籍謄本と住民票の写しを添付することになっている。

特別代理人の権限は、利害が相反する未成年者と親権者の法律行為について、未成年者を代理することであるから、その権限を証するものは、特別代理人に選任された審判書の謄本ということになる。

特別代理人に選任されたことについて、戸籍の届出を要するとする規定はないので、届出は要しないことになる。

問50　一五歳未満の嫡出でない子と、その親権者である母が養子縁組をする場合、子に代わって縁組の承諾をするのはだれか。また、その後に離縁する場合、子に代わって承諾するのはだれか。

答　養子縁組については、子のために特別代理人を選任し、その者が承諾をする。

養子離縁については、離縁後の法定代理人となるべき者が養子に代わって協議する。その者が実母であるときは、離縁の協議のために特別代理人を選任することになる。

解説

一　一五歳未満の嫡出でない子と、親権者である母との縁組

嫡出でない子は実母と養子縁組することによって、嫡出子の身分を取得する（民八〇九条）ことになるなど実益があるため、自己の嫡出でない子を養子とすることが認められている。

養子縁組の際に、子が一五歳未満である場合は、子の親権者が代わって縁組の承諾をすることになる（民七九七条一項）が、設問の場合は、嫡出でない子の親権者は母であることから、親権者である母が、一五歳未満の子に代わって縁組の承諾をすると同時に、養親としての立場で縁組の当事者になることになる。このような場合は、利益相反行為（民八二六条）に当たると解されているので、家庭裁判所に養子となる子のために特別代理人の選任を請求し、選任された特別代理人が子に代わって縁組の承諾をすることになる（昭和二三・一一・三〇民事甲三一八六号回答）〔注〕。

二　一五歳未満の嫡出でない子が実母と養子縁組した後、一五歳に達する前に離縁する場合の離縁の協議者

実母がその嫡出でない子を養子とする縁組は、一で述べたように従来から実益があるとして容認されているところであるが、その後にこれを解消（離縁）することも認められる。そして、離縁する場合に、養子が一五歳未満であるときは、離縁後に法定代理人となるべき者が離縁の協議をすることになる（民八一一条二項）が、設問のように実母が養親であるときは、離縁後に法定代理人（親権者）となるべき者は、実母ということになるので、結局、離縁の協議について実母が双方の立場で行うことになってしまう。そこで、この場合は、養子のために特別代理人の選任を家庭裁判所に請求し、その者が養子に代わって離縁の協議をすることになる。

〔注〕1　民法第八二六条の制定趣旨は、親権者とその親権に服する子との間において、互いに利益が衝突する場合には、親権者に親権の公正な行使を期待することはできないので、親権者の代理権及び同意権を制限し、家庭裁判所の選任した特別代理人をしてこれらの権利を行使させることによって、未成年者の利益を図ろうというものである。

2　親権者である実母が、自己の未成年の嫡出でない子を養子にする場合に、実母に夫があるときは、共同で縁組をしなければならない（民七九五条）。そして、その子が一五歳未満であるときは、夫との縁組については、実母が子に代わって縁組の承諾をするが、自己との縁組については、子のために特別代理人の選任を要するようにも考えられる。しかし、この場合は、特別代理人の選任は要しないとされている（昭和六三・九・一七民二―五一六五号通達）。設問の場合も、同様に考えられなくもないが、現在のところは昭和二三年一一月三〇日民事甲第三一八六号回答により、特別代理人を選任し、その者が養子縁組の承諾をする取扱いをすることになる。右の場合に、共同縁組の場合と同様に特別代理人の選任を要しない取扱いにするか否かは、今後の検討課題とされている（戸籍五四二号八四頁参照）。なお、**問48**を参照願いたい。

問51　一五歳未満の嫡出でない子を、その親権者である母が、夫とともに養子にする場合、母と子の縁組については、特別代理人を選任しなければならないか。また、その後に離縁する場合は、だれが子に代わって承諾するか。

答　養子縁組については、子のために特別代理人の選任は要しない。

養子離縁については、離縁後の法定代理人となるべき者が養子に代わって協議する。ただし、実母との離縁の協議は、子のために選任された特別代理人がする。

解説

一　一五歳未満の嫡出でない子が、親権者である母及び母の夫と養子縁組する場合の縁組の承諾者

未成年者を養子とする場合、養親となる者に配偶者があるときは、原則として夫婦が共同で縁組をしなければならないとされている（民七九五条本文）。

この場合の夫婦共同縁組は、昭和六三年一月一日から施行された「民法等の一部を改正する法律」（昭和六二年法律一〇一号）により設けられたものである。改正前は、養親となるときでも養子となるときでも、夫婦の一方のみでは養子縁組することはできないとされていた（改正前の民法七九五条）が、改正後は、夫婦共同縁組は、未成年者を養子とする場合のみとされ、養子となる者が成年に達しているときは、各別に縁組することができる（共同縁組をすることもできる）こととされた（民七九五条）。右の改正は、未成年者を養子とする縁組の場合は、養子の監護養育を円滑にするため、養親となる者が婚姻しているときは、夫婦がともに養親となり共同で親権を行使し、共同で監護養育を行うことが望ましいこと、また、成年者を養子とする縁組においては、そのような必要性はないこと等が考慮されたというのが改正の理由である（戸籍五二五号三頁以下参照）。

ところで、設問は、夫婦共同縁組の場合であるが、養子となるべき者（すなわち嫡出でない子）が一五歳未満であることから、養子に代わって縁組の承諾をする者はだれになるかが問題になる。養父との縁組については、養子となる子の親権者は実母であるから、実母が代わって承諾するから問題はない（民七九七条一項）。問題は、実母と養子となるべき嫡出でない子との縁組についてである。この場合の縁組については、利益相反行為に当たるから、子のために特別代理人を選任して、その者が子を代理して縁組の行為をすることとされていた（昭和二三・一一・三〇民事甲三一八六号回答）。

しかし、昭和六二年の民法等の一部改正後は、前述のように配偶者のある者が未成年者を養子とする場合には、夫婦共同で縁組をしなければならないこととされた趣旨から、実母と嫡出でない子の縁組の部分は、民法第八二六条の利益相反行為の適用が除外されるとして、特別代理人の選任は要しないこととされている（昭和六三・九・一七民二―五一六五号通達）。なお、問48の三を参照願いたい。

二　一五歳未満の嫡出でない子が、母と母の夫と養子縁組した後、一五歳に達する前に離縁する場合の離縁の協議者

この場合の離縁は、原則として夫婦共同で離縁しなければならない（民八一一条の二）。離縁の協議は、離縁後に法定代理人となるべき者が離縁の協議をすることになる（民八一一条二項）。

設問のように実母が養親の一方であるときは、養父と養子の離縁については、離縁後の法定代理人（親権者）となるべき者は、実母であるから実母が協議することになるが、実母と養子の離縁については、離縁後の法定代理人は実母ということになるから、結局、離縁の協議について実母が双方の立場で行うことになってしまうので、この場合は、養子のために特別代理人の選任を家庭裁判所に請求し、選任された特別代理人が養子に代わって養親の実母と離縁の協議をすることになる。

問52　一五歳未満の者をその未成年後見人が養子にする場合、養子になる者に代わって縁組の承諾をするのはだれか。

答　未成年後見監督人がいるときは、その者が縁組の承諾をする。
未成年後見監督人がいないときは、家庭裁判所で選任された特別代理人が、縁組の承諾をする。

解説

一　後見人が、一五歳未満の未成年被後見人を養子にする場合の承諾者

未成年後見人と未成年被後見人の養子縁組は、利益相反行為に当たるので（民八六〇条・八二六条）、未成年後見監督人がある場合は、その者が未成年被後見人に代わって縁組の承諾をすることになる（民八五一条四号）。したがって、特別代理人の選任を家庭裁判所に請求する必要はない（民八六〇条ただし書）。しかし、未成年後見監督人は、必要があると認められるときに家庭裁判所によって選任されるものであって（民八四九条）、必須の機関ではないから、置かれていない場合がある。その場合は、特別代理人の選任を家庭裁判所に請求し、選任された特別代理人が縁組の承諾をすることになる（民八二六条一項）。

二　未成年後見人が、未成年被後見人を養子にする場合の家庭裁判所の許可

未成年後見人が、未成年被後見人を養子にするには、家庭裁判所の許可を要する（民七九四条）ほか、未成年者を養子にする場合にも該当するから、その許可も要することになる（民七九八条）。

第七　親権喪失、親権停止又は管理権の喪失

問53　親権者が親権を喪失するのは、どのような場合か。

答　親権者による虐待又は悪意の遺棄があるとき、あるいは親権の行使が著しく困難又は不適当であることにより子の利益を著しく害するときである。この場合に、子自身、子の親族、未成年後見人、未成年後見監督人、又は検察官の請求により、家庭裁判所は親権喪失の審判をする。

解説

一　親権の喪失

父又は母が、子の親権者として親権を行使している場合に、そのまま親権者として親権を行使させておくことが、子の利益や福祉に反するときは、父又は母の意思にかかわらず、親権の全部を喪失（親権の喪失）させること（民八三四条）、又は親権の一部を喪失（管理権の喪失）させること（民八三五条）ができる。

親権の喪失は、親権者である父又は母による虐待又は悪意の遺棄があるとき、あるいは親権の行使が著しく困難又は不適当であることにより子の利益を著しく害するときに、家庭裁判所が子、その親族、未成年後見人、未成年後見監督人又は検察官の請求によって、その親権の喪失を審判する制度である（民八三四条）。これが親権喪失の審判である。

二　親権喪失の原因

親権喪失の原因は、父又は母による虐待又は悪意の遺棄があるとき、その他父又は母による親権の行使が著しく困難又は不適当であることにより子の利益を著しく害するときとされている（民八三四条）。ここでいう「虐待」とは、子を身体的又は精神的に苛酷な取扱いをすることであり、「悪意の遺棄」とは、正当な理由がないのに著しく監護養育の義務を怠ることである。また、父又は母による「親権の行使が著しく困難である」とは、精神的又は身体的故障により適切な親権の行使が不可能であるか、これに近い状態にあることを意味する。「親権の行使が著しく不適当である」とは、子を虐待し、又は通常未成年の子の養育に必要な措置をほとんどとっていないなど、親権行使の方法が適切を欠く程度が高い場合や、父又は母に親権を行使させることが子の健全な育成等のために著しく不適当であることを意味する（民事月報六六巻七号一二頁以下）〔注〕。

なお、親権喪失の原因が認められる場合でも、例えば、治療行為等が短期で終了することが見込まれる子に必要な治療を親が拒否する、いわゆる「医療ネグレクト」の事案では、親権停止の審判（民八三四条の二、問57から59参照）をするのが相当であると思われる。そこで、親権喪失の原因がある場合でも、二年以内にその原因が消滅する見込みがあるときは、親権喪失の審判をすることができないものとされている（民八三四条ただし書）。

三　親権喪失の審判

親権喪失の審判の申立ては、子、その親族、未成年後見人、未成年後見監督人又は検察官からすることができるとされている（民八三四条）。検察官が申立権者になっているのは、子の人権や利益が害されるのを国家が看過すべきではないという公益的な立場からである。このほか、児童相談所長も申立てをすることができる（児童福祉法三三条の七）。なお、親権喪失の審判の請求者について、平成二三年法律第六一号による民法等の一部改正（平成二四年四月一日施行）前は、「子の親族又は検察官」とされていたが、改正後はこれに加えて、子、未成年後見人及び未成年後見監督人が請求者に加えられた。

子本人に請求権を認めたのは、㈠親権は、親が子の監護養育をしたり、その財産を管理したりする権利であり義務であることから、子は親権に係わる法律関係の当事者であり、親権喪失等の審判によって直接の影響を受ける子に、その請求権を付与するのが相当と考えられたこと、㈡改正前の規定のように、子に請求権を認めないこととすると、子の親族がいない事案においては、検察官や児童相談所長に事情を説明した上で、それらの者による請求に期待するほかない。しかし、事案によっては、検察官や児童相談所の介入を待つまでもなく、直接、家庭裁判所への請求ができた方が、迅速に子の利益を確保できると考えられたことなどが理由とされている。

また、未成年後見人及び未成年後見監督人に請求権を認めたのは（民八三四条・八三四条の二・八三五条）、子の監護養育・財産管理の事務を行い、子の状況等を把握することができる未成年後見人や未成年後見監督人が、その事務を行う中で親の状況をも認識し、親権を行使させることが不適当で子の利益を害することを判断できる場合もあると考えられることが、その理由とされた。

中立ての相手方は、親権者であるが、共同親権の場合は、父母双方に喪失の原因が存在するときは、双方を相手方にすることになる。一方についてのみ喪失の原因が存在するときは、一方のみを相手方とすればよい。

中立ては、子の住所地の家庭裁判所にすることになる（家事一六七条）。この親権喪失の審判は、審判手続によって行われる（家事三九条・別表第一の六七項）。

親権喪失の審判がされ、審判を受けた親権者が二週間以内に即時抗告しないで審判が確定したとき（家事七四条二項）は、その親権者の親権は将来に向かって消滅する。その結果、共同親権者の双方が同時に審判を受けたときは、未成年後見の開始原因になる。もし、一方のみが審判を受けたときは、他の一方の単独親権になる。また、単独親権者の場合に審判を受けたときは、未成年後見開始の原因になる。

四　親権喪失の審判確定による戸籍の記載嘱託

親権喪失の審判が確定したときは、裁判所書記官は遅滞なく、戸籍事務を管掌する者（本籍地の市町村長）に戸籍の記載を嘱託することとされている（家事一一六条一号、家事規七六条一項一号）。

父又は母が単独で親権を行使している場合に、親権喪失の審判を受けたとき、又は父母が共同で親権を行使している場合に、父母双方が同時に親権喪失の審判を受けたときは、いずれも未成年後見が開始し、後日、未成年後見人が選任される（民八四〇条）。なお、親権喪失の旨の戸籍の記載は、家庭裁判所の書記官から市町村長にされる戸籍記載の嘱託に基づいてすることになる（戸一五条、法定記載例一〇八）。

〔注〕　平成二三年法律第六一号による民法等の一部改正（平成二四年四月一日施行）前における親権喪失の原因（民八三四条）は、「親権を濫用し、又は著しく不行跡であるとき」と規定され、親権の濫用等があり、それによって子の利益が著しく害されているときに親権喪失の宣告が可能であると解されていた。しかし、規定上は子の利益が著しく害されている状況があるといった点が明示されていないなど、必ずしも意味内容が明らかではなく、この点を明確にするのが適当であることから、改正法により前記解説**二**のとおり改められた。

問54　**親権者が管理権を喪失するのは、どのような場合か。**

答　親権者による管理権の行使が困難又は不適当であることによって、その子の利益を害するときである。この場合に、子、その親族、未成年後見人、未成年後見監督人又は検察官の請求により、家庭裁判所は父又は母について管理権の喪失の審判をする。

解説

一　管理権の喪失

親権の内容（効力）は、子の身上に関する権利義務と財産上に関する権利義務とに分けられる。管理権の喪失は、財産上に関する権利義務の喪失のことである。

管理権は、親権の作用の一部であるから、管理権を喪失しても子の身上に関する権利義務は有することになる。

父又は母が、子の親権者として親権を行使している場合に、子の財産の管理権の行使が困難又は不適当であることによりその子の利益を害するときは、家庭裁判所は子、その親族、未成年後見人、未成年後見監督人又は検察官の請求によって、その親権者の意思にかかわらず、その父又は母について管理権のみを喪失させる審判をすることができる（民八三五条）。

二　管理権喪失の原因

子の利益を害するとは、現実に財産の喪失又は減少を来したことを要しないが、単に将来被害の可能性が考えられる程度では足りない。また、管理権喪失の対象となり得る事案としては、子の財産を危うくした場合でなくても、例えば、子が第三者と契約をする際に、親が合理的な理由なくこれに同意しないため、子の利益が害されていると評価することができるような場合、あるいは、未成年者が年長になって児童福祉施設から退所した後に、事実上、親権者から自立して生活するためにアパートを借りようとした場合に、親権者が特段の合理的な理由もないのに、その賃借契約に同意しないような場合が考えられる（民事月報六六巻七号一五頁）。

管理権の行使が困難又は不適当であるかどうかは、普通一般の親権者が用いる注意力を標準として定めるべきである。親権者がその管理する不動産を売却することの一事をもって直ちに管理権喪失の事由に当たるとはいえない。売却の動機・原因及びその売却が現在及び将来における子の財産の維持運営や子の生活全般の事情から見て、子の利益を害するか否かを検討して判定すべきであるとされる（昭和三五・二・九東京高裁決定・家月一二巻一一号一二五頁）。

三　管理権喪失の審判

管理権喪失の審判の申立ては、子、その親族、未成年後見人、未成年後見監督人又は検察官からすることとされている。検察官が申立権者になっているのは、子の人権や利益が害されるのを国家が看過すべきではないという公益的な立場からである。このほか、児童相談所長も申立てをすることができる（児童福祉法三三条の七）。

申立ての相手方は、親権者であるが、共同親権の場合は、父母双方に喪失の原因が存在するときは、双方を相手方とすることになる。もし、一方についてのみ喪失の原因が存在するときは、一方のみを相手方とすればよい。

申立ては、子の住所地の家庭裁判所にすることになる（家事一六七条）。この管理権喪失の審判は、審判手続によって行われる（家事三九条・別表第一の六七項）。

管理権喪失の審判がされ、審判を受けた親権者が二週間以内に即時抗告をしないで審判が確定したとき（家事七四条二項）は、その親権者の管理権は将来に向かって消滅する。その結果、共同親権者の一方が審判を受けたときは、身上の監護権は共同で行使するが、財産の管理権は他の一方が単独で行使する。また、単独親権者の場合に管理権喪失の審判を受けたときは、子の身上の監護権のみを行使し、子の財産管理については管理権のみを有する未成年後見人が選任される（民八三八条一号後段・八六八条）。

四　管理権喪失の審判確定による戸籍の記載嘱託

管理権喪失の審判が確定したときは、裁判所書記官は遅滞なく、戸籍事務管掌者（本籍地市町村長）に戸籍の記載を嘱託することとされている（家事一一六条一号、家事規七六条一項一号）。

父又は母が単独で親権を行使している場合に、管理権喪失の審判を受けたとき、又は父母が共同で親権を行使している場合に、父母双方が同時に管理権喪失の審判を受けたときは、いずれも管理権のみについての未成年後見が開始（民八三八条一号後段）し、管理権のみを行使する未成年後見人が選任される（民八四〇条）。管理権喪失の旨の戸籍の記載は、家庭裁判所の書記官から市町村長にされる戸籍記載の嘱託に基づいてすることとなる（戸一五条、法定記載例一〇八）。

問55　父母の一方が親権喪失の審判を受けた場合、親権はだれが行使するか。また、単独親権のとき、親権喪失の審判を受けた場合はどうか。

答　前段　他の一方が親権を行使する。
後段　未成年後見が開始し、未成年後見人が選任される。

解説

一　父母の一方の親権喪失

父母が婚姻中は、共同で親権を行使することになる（民八一八条三項本文）。しかし、その一方による、子に対する虐待又は悪意の遺棄があるとき、あるいは親権の行使が著しく困難又は不適当であることにより子の利益を著しく害するときは、子、その親族、未成年後見人、未成年後見監督人又は検察官は、家庭裁判所に親権喪失の審判を請求することができる（民八三四条、家事一六七条・別表第一の六七項）。設問における前段の場合は、他の一方の親権者が請求することになるのが一般的であろう。

親権喪失の審判がされた場合は、その親権者の親権は将来に向かって消滅することになる。その結果、親権は、喪失の審判を受けない他の一方の親権者が単独で行使することになる。

親権喪失の審判がされ、親権を喪失する者が二週間以内に即時抗告（家事一七二条一項一号）をしないで審判が確定したときは、裁判所書記官は遅滞なく、戸籍事務を管掌する者（本籍地の市町村長）に戸籍の記載を嘱託することとされている（家事一一六条一号、家事規七六条一項一号）。市町村長は、この嘱託に基づいて戸籍の記載をすることになる

（戸一五条、法定記載例一〇八）。

二　単独親権者の親権喪失

単独で親権を行使している者が親権喪失の審判を受けたときは（設問における後段の場合）、親権を行使する者がいないので、未成年後見が開始することになる（民八三八条一号）。未成年後見人は、その父又は母等の請求により家庭裁判所が選任することになる（民八四一条・八四〇条）。親権喪失の審判がされた旨の戸籍の記載は、家庭裁判所の書記官から本籍地の市町村長に嘱託がされるので、これに基づいてすることになる（戸一五条、法定記載例一〇八）。

問56　父母の一方が管理権喪失の審判を受けた場合、親権及び管理権はどのようになるか。

答　他の一方が親権及び管理権を行使する。

管理権喪失の審判を受けた親権者は、身上監護権のみを共同で行使する。

解説

一　父母の一方の管理権喪失

親権の内容（効力）は、子の身上に関する権利義務（身上監護権）と財産上に関する権利義務（管理権）に分けられる。

父母が婚姻中は、共同で親権を行使することになる（民八一八条三項本文）から、身上監護権も管理権も共同で行使していることになる。しかし、その一方が管理権の行使が困難又は不適当であることにより子の利益を害するような事由があるときは、子、その親族、未成年後見人、未成年後見監督人又は検察官の請求によって、家庭裁判所はその親権者の意思にかかわらず、管理権のみを喪失させる審判をすることができる（民八三五条、家事一六七条・別表第一の六七項）。設問の場合は、他の一方の親権者が請求することになるのが一般的であろう。

管理権喪失の審判がされた場合は、その親権者の管理権は将来に向かって消滅することになる。その結果、管理権は、喪失の審判を受けない他の一方の親権者が単独で行使することになる。ただ、管理権喪失の審判を受けた親権者は、身上監護権は喪失していないから、これについては共同で行使することになる。

管理権喪失の審判による戸籍の記載は、家庭裁判所の書記官から本籍地の市町村長に嘱託されるので、これに基づいてすることになる（戸一五条、法定記載例一〇八、家事一一六条一号、家事規七六条一項一号）。

二　単独親権者の管理権喪失

単独で親権を行使している父又は母が管理権喪失の審判を受けたときは、子の財産管理権のみを有する未成年後見人が選任される（民八三八条一号後段・八六八条）。この未成年後見人は、未成年被後見人又はその親族その他の利害関係人の請求により家庭裁判所が選任することになる（民八四〇条一項、家事一六七条・別表第一の六七）。この場合の管理権喪失の審判がされた旨の戸籍の記載は、家庭裁判所の書記官から本籍地の市町村長に嘱託がされるので、これに基づいてすることになる（戸一五条、家事一一六条一号、家事規七六条一項一号）。

問57　父又は母が親権停止の審判を受けるのは、どのような場合か。親権及び管理権はどのようになるか。

答　父又は母による親権の行使が困難又は不適当であることによって子の利益を害するときである。この場合、子、その親族、未成年後見人、未成年後見監督人又は検察官の請求により、家庭裁判所は二年を超えない範囲内で、親権停止の審判をすることができる。

解説

一　親権の停止

この制度は、平成二三年法律第六一号による民法等の一部改正の際に新設（民法八三四条の二）された。親権喪失の制度は、㈠要件が厳格であることから、その要件を満たすまでには至らない比較的程度の軽い事案においては、必要な親権制限をすることができない。㈡親権喪失の審判による効果が大きいことから、父母の改善の意欲を失い、親権喪失後の親子の再統合に支障を来すおそれがある。㈢医療ネグレクトの事案（**問53**の解説**二**参照）など、一定期間親権を制限すれば足りる場合に、過剰な制限になるおそれがあるなどの問題が指摘されていた。

そこで、前記の民法の一部改正により新設された親権停止の制度は、親権を喪失させるまでには至らない比較的程度の軽い事案や、医療ネグレクトなど一定期間の親権制限で足りる事案については、必要に応じて適切に親権を制限することができるようにするため、家庭裁判所の審判で、二年以内の期間に限って親権を行使することができないようにする制度として創設されたものである。

二　親権停止の審判

親権停止の審判の申立ては、親権喪失の審判の申立てと同様に子、その親族、未成年後見人、未成年後見監督人又は検察官からすることができるとされている（民八三四条の二第一項）。検察官が申立権者になっているのは、子の人権や利益が害されるのを国家が看過すべきでないという公益的な立場からである。このほか、児童相談所長も申立てをすることができる（児童福祉法三三条の七）。

申立ての相手方は親権者であるが、共同親権の場合において父母双方に停止の原因が存在するときは、双方を相手方にすることになる。一方についてのみ停止の原因が存在するときは、その一方のみを相手方とすればよい。この申立ては、子の住所地の家庭裁判所にすることになり（家事一六七条）、親権停止は審判手続によって行われる（家事三九条・別表第一の六七項）。

親権停止の審判がされ、審判を受けた親権者が二週間以内に即時抗告をしないで審判が確定したときは（家事七四条二項・八五条・八六条・一七二条一項二号）、その親権者の親権は審判で定められた二年以内の期間に限って親権を行うことができない。その結果、共同親権者の双方が同時に審判を受けたときは、未成年後見の開始原因となる。もし、一方のみが審判を受けたときは、他の一方の単独親権となり、また、単独親権者の場合に親権停止の審判を受けたときは、未成年後見開始の原因となる。

三　親権停止の審判確定による戸籍記載の嘱託

親権停止の審判が確定したときは、裁判所書記官は、遅滞なく戸籍事務を管掌する者（本籍地の市町村長）に戸籍の記載を嘱託することとされている（家事一一六条一号、家事規七六条一項一号）。

父又は母が単独で親権を行使している場合に、親権停止の審判を受けたとき、又は父母が共同で親権を行使している場合に、父母双方が同時に親権停止の審判を受けたときは、いずれも未成年後見が開始し、後日、未成年後見人が選任される（民八四〇条）。

なお、親権停止の旨の戸籍の記載は、家庭裁判所の書記官から市町村長にされる戸籍記載の嘱託に基づいてすることになる（戸一五条、法定記載例一〇九）。

問58　父母の一方が親権停止の審判を受けた場合、親権はだれが行使するか。また、単独親権のとき、親権停止の審判を受けた場合はどうか。

答　前段　一方が親権を行使する。
　　後段　未成年後見が開始し、未成年後見人が選任される。

解説

一　父母の一方の親権停止

父母が婚姻中は、共同で親権を行使することになる（民八一八条三項本文）。しかし、その一方による親権の行使が困難又は不適当であることにより子の利益を害するときは、子、その親族、未成年後見人、未成年後見監督人又は検察官は、家庭裁判所に親権停止の審判を請求することができる（民八三四条の二、家事一六七条・別表第一の六七項）。設問における前段の場合は、他の一方の親権者が請求するのが一般的であろう。

親権停止の審判がされた場合は、その親権者は審判で定められた二年以内の期間に限って親権を行うことができない。その結果、停止の審判を受けない他の一方の親権者が単独で親権を行使することになる。

親権停止の審判がされ、審判を受けた親権者が、二週間以内に即時抗告（家事一七二条一項二号）をしないで審判が確定したときは、裁判所は遅滞なく、戸籍事務を管掌する者（本籍地の市町村長）に戸籍の記載を嘱託することとされている（家事一一六条一号、家事規七六条一項一号）。市町村長は、その嘱託に基づいて戸籍の記載をすることになる（戸一五条、法定記載例一〇九）。

二　単独親権者の親権停止

単独で親権を行使している者が親権停止の審判を受けたときは、親権を行使する者がいなくなるので、未成年後見が開始することになる（民八三八条一号）。未成年後見人は、その父又は母等の請求により家庭裁判所が選任する（民八四一条・八四〇条）。親権停止の審判がされた旨の戸籍の記載は、前記**一**と同様に家庭裁判所の書記官から市町村長へ嘱託されるので、これに基づいてすることになる（戸一五条、法定記載例一〇九）。

問59　親権停止期間は二年以内とされているが、その期間満了後の親権はどのようになるか。

答　親権停止期間が満了した場合には、原則として、親権を停止されていた父又は母は、親権を行うことができるようになる。

しかし、期間満了後も、なお、父又は母に親権を行わせることが子の利益を害するような場合は、家庭裁判所は、子の親族や未成年後見人等の請求により、改めて親権停止の審判をすることができる。

解説

親権停止制度が創設されたのは、親権を喪失させるまでには至らない比較的程度の軽い事案や、医療ネグレクト（**問53**の解説**二**参照）など一定期間の親権制限で足りる事案の場合において、必要に応じて適切に親権を制限することができるようにするため、家庭裁判所の審判で二年以内の期間に限って親権を行うことができないようにするためである。親権停止の原因が消滅すると見込まれる時期が二年以内に到来するか否かが不明確で、その時期を認定することができない場合も少なくないと考えられるが、そのような場合には、基本的に親権停止の期間が二年間と定められることになるであろう。

また、親権停止期間中に、その父又は母の養育態度が悪化するなどして、親権喪失の審判をすることも考えられる（民事月報六六巻七号一二頁以下、戸籍八六二号四頁）。

第八　親権喪失、親権停止又は管理権喪失の審判の取消し

問60　親権喪失、親権停止又は管理権の喪失の審判は、これを取り消すことができるか。

答　親権喪失、親権停止又は管理権喪失の原因が止んだときは、家庭裁判所は、本人又はその親族の請求により喪失の審判を取り消すことができる。

解説

一　親権喪失、親権停止又は管理権喪失の審判の取消し

親権者である父又は母による子の虐待又は悪意の遺棄があるとき、その他親権の行使が著しく困難又は不適当であることにより子の利益を著しく害するときは、家庭裁判所は、子、その親族、未成年後見人、未成年後見監督人又は検察官等の請求により、親権喪失の審判をすることができる（民八三四条、児童福祉法三三条の七）。これにより親権者の親権が将来に向かって消滅することになる。

一方、親権を喪失させるまでには至らないが、父又は母による親権の行使が困難又は不適当であることにより子の利益を害するときは、家庭裁判所は、子、その親族、未成年後見人、未成年後見監督人又は検察官等の請求により、親権停止の審判をすることができる（民八四〇条の二、児童福祉法三三条の七）。これにより親権者の親権は二年を超えない範囲内において停止されることとなる。

また、親権者が、親権の一部である子の財産上の管理権の行使が困難又は不適当であることにより子の利益を害す

るときは、家庭裁判所は、子、その親族、未成年後見人、未成年後見監督人又は検察官等の請求により、管理権のみの喪失の審判をすることができる（民八三五条、児童福祉法三三条の七）。これにより親権者の管理権は将来に向かって消滅することになる。

このように親権喪失、親権停止又は管理権の喪失の審判がされている場合でも、その原因となっている事由が止んだときは、家庭裁判所は、本人又は親族の請求によって親権喪失、親権停止又は管理権の喪失の審判を取り消すことができる（民八三六条）。すなわち、親権喪失の原因となった子の虐待等が改まった場合、親権停止の原因が消滅した場合、若しくは財産管理の能力の向上又は回復により子の利益を害する危険性もなくなった場合は、親権又は管理権は回復されることになる。なお、これらの親権喪失、親権停止又は管理権喪失の審判の取消しの請求は、児童相談所長も行うことができる（児童福祉法三三条の七）。

二　親権喪失、親権停止又は管理権喪失の審判の取消しの手続

親権喪失、親権停止又は管理権喪失の審判を取り消すためには、本人又はその親族が家庭裁判所に取消しの請求をしなければならない（民八三六条）。請求は、子の住所地の家庭裁判所にすることになり（家事一六七条）、また、取消しは審判によってなされる（家事三九条・別表第一の六八項）。

親権喪失又は親権停止の審判の取消しの審判が確定すると親権は将来に向かって回復する。これにより、父又は母の単独親権は父母の共同親権になるし、また、未成年後見が開始している場合は、未成年後見は終了し、親権は回復する。

管理権喪失の審判の取消しの審判が確定すると、父又は母の単独管理権は父母の共同管理権になるし、管理権のみの後見が開始しているときは、その後見は終了し、管理権は回復する。

三　親権喪失、親権停止又は管理権喪失の審判の取消しの戸籍記載

親権喪失、親権停止又は管理権喪失の審判の取消しの裁判が確定したときは、その裁判を請求した者は審判確定の日から一〇日以内に審判書の謄本及び審判の確定証明書を添付して親権喪失、親権停止又は管理権喪失審判の取消届をしなければならない（戸七九条・六三条）。

なお、親権喪失、親権停止又は管理権喪失の審判の取消しの審判が確定したときは、家庭裁判所から子の本籍地の市町村長にその旨の通知がされることになる（家事規九五条）。審判の結果は、戸籍の記載に影響を及ぼすことが大きいため、審判の効力が発生したときに、戸籍事務の管掌者である市町村長へ通知がされるものである。この通知により、市町村長は審判の結果を把握することができるので、届出を怠っている届出義務者に対して届出の催告をする等所要の処理を行うことができることになる（戸四四条）。

第九　親権・管理権の辞任及び回復

問61　親権を行使する父又は母は、親権を辞任することができるか。また、管理権のみを辞任することができるか。

答　前段　やむを得ない事由があるときは、家庭裁判所の許可を得て、親権を辞任することができる。
後段　同様に管理権のみを辞任することができる。

解説

一　親権の辞任

親権を行使する父又は母が、重病、長期にわたる病気、服役、長期の海外出張等による不在、あるいは再婚により親権の行使が事実上困難である等のやむを得ない事由があるときは、家庭裁判所の許可を得て親権を辞任することができる（民八三七条一項）。

親権の辞任について、家庭裁判所の許可を要件としたのは、親権者が勝手に親の義務である親権を放棄したり、あるいは、他から強要されて辞任することのないようにするためである。親権は子の利益と福祉に大きく影響するものであるから、辞任は真にやむを得ない事由でなければならず、その判断は家庭裁判所がすることとされている。

親権の辞任に関する審判事件（家事一六七条・別表第一の六九項）は、辞任する親権者が子の住所地の家庭裁判所に申立てをしなければならない。

二　親権辞任の効力の発生

親権の辞任は、家庭裁判所の辞任許可の審判がされただけでは効力が生じない。審判に基づく戸籍の届出によって効力が生ずる（戸八〇条）。なお、親権を辞任した場合の法的効果は、親権喪失の審判を受けた場合と同様である（清水節「判例・先例親族法Ⅲ」四八五頁）。

父母が共同で親権を行使している場合に、一方が親権を辞任したときは、他の一方の単独親権になる。双方が親権を辞任したときは、親権を行使する者がなくなるので、未成年後見が開始する（民八三八条一号）。父又は母が単独で親権を行使している場合に、親権を辞任したときも未成年後見が開始する。

三　管理権の辞任

親権を行使する父又は母が、健康、知識、経験、能力の関係等で財産管理を十分行い得ないときは、家庭裁判所の許可を得て管理権のみの辞任をすることができる（民八三七条一項）。管理権を辞任しても、親権のうちの身上監護権については、これを行使することになる。

管理権の辞任に関する審判の申立て及び戸籍の届出については、前述一の場合と同様である。

父母が共同で親権を行使している場合に、一方が管理権を辞任したときは、他の一方が単独で管理権を行使する。双方が管理権を辞任したときは、管理権を行使する者がなくなるので、管理権についての未成年後見が開始する（民八三八条一号）。父又は母が単独で親権を行使している場合に、管理権を辞任したときも、管理権についての未成年後見が開始する。

問62　親権又は管理権を辞任した後、親権又は管理権を回復するには、どのような手続を要するか。

答　親権又は管理権の辞任の事由が止んだときは、家庭裁判所に親権又は管理権回復の申立てをし、その許可を得た上で親権又は管理権回復の届出をする。

解説

一　親権の回復

親権辞任の事由（**問61**参照）が止んだときは、父又は母は、家庭裁判所の許可を得て親権を回復することができる（民八三七条二項）。

親権の回復に関する審判事件（家事一六七条・別表第一の六九項）は、回復する親権者が子の住所地の家庭裁判所に申立てをしなければならない。

親権の回復は、家庭裁判所の回復許可の審判がされただけでは効力が生じない。審判に基づく戸籍の届出によって効力が生ずる（戸八〇条）。

父母の一方の親権辞任で単独親権になっている場合は、親権の回復によって、再び共同親権になる。父母双方が親権を辞任して、未成年後見が開始している場合は、親権の回復によって、未成年後見が終了し再び共同親権になる。また、父又は母の単独親権のときに親権を辞任し後見が開始している場合は、親権の回復によって未成年後見は終了する。

二　管理権の回復

管理権辞任の事由（問61参照）が止んだときは、父又は母は、家庭裁判所の許可を得て管理権を回復することができる（民八三七条二項）。

管理権の回復に関する審判の申立て及び戸籍の届出については、親権の回復の場合と同様である。

父母の一方の管理権辞任で、単独の管理権になっている場合は、管理権の回復によって、再び共同親権（管理権）になる。双方が管理権を辞任し、後見が開始している場合は、管理権の回復によって未成年後見は終了し、再び共同親権（管理権）になる。父又は母の単独親権のときに管理権を辞任し、管理権につき未成年後見が開始している場合は、管理権の回復によって未成年後見は終了する。

第十　親権者の職務執行停止等の審判前の保全処分と戸籍の記載嘱託

問63　家庭裁判所書記官から、親権喪失、親権停止又は管理権喪失の審判について戸籍の記載嘱託がされたが、これはどのような制度に基づくものか。また、親権者の職務執行停止又は職務代行者選任の戸籍の記載嘱託がされたが、これはどのような制度に基づくものか。

答　いずれも家事事件手続法及び家事事件手続規則に定められているものである。すなわち、設問の各審判等の内容については、これを戸籍に記載して公示する必要があるが、事件本人等にその届出を義務付けるのは相当でないため、裁判所書記官が嘱託するものとされているのである。

解説

一　戸籍の記載嘱託

家庭裁判所の審判によって形成される身分関係の中には、親権喪失、親権停止又は管理権喪失の審判（民八三四条・八三四条の二・八三五条、家事一六七条・別表第一の六七項）や、親権等の職務の執行停止及び職務代行者選任等の保全処分（家事一七四条・一七五条）のように、その性質上事件本人等に戸籍の届出を義務付けることが相当でないものがある。そこで、これらの審判等の内容を身分関係の公示制度である戸籍に反映させるため、戸籍記載の嘱託制度が設けられているわけである（家事一一六条）。

(1)　戸籍の記載を嘱託すべき審判とは、家事事件手続法第三九条、別表第一に掲げる事項の審判又はこれに代わる裁

判で、最高裁判所規則で定めるものが効力を生じた場合（家事一一六条一号）、

(2) 同法第三九条の審判の申立てがあった場合に、家庭裁判所が審判前の保全処分を命ずる審判で、最高裁判所規則の定めるものが効力を生じた場合、又は効力を失った場合である（家事一一六条二号）。

この場合、家庭裁判所書記官は遅滞なく戸籍事務管掌者である市町村長に対し、戸籍の記載を嘱託すべきものとし、市町村長は、嘱託に基づきその旨を戸籍に記載するものとされている（戸一五条）〔注〕。

右の(1)、(2)について、具体的に戸籍の記載嘱託の対象となる審判は、家事事件手続規則第七六条に規定されている。

二 戸籍の記載嘱託がされる審判及び審判前の保全処分

(1) 親権（管理権）喪失・親権停止の裁判発効（家事一一六条一号、家事規七六条一項一号、法定記載例一〇八・一〇九）

(2) 親権（管理権）喪失又は親権停止の申立てがあった場合に、子の利益のため必要があると認められるときに、当該申立てをした者の申立てにより、親権（管理権）喪失又は親権停止の申立てについての審判が効力を生ずるまでの間、親権者の職務の執行を停止し、又は職務代行者を選任する裁判発効（家事一一六条二号・一七四条一項、家事規七六条二項二号、法定記載例一一四、参考記載例一四六）

(3) 親権者の指定又は変更の申立てがあった場合に、子の利益のため必要があると認められるときに、当該申立てをした者の申立てにより、親権者の指定又は変更の申立てについての審判が効力を生ずるまでの間、親権者の職務の執行を停止し、又はその職務代行者を選任する裁判発効（家事一一六条二号・一七五条三項、家事規七六条二項二号、法定記載例一一四、参考記載例一四六）

(4) 特別養子縁組又は特別養子離縁の申立てがあった場合に、養子の利益のため必要があると認められるときに、当該申立てをした者の申立てにより、特別養子縁組の成立又は特別養子離縁の申立てについての審判が効力を生ずる

までの間、養子の親権者（若しくは未成年後見人）の職務の執行を停止し、又はその職務代行者を選任する裁判発効（家事一一六条二号・一六六条一項、家事規七六条二項一号、法定記載例一一四、参考記載例一四六）

(5)　(2)から(4)により選任された職務代行者を改任する裁判発効（家事一一六条二号・一六六条三項・一七四条三項・一七五条五項、家事規七六条二項二号、法定記載例一一七、参考記載例一四八）

(6)　(2)から(5)の裁判が失効した場合（家事一一六条二号、家事規七六条二項、法定記載例一一五・一一六、参考記載例一四七）

右の(1)の審判は、家事事件手続法第一一六条第一号に規定する別表第一の六七項の審判事項である。

また(2)から(6)の審判は同条第二号に規定する審判前の保全処分が効力を生じ、又は効力を失った場合である。

この処分は、あくまでも暫定的なもので、子の戸籍の身分事項欄に家庭裁判所の書記官の嘱託により戸籍の記載がされる。

〔注〕　戸籍の記載嘱託制度は、昭和五六年一月一日から施行された「民法及び家事審判法の一部を改正する法律」（昭和五五年法律五一号）によって新設された。

改正前は、親権又は管理権喪失の宣告、後見人等の辞任許可・解任の審判については、その審判後に選任された後見人等からの届出があってはじめて戸籍に記載された。しかし、その届出は、届出までに相当の期間を要するため、その間に第三者が戸籍の記載を信頼して従来の親権者により子と取引をすると、その取引は無権代理行為（民一一三条）となり、第三者の権利を害することになる。こうした不都合を防止する観点から、家庭裁判所からの審判確定通知を受けたとき（旧家審規七八条・七一条）は、その旨を記載した付せんを関係する戸籍の上部に貼付し、これを事実上公示する取扱いをしていた（昭和二五・一〇・一二民事甲二六九七号回答、昭和二六・六・六民事甲一二〇二号回答）。また、親権者の職務の執行停止及び職務代行者の選任の審判がされた場合も同様の取扱いをしていた。しかし、この取扱いは法令に基づかない便宜的な措置であり、また、公示方法としても不完全であるため、前記のとおり改正され、嘱託制度が新設されたものである。

第十一　親権の終了

問64　**親権に服する子が成年に達した場合、又は死亡した場合等、親権が終了したときは、どのような届出を要するか。**

答　届出は要しない。

なお、戸籍に親権事項が記載されているときは、本人の申出がある場合に限り親権終了の記載をする。

解説

一　成年に達した場合

父母の親権に服していた未成年の子が、満二〇歳になって成年に達したとき（民四条）、又は婚姻によって成年に達したものとみなされたとき（民七五三条）は、親権に服さなくなる。

この場合、子の戸籍に親権に関する事項が記載されていないときは、特に、成年に達したことによって親権に服さなくなった旨の記載は要しない取扱いである。

また、父母の離婚等によって、父又は母を親権者に指定する記載がされている者が、その後成年に達してもその親権事項を消除することは要しないが、本人から申出がある場合に限り、「成年に達したため親権に服さなくなった」旨の記載をする取扱いである（昭和五四・八・二一民二—四三九一号通達）。

従前の取扱いは、市町村長の職権で親権が終了した旨を記載し、親権事項の記載を消除していた（昭和二三・一一・

二六民事甲三六九七号回答)。しかし、親権が終了したか否かは、本人の出生年月日又は婚姻年月日の戸籍の記載から判断できるから、積極的に職権でその旨の記載するまでもなく、本人の申出がある場合に限り、その旨の記載をするという取扱いに変更された(前掲通達)。

1 離婚又は認知によって親権者を父母の一方に定められている場合

父又は母の単独親権に服している旨の戸籍の記載がされている未成年の子が、成年に達し、本人から申出がされたときは、市町村長の職権でその子の戸籍に次のように記載することになる。(参考記載例一四九)

「平成五年五月六日成年に達したため親権に服さなくなる同月八日記載㊞」

(コンピュータシステムによる証明書記載例)

親権	【親権に服さなくなった日】平成5年5月6日 【記録日】平成5年5月8日 【特記事項】成年に達したため

なお、父母の一方が親権(管理権)喪失、親権停止の審判確定による嘱託又は親権辞任による届出をし、その旨の記載(法定記載例一〇八・一〇九・一一二)がされている未成年の子が、成年に達し、本人から申出がされたときも同様の取扱いになる。

2 1と同事例で未成年の子が、婚姻によって成年に達したとみなされた場合

本人から申出がされたときは、市町村長の職権でその子の戸籍に次のように記載することになる。(参考記載例一五〇)

「平成五年六月八日婚姻したため親権に服さなくなる同日記載㊞」

（コンピュータシステムによる証明書記載例）

親　権	【親権に服さなくなった日】平成5年6月8日 【記録日】平成5年6月8日 【特記事項】婚姻したため

この記載は、婚姻事項の次に記載することになる。なお、その者が婚姻によって新戸籍を編製するとき、又は他の戸籍に入籍するときは、従前の戸籍の婚姻除籍事項の次に記載すればよく、新戸籍又は入籍戸籍には記載しない取扱いである。また、右の記載の申出は、婚姻届書の「その他」欄に記載してする方法で差し支えないとされている（昭和五四・八・二一民二―四三九一号通達）。

二　死亡した場合

父又は母の親権に服している子が死亡した場合は、死亡事項の記載がされるから、その子の戸籍に親権事項が記載されていても、死亡によって親権が終了した旨の記載は要しない。

第十二　渉外関係の親権

問65　父又は母の一方と子の国籍が異なる場合、親権についてはどこの国の法律によるか。

答　父又は母の国籍と子の国籍が同一であるときは、子の本国法による。
父母の国籍と子の国籍が同一でないときは、子の常居所地法による。

解説

一　親権についての準拠法

渉外親子関係の間に発生する権利義務について、いずれの国の法律を適用すべきかは、法の適用に関する通則法（以下「通則法」という。）第三二条において、原則として子の本国法とし、例外的に子の常居所地法と定めている。このように親子間の法律関係の準拠法については、子の本国法及び常居所地法を段階的に適用すべきものとされている（いわゆる段階的連結の採用）。

これを整理すると次のようになる。

(1)　第一段階は、子の本国法が父又は母の本国法と同一であるときは、子の本国法による。

(2)　第二段階は、(1)のような場合でないとき、すなわち、

①　父、母及び子の本国法が、いずれも異なる場合

②　父と母の本国法が同一であるが、子の本国法が異なる場合

③　父母の一方が死亡し、又は知れないときに、他の一方の父又は母の本国法と子の本国法が異なる場合は、いずれも子の常居所地法による。

なお、親権については、その準拠法の決定につきいわゆる段階的連結方法が採られているため、反致は適用されない（通則法四一条ただし書）。

二　親権の準拠法についての具体例

(1)　父と子の国籍が同一のとき

父はA国籍、母はB国籍、子はA国籍の場合は、父と子の本国法が同一であるから、A国の法律が子の親権についての準拠法になる。

(2)　母と子の国籍が同一のとき

父はA国籍、母はB国籍、子はB国籍の場合は、母と子の本国法が同一であるから、B国の法律が子の親権についての準拠法になる。

(3)　父と母の国籍が異なり、子の国籍も父母と異なる場合

父はA国籍、母はB国籍、子はC国籍の場合は、いずれの本国法も異なるので、子の常居所地の法律が子の親権についての準拠法になる。

(4)　父はA国籍であったが死亡、母はB国籍、子はA国籍の場合は、母と子の本国法が異なるので、子の常居所地の法律が子の親権についての準拠法になる。

父母の一方がない場合は、他の一方との本国法が子と同一であるかを問題にしている（通則法三二条）ので、生存する母と子の本国法が同一かを考えればよく、死亡した父の国籍を考慮する必要はない。

(5)　父はA国籍、母はB国籍、子はA国籍と日本国籍の重国籍者の場合は、日本の法律が子の本国法となり（内国籍優先、通則法三八条一項ただし書）、父母と子のいずれの本国法も異なることになるので、子の常居所地の法律が親権についての準拠法となる。

(6)　父はA国籍、母は日本国籍、子はC国籍とD国籍の重国籍者で、C国もD国も外国で、子の常居所がC国にもD国にもない場合は、子にとっていずれの国が最も密接な関係を有するかによって、その本国法を決定することになる（通則法三八条一項）が、子の本国法がC国又はD国のいずれの場合であっても、結局、父母と子の本国法は異なることとなるため、子の常居所地の法律が、親権についての準拠法となる。

(7)　父は日本国籍、母はB国籍、子は日本国籍とB国籍の重国籍者の場合は、父と子の本国法は同一であるので、日本法が準拠法ということになる（通則法三二条・三八条一項ただし書）。

(8)　父がA国籍、母は日本国籍、子はA国籍の場合は、父と子の本国法は同一であるので、A国の本国法が子の親権についての準拠法になる。

三　準拠法の適用と適用時期

前述二のようにして決定された親子関係の準拠法は、親権者の決定、変更、消滅など身分関係に適用されるほか財産関係にも適用される。

父母離婚の際の子の親権者、監護者の決定については、これを離婚の問題とみて通則法第二七条によるべきであるとする説と、親子関係の問題とみて通則法第三二条によるべきであるとする説がある。通説は、後者すなわち親子関係の問題であるとする。法例（現行・通則法）改正後は、親権は親子間の法律関係であることを明確にした（平成元・一〇・二民二―三九〇〇号通達第2の1(2)）。適用時期は、親権は継続的な法律関係であるから、親権を行使する当時の関係者の本国法によって準拠法を決定することになる。

四　法例（現行・通則法）改正前の取扱い

親子間の法律関係については、従前は、父が生存している限り父の本国法によるものとし、父がいないときは母の本国法によるとされていた（平成元年改正前の法例二〇条）。この規定は、両性平等の原則にふさわしくないことから、法例（現行・通則法）（平成元年法律第二七号により改正—平成二・一・一施行）は、これを改めて、婚姻の効力等と同様に段階的連結を採用し、また、子の保護の観点から、主として子を基準として準拠法を決定することとされている。

問66　日本人と外国人夫婦間の嫡出子の親権者は、だれか。

答(1)　子が日本国籍を有するときは、日本の法律が準拠法となるので、父母が親権者となり親権を共同で行使する。

(2)　子が外国人の父（又は母）と同一国籍で、日本国籍を有しないときは、子の本国法が準拠法となり、その法律によって親権者が定まる。

(3)　子が日本の国籍を有せず、また、外国人の父（又は母）と国籍が異なるときは、子の常居所地の法律によって親権者が定まる。常居所地が日本であるときは、日本の法律によって定まるから、父母が親権者になる。

解　説

一　日本人と外国人夫婦間の嫡出子の国籍

日本人と外国人夫婦間の嫡出子の国籍については、昭和六〇年一月一日から施行された「国籍法及び戸籍法の一部を改正する法律」（昭和五九年法律四五号）により、国籍法の一部が改正されたため、その改正法施行日の前後によって相違がある。

例えば、日本人男と外国人女の夫婦間に出生した嫡出子は、改正法施行の前後にかかわりなく、出生によって日本国籍を取得するが、日本人女と外国人男の夫婦間に出生した嫡出子は、改正前は日本国籍を取得しなかった。しかし、改正後は日本国籍を取得することになった（改正前の国籍法二条一号、改正後の国籍法二条一号）。

出生子の国籍取得については、改正前の国籍法は父系血統優先主義を採っていたため、父が日本人の場合は、嫡出子は出生によって直ちに日本国籍を取得するものとしていた。改正後は、この父系血統優先主義を父母両系血統主義に改めたことから、母が日本人であれば、父が外国人であっても夫婦間の嫡出子は日本国籍を取得することになった。

なお、国籍法の改正前に出生した日本人女と外国人男の夫婦間の嫡出子でも、改正後は、一定の要件を備えていれば、法務大臣に届出をすることによって日本国籍を取得できることとされている（国三条、国附五条・六条）。

二　日本人父と外国人夫婦間の嫡出子の親権

1　日本人父と外国人母間の嫡出子で日本国籍を有する場合

父は日本国籍、母はＢ国籍、子は日本国籍の場合は、父と子の本国法が同一であるから、日本の法律が子の親権

について の準拠法になるので、父母の共同親権になる。

2　日本人父と外国人母間の嫡出子で母の国籍を有する場合

父は日本国籍、母はB国籍、子はB国籍の場合は、母と子の本国法が同一であるから、B国の法律が子の親権についての準拠法になるので、B国の法律によって親権者が定まる。

3　日本人父と外国人母間の嫡出子で父と母の国籍の双方を有する場合

父は日本国籍、母はB国籍、子は日本国籍とB国籍との重国籍者の場合は、日本の法律が子の親権についての準拠法になる（内国法優先、通則法三八条一項ただし書）ので、父母の共同親権になる。

4　日本人父と外国人母間の嫡出子で父母双方と国籍が異なる場合

父は日本国籍、母はB国籍、子はC国籍の場合は、いずれの本国法も異なるので、子の常居所地の法律が子の親権についての準拠法になるので、常居所地の法律によって、親権者が定まる。

5　日本人母と外国人父間の嫡出子で日本国籍を有する場合

母は日本国籍、父はA国籍、子は日本国籍の場合は、母と子の本国法が同一であるから、日本の法律が子の親権についての準拠法になるので、父母の共同親権になる。

6　日本人母と外国人父間の嫡出子で父の国籍を有する場合

母は日本国籍、父がA国籍、子はA国籍の場合は、父と子の本国法は同一であるから、A国の本国法が子の親権についての準拠法になるので、A国の法律によって親権者が定まる。

7　日本人母と外国人父間の嫡出子で母と父の国籍の双方を有する場合

母は日本国籍、父はA国籍、子は日本国籍とA国籍の重国籍者の場合は、母と子の本国法は同一であるから、日本の法律が準拠法になる（通則法三八条・三八条一項ただし書）ので、父母の共同親権になる。

8　日本人母と外国人父間の嫡出子で父母双方と国籍が異なる場合

母は日本国籍、父はA国籍、子はC国籍の場合は、いずれの国籍も異なるので、子の常居所地の法律が子の親権についての準拠法になるので、常居所地の法律によって親権者が定まる。

問67　外国人と日本人の夫婦が、離婚に際して夫婦間の嫡出子の親権者を外国人と定めた後、外国人が死亡した場合、子の親権はどうなるか。

答　子が日本国籍を有している場合は、日本の民法が準拠法となるので、未成年後見が開始する。

子が外国籍である場合に、その本国法で後見開始の原因があるが、後見の事務を行う者がないときは、日本法により未成年後見人を選任することができる。

解説

一　離婚の際の親権者指定の準拠法

離婚の際の子の親権者・監護権者の決定の問題については、通則法第二七条の離婚の準拠法によるべきか、又は通則法第三二条の親子間の法律関係の準拠法によるべきかについて、判例、学説が分かれている。離婚の準拠法は、夫婦間の利害の調整の観点から指定されており、親子間の法律関係の問題は、親権者、監護者の指定のように子の福祉に直接かかわる問題であることから、親子間の法律関係の問題として、通則法第三二条によるべきであるとするのが通説である。この点は、法例改正の際に、離婚の際の子の親権者の指定については、法例第二一条（現行・通則法三二条）によるべきであることを明らかにしている（平成元・一〇・二民二―三九〇〇号通達第2の1⑵）。

二　離婚に伴う子の親権

設問の外国人と日本人の夫婦の離婚については、日本人配偶者が日本に常居所を有する場合は、その離婚の準拠法は、日本法になる（通則法二七条ただし書）。そして、同夫婦間の未成年の子の親権者の指定については、子が日本国籍であれば、本国法は同一であるから、日本の民法が親権の準拠法になる（通則法三二条）。もし、日本人配偶者が日本に常居所を有しないときは、夫婦の常居所が同一のときは、その地の法律（常居所地法）が離婚の準拠法になる。また、その法律によることもできないときは、夫婦に最も密接な関係のある地の法律（密接関連法）が離婚の準拠法になる（通則法二七条・二五条）。この場合の、未成年の子の親権者の指定は、子の国籍と父又は母の国籍とが同一であれば、子の本国法が準拠法になるし、相違する場合は、子の常居所地の法律が準拠法になる（通則法三二条）。

三　離婚の際に指定された親権者が死亡した場合

未成年の子に対する後見は、わが国では親権を行使する者がいない場合、又は、親権を行使できない場合に開始する（民八三八条）としているが、この後見制度は広く諸外国においても一般的に認められている。ただ、後見人の資格、権限、その他選任方法は国によって相違がある（南敏文「全訂Q&A渉外戸籍と国際私法」二八六頁）。

単独の親権者が死亡したときは、親権者がいない場合に当たるので、後見が開始する。後見についての準拠法は、通則法第三五条で被後見人の本国法によるとされている（同条一項）。また、外国人の後見は、その本国法によれば後見開始の原因があるが、後見の事務を行うものがないときは、日本の法律によるとされている（通則法三五条二項）。

設問の場合は、子の国籍が日本であれば、後見は日本の法律によることになるから、未成年後見が開始する（民八三八条一号）。

また、子が外国籍のときは、後見は子の本国法によることになる。なお、子の本国法で後見開始の原因があるが、後見事務を行う者がないときは、日本法により未成年後見人選任の審判をすることができる（後見の開始事由の存否は本国法による—通則法三五条二項、なお「第二章　未成年後見」**問14**参照）。

問68　外国人が日本人の養子になった場合、又は日本人が外国人の養子になった場合の親権者はだれか。また、離縁した場合の親権者はだれか。

答　養子の本国法が、養父又は養母の本国法と同一のときは、養子の本国法により親権者が定められる。また、本国法が同一でないときは、養子の常居所地法により親権者が定められる。
離縁した場合の親権者についても、同様である。

解説

一　外国人が日本人の養子となった場合の親権者及び離縁した場合の親権者

親子間の法律関係は、子の本国法が父又は母の本国法と同一であるときは、子の本国法によるとされており、同一でないときは、子の常居所地法によるとされている（通則法三二条）。この規定中の父又は母には、養父母も当然に含まれる。したがって、養親子間の法律関係については、原則として養子の本国法又は常居所地法によることになる。また、養親子関係は実親子関係に優先させて考えなければならない。

設問において、例えば、韓国人が日本人の養子になった場合、養子と養親の本国法が同一でないから、養子となる韓国人の常居所地法によって親権者を定めることになる。もし、日本が養子の常居所であれば、日本法が準拠法になるから、日本人の養親が親権者になる（民八一八条二項）。常居所が韓国であれば、韓国法が準拠法になる。韓国民法第九〇九条第一項後段によれば「養子の場合は、養父母が親権者となる」とされているので、日本人の養親が親権者になる。

また、離縁した場合の親権者についても、養子の本国法又は常居所地法によって決定することになる。例えば、右の事例で、韓国人の養子と日本人養親の離縁後の親権者については、本国法が同一でないから、養子の常居所地法によることになるが、常居所が日本であれば、準拠法は日本法になるので、日本の民法によって離縁後の親権者は養子の実親になる（民八一一条二項）。もし、常居所が韓国であれば、準拠法は韓国法になるから、韓国の民法によって、縁組の代諾をした者が離縁の協議をし、離縁後の親権者になる（韓国民法八九九条・八六九条・九〇九条）〔注〕。

二　日本人が外国人の養子となった場合の親権者及び離縁した場合の親権者

日本人が外国人の養子となった場合は、国籍が同一でないから、当然本国法も同一でない。この場合の親権についての準拠法は、子の常居所地法になる（通則法三二条）。したがって、養子の常居所が日本であれば、日本法が準拠法になるから、養子の親権者は外国人の養親になる（民八一八条二項）。また、離縁した後の親権者についても日本法が準拠法になるから、離縁後の養子の実親が親権者になる。

養子の常居所が外国であるときは、当該常居所地法が準拠法になることは**一**で述べた場合と同様である。

〔注〕　韓国民法の改正（二〇一二年法律第一一三〇〇号）により、同法の施行日である平成二五年七月一日以降は、養子が未成年者である場合の協議離縁は認められないこととなり（改正韓国民法八九八条）、養子離縁後の親権者については、実父母の一方又は双方、未成年者、未成年者の親族が、家庭法院に実父母の一方又は双方を親権者と指定することを請求する取扱いに変更される（改正韓国民法九〇九条の二）。

問69　日本人が外国人を認知した場合、又は、日本人が外国人に認知された場合の親権はどうなるか。

答　いずれも子の常居所地法によって親権者が定められる。

解説

一　日本人が外国人を認知した場合の親権

認知は、子の出生当時の父の本国法による（通則法二九条一項前段）か、認知当時の認知する父又は子の本国法による（通則法二九条二項）とされている。ただし、認知する者の本国法による場合は、認知当時の子の本国法が、その子又は第三者の承諾又は同意があることを要件としているときは、その要件（これを「保護要件」と呼ぶ。）をも備えなければならない（通則法二九条一項後段・二項後段）。

認知された子の親権については、親子間の法律関係になるが、通則法第三二条は、子の本国法が父又は母の本国法と同一の場合は、子の本国法によるとし、本国法が同一でないときは、子の常居所地法によるとしている。

設問の場合、認知された外国人とその母の本国法が同一のときは、子の本国法によって認知後の親権者が定められることになる。また、母と子の本国法が同一でないときは、子の常居所地法によることになるが、子が日本に常居所を有する場合は、日本法が準拠法となる。日本の民法は、認知によっては親権者は変わることはないとしている。ただし、父と親権者である母の協議又は協議に代わる審判によって、父を親権者に指定することができるとしている（民八一九条四項）。子の常居所が外国である場合は、常居所地法によることになる。

二　日本人が外国人に認知された場合の親権

この場合は、母の国籍も日本であるのが普通であるから、母と子の本国法は同一ということになる。したがって、日本の法律が準拠法になるが、日本の民法は、認知によっては親権者は変わらないとしている。認知後に父母の協議によって父を親権者に指定できることは、前記一で述べたとおりである。

母が日本国籍でない場合は、子と母の本国法が同一でないときに当たるから、この場合は、子の常居所地法が準拠法になるが、子が日本に常居所を有するときは、日本の法律が準拠法になる。日本の民法は、認知によっては親権者が変わらないこと及び親権者を父に指定できることは、前記一で述べたとおりである。

第十三　親権・管理権の届出及び戸籍の処理

一　届出の要件

問70　親権・管理権届の届出地、届出期間及び届出義務者（届出人）は、どのようになっているか。

答(1)　届出地は、子及び父母の本籍地又は届出人の所在地である。

(2)　届出期間は、審判等による親権者指定又は変更等の届出は、審判等の確定の日から一〇日以内である。なお、協議による親権者指定届及び親権・管理権の辞任届又は回復届は、届出により効力が生ずる創設的届出であるから届出期間という概念はない。

(3)　届出義務者は、審判等による親権者の指定又は変更届の場合のようないわゆる報告的届出は、親権者指定の場合は父又は母であり、親権者変更の場合は、新たに親権者になった父又は母である。親権喪失、親権停止又は管理権の喪失の審判取消届の場合は、審判の申立人である。なお、協議による親権者指定届、親権辞任届・回復届のように届出によって効力が生ずる創設的届出は、届出義務者という概念はないが、届出をする場合の届出人は父母である。

解説

一　親権・管理権届の届出地

(1)　協議による親権者指定届は、届出事件本人である子、父、母の本籍地又は届出人である父又は母の所在地でする（戸二五条）。

(2)　父母の協議に代わる審判に基づく親権者指定届は、届出事件本人である子、親権者となった父又は母の本籍地でする。また、届出人（親権者となった父又は母）の所在地ですることもできる（戸二五条・七九条・六三条）。

(3)　親権者変更届は、届出事件本人である子の本籍地、又は親権者に定められた父又は母の本籍地又は所在地でする（戸二五条）。

(4)　親権喪失、親権停止又は管理権喪失の審判取消届は、子又は審判の取消しを受けた父又は母の本籍地でする。また、親権喪失、親権停止又は管理権喪失の審判取消しの審判の申立人（本人又はその親族が申立てをすることができるので、取消しを受ける者とは限らない。）は、取消届の届出義務があるから、その者が届出をするときは、その者の所在地ですることができる（戸二五条・七九条・六三条）。

(5)　親権・管理権辞任届又は回復届は、子の本籍地又は辞任・回復する父又は母の本籍地若しくは所在地でする（戸二五条・八〇条）。

二　親権・管理権届の届出期間

(1)　親権者の指定について、父母の協議に代わる審判がされた場合（民八一九条三項・四項・五項）の親権者指定届は、審判確定の日（調停成立の場合は成立の日）から一〇日以内にする（戸七九条・六三条）。

なお、協議による親権者指定届は、届出によって効力が生ずる創設的届出であるから、届出期間という概念はない。

(2)　親権者変更の審判がされたとき（民八一九条六項）の変更届は、審判確定の日（調停成立の場合は成立の日）から一〇日以内にする（戸七九条・六三条）。

(3)　親権喪失、親権停止又は管理権喪失の審判の取消しの審判がされたとき（民八三六条）の取消届は、審判確定の日から一〇日以内にする（戸七九条・六三条）。

(4)　親権・管理権辞任届は、辞任については家庭裁判所の許可を要する（民八三七条一項）が、許可の審判だけでは効力は生じない。戸籍の届出によって辞任の効力が生ずる創設的届出である（戸八〇条）。したがって、許可の日から、何日以内に届出しなければならないというような届出期間はない。許可を得ても届出をしない限り辞任の効力は生じない。

(5)　親権・管理権回復届は、回復については辞任の場合と同様に家庭裁判所の許可を要する（民八三七条二項）。その他についても(4)の辞任届の場合と同様である。

三　親権・管理権届の届出人又は届出義務者

(1)　協議による親権者指定届は、届出によって効力が生ずる創設的届出であるから、届出義務者という概念はない。ただ、この指定届は父母が協議して届出するものであるから、届出人は父母ということになる（戸七八条）。

(2)　親権・管理権辞任届及び回復届は、辞任又は回復について家庭裁判所の許可を要するが、辞任又は回復の効力は、戸籍の届出によって生ずる創設的届出である。したがって、届出義務者という概念はないが、届出人は、辞任又は回復する父又は母である（戸八〇条）。

(3)　父母の協議に代わる審判に基づく親権者指定届は、親権者に指定された父又は母が届出義務者である（戸七九条）。

(4)　親権者変更届は、審判又は調停によって親権者に定められた父又は母が届出義務者である（戸七九条）。親権者変更の審判又は調停の申立ては、父又は母のほか、子の親族からもすることができるが、親権者変更届は親権者に定められた父又は母であることに変わりはない。

(5) 親権喪失、親権停止又は管理権喪失の審判取消届は、取消しの審判の申立人が届出義務者になる（戸七九条）。取消しの審判の申立ては、本人又はその親族がすることができる（民八三六条）ので、その申立人が届出義務者ということになる（戸七九条）。

問71　親権・管理権の届書に添付すべき書類は、どのようになっているか。

答(1)　審判等による親権者指定届及び親権者変更届の場合は、審判書の謄本及び審判の確定証明書又は調停調書の謄本を添付する。

(2)　親権喪失、親権停止又は管理権喪失の審判取消届の場合は、審判書の謄本及び審判の確定証明書を添付する。

(3)　親権・管理権辞任届及び親権・管理権回復届の場合は、許可書の謄本を添付する。

解説

一　父母の協議に代わる審判等に基づく親権者指定届の添付書類

子の出生前に父母が離婚し、離婚後に出生した嫡出子の親権は母が行使する（民八一九条三項）。この親権を父が行使するには、子の出生後に父母が協議して、親権者が父に指定されなければならない（同項ただし書）。また、嫡出でない子の親権は母が行使するが、認知した父が親権を行使するには、父母が協議して父が親権者に指定されなければならない（民八一九条四項）。もし、これらの場合において、父母の協議が調わないとき、又は協議をすることができないときは、父又は母の請求によって、家庭裁判所は協議に代わる審判（又は調停）をすることになる（民八一九条五項）。

父母の協議に代わる審判が確定（又は調停が成立）したとき（家事七四条二項・八五条・二六八条）は、親権者指定届をすることになる（戸七九条・六三条）が、この場合の添付書類は、審判の場合は、審判書の謄本と審判の確定証明書である。調停による場合は、調停調書の謄本である。

二　親権者変更届の添付書類

父母の離婚によって、その一方を親権者に指定した場合、又は前記**一**のように協議又は協議に代わる審判等によって父母の一方を親権者に指定した場合には、指定された父又は母が親権を行使することになる。その後、親権者を他の一方に変更するには、子の親族が、家庭裁判所に親権者変更の申立てをしなければならない。家庭裁判所は、子の利益のため必要があると認めるときは、親権者変更の審判又は調停をすることになる（民八一九条六項、家事三九条・別表第二の八項・二四四条）。

親権者変更の審判が確定（又は調停が成立）したときは、親権者変更届をすることになる（戸七九条・六三条）が、この場合の添付書類は、審判の場合は、審判書の謄本と審判の確定証明書である。調停による場合は、調停調書の謄本である。

三　親権喪失、親権停止又は管理権喪失の審判取消届の添付書類

親権喪失、親権停止又は管理権喪失の事由となった原因（**問53・54**参照）が止んだときは、本人、その親族又は児童相談所長の請求により、家庭裁判所はその審判を取り消すことができる（民八三六条、児童福祉法三三条の七、家事三九条・別表第一の六八項）。この取消しの審判が確定したときは、親権喪失、親権停止又は管理権喪失の審判取消届をすることになる（戸七九条・六三条）が、この場合の添付書類は、審判書の謄本及び審判の確定証明書である。

四　親権・管理権辞任届の添付書類

親権を行使する父又は母は、やむを得ない事由があるときは、家庭裁判所の許可を得て、親権又は管理権を辞任することができる（民八三七条一項、家事三九条・別表第一の六九項。なお、**問61**参照）。この辞任の許可の審判がされたときは、辞任届をすることになる（戸八〇条）が、この場合の添付書類は、許可の審判書の謄本である。

五　親権・管理権回復届の添付書類

親権を行使する父又は母が、やむを得ない事由によって親権又は管理権を辞任している場合、その事由が止んだときは、家庭裁判所の許可を得て親権又は管理権を回復することができる（民八三七条二項、家事三九条・別表第一の六九項。なお、**問62**参照）。この回復許可の審判がされたときは、回復届をすることになる（戸八〇条）が、この場合の添付書類は、許可の審判書の謄本である。

二　届書の審査

問72　親権者指定届が窓口に提出された場合、審査のポイントは何か。

答　後述（解説）のとおりである。

解説

一　協議による親権者指定届

協議により親権者を指定する場合は、父母が協議をする当事者であるから、その協議について、戸籍の届書によりこれを明らかにするため、父母双方から親権者指定の届出をしなければならない。一方からの届出は受理できないし、また、協議の結果を記載した書類を添付して一方からの届出も認められない。なお、指定届がされる場合の具体例は、以下のとおりである。

1　父母の離婚後に出生した嫡出子の親権者を父に指定する場合

父母の離婚後に出生した嫡出子の親権者は母である（民八一九条三項本文）が、子が出生した後に父母の協議で父を親権者に指定することができる（同項ただし書）。

この場合の親権者指定届は、協議者である父母の双方が届出人にならなければならない。父又は母が後見（保佐）開始の審判等を受けた者であっても意思能力を有する限り自ら協議し、届出をすることになる。

2　父が認知した嫡出でない子の親権者を父に指定する場合

嫡出でない子の親権者は母であるが、父が認知したときは、父母の協議で父を親権者に指定することができる（民八一九条四項）。この場合の親権者指定届の届出人は父母双方である。なお、親権者が未成年者であっても意思能力を有する限り自ら協議し、届出をすることになる。親権代行者が代わって協議したり、届出をすることはできない（昭和二六・三・六民事甲四一二号回答）。

3　一五歳未満の養子が離縁をするとき、実父母が離婚しているため、離縁後に親権者となるべき者を指定する場合

一五歳未満の養子が養子離縁をするとき、当該縁組につき代諾した父母が、その後に離婚している場合は、その協議で、その一方を養子の離縁後に親権者となるべき者と定め、その者が養親と離縁の協議をすることになる（民八一一条二項・三項）。

離縁後の親権者に定められた者が親権を行使することになるのは、離縁の届出が受理されたときからである。この場合の親権者指定届は、戸籍法第七八条に準じて父母双方が届出人となって届出をする。

右の親権者指定届は、創設的届出であるため届出期間はないが、離縁の届出から一〇日を経過しても届出がないときは、戸籍法第四四条により処理するのが相当とされている（昭和三七・六・二九民事甲一八三九号回答）。なお、親権者指定届は離縁届と同時に提出するよう指導するのが望ましいとされている（昭和三七・六・二九民事甲一八三七号回答）が、同時に届出しないで、後から届出されたときは、離縁の成立が届出の要件であるから、もし、親権者指定届が非本籍地にされた場合は、離縁の記載がされた戸籍謄（抄）本の添付を求めて確認をする必要がある。また、親権を行使する始期は離縁の届出が受理された日であり、その日は親権事項の冒頭に記載されるので、親権者指定届書の「その他」欄に「未成年者甲野太郎は、平成九年八月七日養父乙野忠吉養母松子と離縁届出」と記載させるのが望ましい（三　親権・管理権の届出事例及び戸籍記載等の処理例2参照）。

親権者指定届は、先に述べたとおり離縁の届出と同時にすることが望ましいとされているが、同時に届出をする場合は、離縁届書の「その他」欄に「離縁後における親権者は母乙野梅子（又は父甲野義太郎）と定める親権者指定届書を別件で同時提出した。」と記載し、親権者の指定についての父母の協議書の添付を省略することができる（前掲一八三七号回答、同一八三九号回答）。

二　裁判による親権者指定届

1　届出義務者から届出されているか

父母の協議に代わる審判（又は調停）によって親権者が指定されたとき（民八一九条五項）は、指定された者が届出人になる（戸七九条）。

2　審判確定後の届出であるか

審判に対しては即時抗告が許されている（家事一六七条・一七二条一項一〇号）ので、二週間以内に即時抗告がないときに審判は確定し、指定の効力が生ずる。親権者指定届は審判確定後に届出されなければならない。調停の場合は、当事者間に合意が成立し、これを調書に記載したときに調停は成立する（家事二六八条一項）から、その日に親権者が定められたことになる。

3　審判書の謄本及び審判の確定証明書又は調停調書の謄本が添付されているか

審判による親権者の指定は、審判が確定したときに効力が生じるので、親権者指定届には審判書の謄本と審判の確定証明書を添付しなければならない。

また、調停により親権者の指定がされたときは、調停調書の謄本を添付しなければならない。

4　届書に審判確定の年月日又は調停成立の年月日が記載されているか

届書には一般的記載事項（戸二九条）のほかに、審判確定の年月日又は調停成立の年月日を記載しなければならない（戸七九条・六三条）。この年月日は添付されている確定証明書又は調停調書の謄本と合致していなければならない。

問73　親権者変更届が窓口に提出された場合、審査のポイントは何か。

答　後述（解説）のとおりである。

解説

1　届出義務者から届出されているか

親権者の変更は、審判の確定（又は調停の成立）によって効力が生ずる。親権者変更の審判の申立ては、父母以外の子の親族もできるが、親権者変更届の届出義務者は、審判によって親権者に定められた父又は母である（戸七九条）。

2　審判確定後の届出であるか

親権者変更の審判に対しては即時抗告が許されている（家事一六七条・一七二条一項一〇号）ので、二週間以内に即時抗告がないときに審判は確定し、変更の効力が生ずる。親権者変更届は審判確定後に届出されなければならない。調停の場合は、当事者間に合意が成立し、これを調書に記載したときに調停は成立する（家事二六八条一項）から、その日に親権者が変更されたことになる（三　親権・管理権の届出事例及び戸籍記載等の処理例3参照）。

もし、審判の確定前に親権者変更届がされ、これが誤って受理された場合、その届出は無効である。その後に審判確定年月日の追完届がされても、追完届による処理はできないから、改めて親権者変更届をしなければならない（昭和二九・七・二八民事甲一五〇三号回答）。

3　審判書の謄本及び審判の確定証明書又は調停調書の謄本が添付されているか

審判による親権者の変更は、審判が確定したときに効力が生じるので、親権者変更届には審判書の謄本と審判の確定証明書を添付しなければならない。

また、調停により親権者の変更がされたときは、調停調書の謄本を添付しなければならない。

4　届書に審判確定の年月日又は調停成立の年月日が記載されているか

届書には一般的記載事項（戸二九条）のほかに、審判確定の年月日又は調停成立の年月日を記載しなければならない（戸七九条・六三条）。この年月日は添付されている確定証明書又は調停調書の謄本と合致していなければならない。

問74　親権喪失、親権停止又は管理権喪失の審判取消届が窓口に提出された場合、審査のポイントは何か。

答　後述（解説）のとおりである。

解説

1　届出義務者から届出されているか

親権喪失、親権停止又は管理権喪失の審判の取消しは、本人、その親族又は児童相談所長から申立てをすることができ（民八三六条、児童福祉法三三条の七）、取消しの審判が確定したときは、申し立てた者が喪失又は停止の審判の取消届をすることになる（戸七九条）。取消しの審判を受けた者とは限らないので留意を要する。

2　審判確定後の届出であるか

親権喪失、親権停止又は管理権喪失の審判の取消しの審判に対しては、即時抗告が許されている（家事一七二条一項五号）ので、二週間以内に即時抗告がないときに審判は確定し、取消しの効力が生ずる。喪失又は停止の審判の取消届は審判確定後に届出されなければならない。

3　審判書の謄本及び審判の確定証明書が添付されているか

親権喪失、親権停止又は管理権喪失の審判の取消しの審判は、審判が確定したときに効力が生じるので、喪失又は停止の審判の取消届には審判書の謄本と審判の確定証明書を添付しなければならない。

4　届書に審判確定の年月日が記載されているか

届書には一般的記載事項（戸二九条）のほかに、審判確定の年月日を記載しなければならない（戸七九条・六三条）。

この年月日は添付されている確定証明書と合致していなければならない。

問75　親権・管理権辞任届又は親権・管理権回復届が窓口に提出された場合、審査のポイントは何か。

答　後述（解説）のとおりである。

解説　**一　親権・管理権辞任届の場合**

1　正当な届出人から届出されているか

親権・管理権辞任届は、辞任しようとする父又は母から届出されなければならない（戸八〇条）。この辞任届は、届出の前提として家庭裁判所の辞任許可の審判を得る必要があるが、辞任の効力は届出によって生ずる。

2　辞任の許可の審判を得ているか

辞任する場合は、家庭裁判所の許可を要する（民八三七条一項）。この許可は効力発生の絶対的要件と解されているから、許可を得ない辞任届は、誤って受理されても効力は生じない（青木義人・大森政輔「全訂戸籍法」三六八頁）。

3　許可の審判書の謄本が添付されているか

親権辞任届には許可の審判書の謄本を添付しなければならない（三　親権・管理権の届出事例及び戸籍記載等の処理例5参照）。

二　親権・管理権回復届の場合

1　正当な届出人から届出されているか

親権・管理権回復届は、回復しようとする父又は母から届出されなければならない（戸八〇条）。この回復届は、届出の前提として家庭裁判所の回復許可の審判を得る必要があるが、回復の効力は届出によって生ずる。

2　回復許可の審判を得ているか

親権・管理権を回復する場合は、家庭裁判所の許可を要する（民八三七条二項）。この許可は効力発生の絶対的要件と解されているから、許可を得ない回復届は、誤って受理されても効力は生じない（青木義人・大森政輔「全訂戸籍法」三六八頁）。

3　許可の審判書の謄本が添付されているか

親権・管理権回復届には、許可の審判書の謄本を添付しなければならない。

三　親権・管理権の届出事例及び戸籍記載等の処理例

1　親権の戸籍記載に関する事件の種別と諸要件

民法等の一部を改正する法律（平成二三年法律六一号・平成二四年四月一日施行）により、児童虐待防止の観点から、親権喪失に関する規定の改正が行われた。主な改正点は、次のとおりである。

・親権停止制度の創設（民八三四条の二）
・親権喪失原因及び管理権喪失原因の見直し（民八三四条・八三五条）
・親権喪失等の審判の請求権者の見直し（民八三四条・八三五条）

これらの改正に伴い、戸籍記載に関する届出及び嘱託の規定も改められた。主な改正点は、次のとおりである。

①　親権停止に関する記載嘱託（家事規七六条一項一号）、及び、親権停止取消しの届出の規定の新設（戸七九条）

②　親権喪失宣告届の廃止

改正前は、父母の一方が親権（管理権）喪失の宣告を受けた場合は、失権宣告を受けない他方の親権者により親権（管理権）喪失宣告の届出をすることとされていたが（改正前戸七九条）、改正後は、親権（管理権）喪失の審判がなされた場合には、すべて、裁判所書記官からの嘱託により戸籍の記載をすることとされた（家事規七六条一項一号）。

改正後の親権に関する届出事件の種別とその諸要件及び戸籍の記載につき届出又は嘱託のいずれによるべきかを図示すると、以下の【表1】【表2】のとおりである。

【表１】届出により戸籍に記載するもの（親権）

事件の種別	記載方法	届出期間	届出義務者	添付書類	裁判所からの通知	根拠条文
親権者指定〔協議〕（法定105）	届出	届出により効力を生ずる	父母	—	—	民819Ⅲ・Ⅳ，戸79
親権者指定〔裁判〕（法定106）	届出	調停成立又は審判確定の日から10日以内	親権者	調停調書又は審判の謄本及び確定証明書	あり	民819Ⅴ，戸79，家事規95
親権者変更（法定107）	届出	調停成立又は審判確定の日から10日以内	親権者	調停調書又は審判の謄本及び確定証明書	あり	民819Ⅵ，戸79，家事規95
親権喪失・管理権喪失の審判取消し（法定110）	届出	審判確定の日から10日以内	審判の申立人	審判の謄本及び確定証明書	あり	民836，戸79，家事規95
親権停止の審判取消し（法定111）	届出	審判確定の日から10日以内	審判の申立人	審判の謄本及び確定証明書	あり	民836，戸79，家事規95
親権・管理権辞任（法定112）	届出	届出により効力を生ずる	辞任者	許可書の謄本	なし	民837Ⅰ，戸80
親権・管理権回復（法定113）	届出	届出により効力を生ずる	回復者	許可書の謄本	なし	民837Ⅱ，戸80

【表２】嘱託により戸籍に記載するもの（親権）

事件の種別	記載方法	申立権者	管轄裁判所	根拠条文
親権喪失（法定108）	嘱託	子，子の親族，未成年後見人，未成年後見監督人，検察官，児童相談所長	子の住所地を管轄する家庭裁判所	民834，家事116・167，家事規76Ⅰ①，児福33の７
管理権喪失（法定108）	嘱託	子，子の親族，未成年後見人，未成年後見監督人，検察官，児童相談所長	同上	民835，家事116・167，家事規76Ⅰ①，児福33の７
親権停止（法定109）	嘱託	子，子の親族，未成年後見人，未成年後見監督人，検察官，児童相談所長	同上	民834の２，家事116・167，家事規76Ⅰ①，児福33の７

2　一五歳未満の養子が協議離縁するとき、離縁後の親権者となるべき父母が離婚しているため、父母の協議で親権者を母と定める親権者指定届を、母の所在地の市町村長にする場合

一五歳未満の養子が離縁するときは、養子の離縁後に法定代理人となるべき者が、養子に代わって養親と離縁の協議をすることになる（民八一一条二項）。

養子縁組の際は父母の代諾によって縁組したが、離縁のときに父母が離婚している場合は、離縁後の法定代理人（親権者）となるべき者を、父母の協議又は協議に代わる審判によって、その一方に定めなければならない（民八一一条三項・四項）。

本事例は、父母の協議で母を養子の離縁後の法定代理人（親権者）となるべき者に定め、離縁届がされた後に届出する場合である。この親権者指定届は、離縁届と同時にするのが望ましく、また、同時に届出ができない場合でも、離縁届の日から一〇日以内に届出をすることとされている（問30、問72参照）。

〔図１〕

親権（管理権）届

平成 26 年 7 月 10 日 届出

東京都江戸川区 長 殿

受理 平成26年7月10日 第 8901 号			発送 平成26年7月11日			
送付 平成26年7月12日 第 7462 号			東京都江戸川区 長 印			
書類調査	戸籍記載	記載調査				

	未成年者		親権者（管理権者）	
（よみかた）	こうの	たろう	へいかわ	うめこ
氏名	氏 甲野	名 太郎	氏 丙川	名 梅子
生年月日	平成 20 年 7 月 3 日		昭和 46 年 3 月 4 日	
住所（住民登録をしているところ）	東京都江戸川区清新町 七丁目8 ~~番地~~ 番 9 号		左に同じ 番地 番 号	
本籍	東京都千代田区平河町 一丁目10 番地 ~~番~~		東京都中央区日本橋 五丁目6 番地 ~~番~~	
	筆頭者の氏名 甲野 義太郎		筆頭者の氏名 丙川 梅子	
届出事件の種別	☑親権者指定 □親権喪失取消 □親権辞任 □管理権喪失取消 □管理権回復 □親権者変更 □親権停止取消 □親権回復 □管理権辞任			
	☑父母（養父母）の協議 □許可の審判 年 月 日 □調停 年 月 日成立 □審判 年 月 日確定			
その他	未成年者甲野太郎は、平成26年7月5日養父乙野忠吉養母松子と離縁届出			

	届出人	
資格	親権者（□父 ☑母 □養父 □養母） □その他（ ）	（親権者指定の協議の相手方が書いてください） 親権者（☑父 □母 □養父 □養母）
住所	東京都江戸川区清新町 七丁目8 ~~番地~~ 番 9 号	東京都千代田区大手町 一丁目3 ~~番地~~ 番 4 号
本籍	東京都中央区日本橋五丁目 6 番地 ~~番~~ 筆頭者の氏名 丙川 梅子	東京都千代田区平河町一丁目 10 番地 ~~番~~ 筆頭者の氏名 甲野義太郎
署名押印	丙川 梅子 ㊞	甲野 義太郎 ㊞
生年月日	昭和 46 年 3 月 4 日	昭和 44 年 2 月 4 日

【戸籍受附帳の記載】

〔図2〕

東京都江戸川区（受理した市区町村・非本籍地）

受附番号	受理送付の別	受附月日（事件発生月日）	件名	届出事件本人の氏名（届出人の資格氏名）	本籍又は国籍	備考
八九〇一	受理	七月一〇日	親権者指定	甲野太郎 甲野義太郎 丙川梅子	千代田区平河町一丁目一〇番地 右に同じ 中央区日本橋五丁目六番地	太郎の親権者を母梅子と定める協議 七月五日太郎と養父母の離縁届出 七月一一日発送

東京都千代田区（送付された市区町村・本籍地）

受附番号	受理送付の別	受附月日（事件発生月日）	件名	届出事件本人の氏名（届出人の資格氏名）	本籍又は国籍	備考
七四六二	送付	七月一二日	親権者指定	甲野太郎 甲野義太郎 丙川梅子	平河町一丁目一〇番地 右に同じ 中央区日本橋五丁目六番地	太郎の親権者を母梅子と定める協議 七月五日太郎と養父母の離縁届出 七月一〇日江戸川区長受理

〔図3〕

本籍	東京都千代田区平河町一丁目十番地
氏名	甲野義太郎

（編製事項省略）

（出生事項省略）

平成弐拾六年七月五日養父乙野忠吉養母松子と協議離縁届出（協議者親権者となるべき母）同月七日東京都江戸川区長から送付東京都中野区本町九丁目八番地乙野忠吉戸籍から入籍㊞

平成弐拾六年七月五日母親権者となる同月拾日父母届出同月拾弐日東京都江戸川区長から送付㊞

父	甲野義太郎
母	丙川梅子
	長男
	太郎
出生	平成弐拾年七月参日

〔図4〕

子の戸籍（コンピュータシステムによる証明書記載例）

（1の1）　全部事項証明

本　　籍 氏　　名	東京都千代田区平河町一丁目１０番地 甲野　義太郎
戸籍事項 編製事項	編製事項省略
戸籍に記録されている者	【名】太郎 【生年月日】平成２０年７月１３日 【父】甲野義太郎 【母】丙川梅子 【続柄】長男
身分事項 出　　生	（出生事項省略）
養子離縁	【離縁日】平成２６年７月５日 【養父氏名】乙野忠吉 【養母氏名】乙野松子 【協議者】親権者となるべき母 【送付を受けた日】平成２６年７月７日 【受理者】東京都江戸川区長 【従前戸籍】東京都中野区本町九丁目８番地　乙野忠吉
親　　権	【親権者となった日】平成２６年７月５日 【親権者】母 【届出日】平成２６年７月１０日 【届出人】父母 【送付を受けた日】平成２６年７月１２日 【受理者】東京都江戸川区長
	以下余白

発行番号

3　親権者を父から母に変更する調停が成立し、親権者変更届を母の所在地の市町村長にする場合

父母の一方が親権者になっている場合としては、①父母が離婚の際に一方が親権者に指定されているとき、②父が、認知した子の親権者に指定されているとき、③父母の離婚後に出生した嫡出子の親権者に父が指定されているとき、④一五歳未満の養子が協議離縁するとき、父母が離婚しているため、離縁後の親権者に父母の一方が指定されているとき、⑤父母の一方が親権者に指定された後、親権者が他の一方に変更されているとき、等がある。

このように父母の一方が親権者になっている場合に、その親権者が子の福祉のために不適当であることが判明した場合、又は事情変更により親権者を他の一方に変更するのが適当である場合等には、子の親族の請求により家庭裁判所は、親権者変更の審判（又は調停）をすることができる（民八一九条六項）。

本事例は、父から母に親権者変更の調停が成立した場合の親権者変更届である（**問47**、**問73**参照）。

〔図５〕

親権（管理権）届 平成 25 年 10 月 21 日　届出 東京都中央区　長殿	受理　平成25年10月21日 第　7643　号	発送　平成25年10月22日 東京都中央区　長 印
	送付　平成25年10月23日 第　8531　号	
	書類調査 ｜ 戸籍記載 ｜ 記載調査	

	未成年者		親権者（管理権者）	
（よみかた）	こう　やま	みち　お	へい　の	よし　こ
氏名	氏 甲　山	名 道　夫	氏 丙　野	名 良　子
生年月日	平成 22 年 9 月 11 日		昭和 58 年 2 月 15 日	
住所 （住民登録をしているところ）	東京都中央区日本橋 三丁目４ ~~番地~~ 番 ５ 号		左に同じ 番地 番　号	
本籍	東京都千代田区平河町 一丁目20 番地 ~~番~~ 筆頭者の氏名　甲　山　義　助		東京都渋谷区神南 五丁目100 番地 ~~番~~ 筆頭者の氏名　丙　野　良　子	
届出事件の種別	□親権者指定　□親権喪失取消　□親権辞任　□管理権喪失取消　□管理権回復 ☑親権者変更　□親権停止取消　□親権回復　□管理権辞任 □父母（養父母）の協議　□許可の審判　年　月　日 ☑調停　平成25 年 10 月 13 日成立　□審判　年　月　日確定			
その他	添付書類　調停調書の謄本			

届出人		
資格	親権者（□父　☑母　□養父　□養母） □その他（　　　　）	（親権者指定の協議の相手方が書いてください） 親権者（□父　□母　□養父　□養母）
住所	東京都中央区日本橋 三丁目４ ~~番地~~ 番 ５ 号	番地 番　号
本籍	東京都渋谷区神南五丁目 100 番地 ~~番~~　筆頭者の氏名　丙野　良子	番地 番　筆頭者の氏名
署名押印	丙　野　良　子　㊞	印
生年月日	昭和 58 年 2 月 15 日	年　月　日

【戸籍受附帳の記載】

〔図６〕

東京都中央区（受理した市区町村・非本籍地）

受附番号	受理送付の別	受附月日（事件発生月日）	件名	届出事件本人の氏名（届出人の資格氏名）	本籍又は国籍	備考
七六四三	受理	一〇月二一日	親権者変更	甲山道夫 甲山義助 丙野良子 （母　丙野良子）	千代田区平河町一丁目二〇番地 右に同じ 渋谷区神南五丁目百番地	道夫の親権者を母良子に変更 一〇月二二日発送

東京都千代田区（送付された市区町村・本籍地）

受附番号	受理送付の別	受附月日（事件発生月日）	件名	届出事件本人の氏名（届出人の資格氏名）	本籍又は国籍	備考
八五三一	送付	一〇月二三日	親権者変更	甲山道夫 甲山義助 丙野良子 （母　丙野良子）	平河町一丁目二〇番地 右に同じ 渋谷区神南五丁目百番地	道夫の親権者を母良子に変更 一〇月二一日中央区長受理

【戸籍の記載】　子の戸籍

〔図7〕

本籍　東京都千代田区平河町一丁目二十番地

氏名　甲山義助

（編製事項省略）

平成弐拾弐年九月拾壱日東京都渋谷区で出生同月弐拾日母届出入籍㊞

親権者母㊞

平成弐拾参年弐月八日親権者を父と定める旨父母届出㊞

平成弐拾五年拾月拾参日親権者を母に変更の調停成立同月弐拾壱日
母届出同月弐拾参日東京都中央区長から送付㊞

父　甲山義助

母　丙野良子

長男

道夫

出生　平成弐拾弐年九月拾壱日

〔図8〕

子の戸籍（コンピュータシステムによる証明書記載例）

（1の1）　全 部 事 項 証 明

本　　籍	東京都千代田区平河町一丁目２０番地
氏　　名	甲山　義助
戸籍事項 編製事項	編製事項省略
戸籍に記録されている者	【名】道夫 【生年月日】平成２２年9月１１日 【父】甲山義助 【母】丙野良子 【続柄】長男
身分事項 出　　生	（出生事項省略）
親　　権	【親権者を定めた日】平成２３年2月8日 【親権者】父 【届出人】父母
親　　権	【親権者変更の調停成立日】平成２５年１０月１３日 【親権者】母 【届出日】平成２５年１０月２１日 【届出人】母 【送付を受けた日】平成２５年１０月２３日 【受理者】東京都中央区長
	以下余白

発行番号

4　親権者である父について、親権喪失の審判確定による戸籍記載の嘱託があった場合

未成年の子に対し、親権者である父又は母による虐待又は悪意の遺棄があるとき、その他父又は母による親権の行使が著しく困難又は不適当であることにより子の利益を著しく害するときは、家庭裁判所は、子、その親族、未成年後見人、未成年後見監督人又は検察官の請求により、その父又は母について親権喪失の審判をすることができる（民八三四条）。

本事例は、父について親権喪失の審判がされ、その審判が確定した場合である。この場合には、家庭裁判所の書記官から本籍地の市町村長に対し親権喪失についての戸籍記載の嘱託がなされることとされた（家事一一六条二号・別表第一の六七項、家事規七六条一項一号）。したがって、従来の父母の一方が親権喪失の宣告を受けた場合、他の一方による親権喪失の届出は廃止された（平成二三年法律六一号、平成二四年最高裁規則八号、戸七九条、法定記載例一〇八）。

〔図９〕

書式１　（親権喪失型）

（事件番号）平成 26 年（家）第　2897　号

戸籍記載嘱託書	（受付印欄）
東京都千代田区長 殿 平成 26 年 10 月 8 日 東京家庭裁判所 裁判所書記官　小　林　一　夫　㊞	受付　平成 26 年 10 月 10 日 番号　第 8657 号

原因を証する書面	☑ 審判書謄本　□ 決定書謄本
未成年者，親権者の氏名，戸籍の表示等	☑ 別添審判書（決定書）謄本のとおり （複数掲げられている場合には，その全員についての記載を嘱託する。） 未成年者の戸籍筆頭者の氏名（　乙　川　松　男　）※ □ 別紙目録のとおり
戸籍記載の原因	別添審判書（決定書）謄本の裁判の確定 （戸籍記載の原因が生じた日） ☑ 平成　26　年　10　月　7　日 □ 親権者（　　　　）につき平成　年　月　日 　親権者（　　　　）につき平成　年　月　日

戸籍の記載をすべき事項 戸籍の記載事項の対象となる裁判は下記の該当数字を○で囲んだもの （確定・発効・失効の別は，「戸籍記載の原因」欄記載のとおり）
① 親権喪失の裁判
2　管理権喪失の裁判
3　親権停止の裁判

家事事件手続法第 116 条に基づく戸籍記載嘱託事務としてこの嘱託により戸籍記載がされたことを確認するため，この嘱託に基づく記載がされた戸籍の謄本の交付を請求する。

裁判所書記官　小　林　一　夫　㊞

※　戸籍筆頭者が区々である場合には，審判書（決定書）謄本記載の順序で，「，」で区切って各筆頭者を記載する。

【戸籍受附帳の記載】

東京都千代田区（受理した市区町村・本籍地）

〔図10〕

受附番号	受理送付の別	受附月日（事件発生月日）	件名	届出事件本人の氏名（届出人の資格氏名）	本籍又は国籍	備考
八六五七	受理	一〇月一〇日（一〇月七日確定）	親権喪失（嘱託）	乙川花子 乙川松男	平河町一丁目一〇番地 右に同じ	父松男の親権喪失の裁判確定 東京家庭裁判所から嘱託

（注）
(1)　受附月日欄には裁判確定の月日を括弧書きし、件名欄には嘱託の旨を括弧書きする。
(2)　届出事件本人の氏名は未成年被後見人を先に記載する。
(3)　備考欄には、嘱託の主旨を記載する。

〔図11〕

本籍	東京都千代田区平河町一丁目十番地
氏名	乙川松男

（編製事項省略）

（出生事項省略）

平成弐拾六年拾月七日父親権喪失の審判確定同月拾日嘱託㊞（法定一〇八）

父	乙川松男
母	梅子
長女	
（名）	花子
出生	平成弐拾年四月五日

〔図12〕

子の戸籍（コンピュータシステムによる証明書記載例）

（1の1）　全部事項証明

本　　籍 氏　　名	東京都千代田区平河町一丁目１０番地 乙川　松男
戸籍事項 　戸籍編製	（編製事項省略）
戸籍に記録されている者	【名】花子 【生年月日】平成２０年４月５日 【父】乙川松男 【母】乙川梅子 【続柄】長女
身分事項 　出　　生	（出生事項省略）
親　　権	【親権喪失の審判確定日】平成２６年１０月７日 【親権喪失者】父 【記録嘱託日】平成２６年１０月１０日
	以下余白

発行番号

5　親権者である父が、家庭裁判所の許可を得て親権辞任届を所在地の市町村長にする場合

親権者である父又は母は、やむを得ない事由があるときは、家庭裁判所の許可を得て親権を辞任することができる（民八三七条一項）。

本事例は、父が親権辞任届をする場合である。この辞任により、共同親権の場合は母の単独親権になる。また、単独で親権を行使している者が親権を辞任した場合は未成年後見が開始することになる（問61、問75参照）。

〔図13〕

親権（管理権）届

平成 26 年 9 月 5 日 届出

札幌市東区 長 殿

受理 平成26年9月5日 第 3941 号	発送 平成26年9月6日
送付 平成26年9月8日 第 7453 号	札幌市東区 長 印
書類調査	戸籍記載	記載調査

	未成年者		親権者（管理権者）	
（よみかた）	こう の	よう いち	こう の	かず お
氏名	氏 甲野	名 洋一	氏 甲野	名 一夫
生年月日	平成 21 年 4 月 5 日		昭和 56 年 6 月 7 日	
住所	沖縄県名護市字宮里		札幌市東区北14条東	
（住民登録をしているところ）	452 番地 ~~番 号~~		八丁目 4 番地 ~~番 号~~	
本籍	東京都千代田区平河町		左に同じ	
	一丁目10 番地 ~~番~~		番地 番	
	筆頭者の氏名 甲野一夫		筆頭者の氏名	

届出事件の種別	□親権者指定 □親権喪失取消 ☑親権辞任 □管理権喪失取消 □管理権回復 □親権者変更 □親権停止取消 □親権回復 □管理権辞任
	□父母（養父母）の協議 ☑許可の審判 平成26年 9 月 1 日 □調停 年 月 日成立 □審判 年 月 日確定
その他	添付書類　許可の審判書の謄本

届出人		
資格	親権者（☑父 □母 □養父 □養母） □その他（　　　）	（親権者指定の協議の相手方が書いてください） 親権者（□父 □母 □養父 □養母）
住所	札幌市東区北14条東	
	八丁目 4 番地 ~~番 号~~	番地 番 号
本籍	東京都千代田区平河町一丁目	
	10 番地 ~~番~~ 筆頭者の氏名 甲野一夫	番地 番 筆頭者の氏名
署名 押印	甲野一夫 ㊞	印
生年月日	昭和 56 年 6 月 7 日	年 月 日

【戸籍受附帳の記載】

〔図14〕

札幌市東区（受理した市区町村・非本籍地）

受附番号	受理送付の別	受附月日（事件発生月日）	件名	届出事件本人の氏名（届出人の資格氏名）	本籍又は国籍	備考
三九四一	受理	九月五日	親権辞任	甲野洋一 甲野一夫 （父　甲野一夫）	東京都千代田区平河町一丁目一〇番地	父の親権辞任 九月六日発送

東京都千代田区（送付された市区町村・本籍地）

受附番号	受理送付の別	受附月日（事件発生月日）	件名	届出事件本人の氏名（届出人の資格氏名）	本籍又は国籍	備考
七四五三	送付	九月八日	親権辞任	甲野洋一 甲野一夫 （父　甲野一夫）	平河町一丁目一〇番地	父の親権辞任 九月五日札幌市東区長受理

【戸籍の記載】 子の戸籍

〔図15〕

本籍	東京都千代田区平河町一丁目十番地
氏名	甲野一夫

（編製事項省略）

（出生事項省略）

平成弐拾六年九月五日父親権辞任届出同月八日札幌市東区長から送付㊞

父	甲野一夫
母	竹子
	長男
名	洋一
出生	平成弐拾壱年四月五日

〔図16〕

子の戸籍（コンピュータシステムによる証明書記載例）

（1の1）　全部事項証明

本　　籍 氏　　名	東京都千代田区平河町一丁目１０番地 甲野　一夫
戸籍事項 編製事項	編製事項省略
戸籍に記録されている者	【名】洋一 【生年月日】平成２１年４月５日 【父】甲野一夫 【母】甲野竹子 【続柄】長男
身分事項 出　　生	（出生事項省略）
親　　権	【親権辞任日】平成２６年９月５日 【親権辞任者】父 【送付を受けた日】平成２６年９月８日 【受理者】札幌市東区長
	以下余白

発行番号

6　父による管理権の行使が困難又は不適当であるため、父の管理権喪失の審判が確定した場合

児童虐待防止のための親権制度の見直しなどに関連して、民法等の一部を改正する法律（平成二三年法律六一号）が同年六月三日に公布（平成二四・四・一施行）されたことに伴い、戸籍法施行規則の一部を改正する省令（平成二三年法務省令四二号）により、戸籍の法定記載例の一部が改正された。本事例は、父母が共同して親権を行使している場合に、父について管理権喪失の審判が確定した場合の例である。

管理権喪失の審判が確定した場合には、裁判所書記官による戸籍記載嘱託に基づき戸籍の記載をすることになる（家事一一六条、家事規七六条一項一号、平成二三・一二・二六法務省令四二号）。

〔図17〕

書式１　（親権喪失型）

（事件番号）平成 26 年（家）第　2897　号

戸　籍　記　載　嘱　託　書	（受付印欄）
東京都千代田区長 殿 平成 26 年 10 月 14 日 東京家庭裁判所 裁判所書記官　小　林　一　夫　㊞	受付　平成 26 年 10 月 15 日 番号　第 1201 号

原因を証する書面	☑ 審判書謄本　□ 決定書謄本
未成年者，親権者の氏名，戸籍の表示等	☑ 別添審判書（決定書）謄本のとおり （複数掲げられている場合には，その全員についての記載を嘱託する。） 未成年者の戸籍筆頭者の氏名（　乙　川　義　助　）※ □ 別紙目録のとおり
戸籍記載の原因	別添審判書（決定書）謄本の裁判の確定 （戸籍記載の原因が生じた日） ☑ 平成　26　年　10　月　11　日 □ 親権者（　　　　）につき平成　年　月　日 親権者（　　　　）につき平成　年　月　日

戸籍の記載をすべき事項 戸籍の記載事項の対象となる裁判は下記の該当数字を○で囲んだもの （確定・発効・失効の別は，「戸籍記載の原因」欄記載のとおり）
1　親権喪失の裁判
②　管理権喪失の裁判
3　親権停止の裁判

家事事件手続法第 116 条に基づく戸籍記載嘱託事務としてこの嘱託により戸籍記載がされたことを確認するため，この嘱託に基づく記載がされた戸籍の謄本の交付を請求する。 裁判所書記官　小　林　一　夫　㊞

※　戸籍筆頭者が区々である場合には，審判書（決定書）謄本記載の順序で，「，」で区切って各筆頭者を記載する。

【戸籍受附帳の記載】

〔図18〕

受附番号	受理送付の別	受附年月日（事件発生年月日）	件名	届出事件本人の氏名（届出人の資格氏名）	本籍又は国籍	備考
一二〇一	受理	一〇月一五日（一〇月一一日確定）	管理権喪失（嘱託）	乙川幸子 乙川義助	平河町一丁目八番地 右に同じ	父乙川義助の管理権喪失の裁判確定東京家庭裁判所から嘱託

（注）(1)　受附月日欄には裁判確定の月日を括弧書きし、件名欄には嘱託の旨を括弧書きする。
(2)　届出事件本人の氏名は未成年被後見人を先に記載する。
(3)　備考欄には、嘱託の主旨を記載する。

【戸籍の記載】 子の戸籍

〔図19〕

本籍	東京都千代田区平河町一丁目八番地
氏名	乙川義助

（編製事項省略）

（出生事項省略）

平成弐拾六年拾月拾壱日父管理権喪失の審判確定同月拾五日嘱託㊞

（法定一〇八）

父	乙川義助
母	梅子
長女	
	幸子
出生	平成拾九年八月拾日

〔図20〕

子の戸籍（コンピュータシステムによる証明書記載例）

（１の１）　全部事項証明

本　　籍 氏　　名	東京都千代田区平河町一丁目８番地 乙川　義助
戸籍事項 戸籍編製	（編製事項省略）
戸籍に記録されている者	【名】幸子 【生年月日】平成１９年８月１０日 【父】乙川義助 【母】乙川梅子 【続柄】長女
身分事項 出　　生	（出生事項省略）
親　　権	【管理権喪失の審判確定日】平成２６年１０月１１日 【管理権喪失者】父 【記録嘱託日】平成２６年１０月１５日
	以下余白

発行番号

7　母による親権の行使が不適当であることにより子の利益を害するとして、母について親権停止の審判が確定した場合

親権を喪失させるまでには至らない比較的程度の軽い事案など、一定期間の親権制限で足りる場合において、必要に応じて適切に親権を制限することができるよう、家庭裁判所の審判で二年以内の期間に限って親権を停止する制度が新設された（平成二三年法律六一号、民八三四条の二）。

期間満了後もなお、母に親権を行使させることが子の利益を害するような場合には、家庭裁判所は、子や親族等の請求により、改めて親権停止の審判をすることができる。

親権停止の審判が確定した場合には、裁判所書記官による戸籍記載嘱託に基づき戸籍の記載をすることになる（家事一一六条、家事規七六条一項一号、平成二三・一二・二六法務省令四二号）。なお、停止の場合は親権のみで、管理権の停止はない。

〔図21〕

書式１　（親権喪失型）

（事件番号）平成 27 年（家）第　2897　号

<table>
<tr><td colspan="2">戸　籍　記　載　嘱　託　書</td><td rowspan="2">（受付印欄）
受付　平成 27 年 9 月 17 日
番号　第 1186 号</td></tr>
<tr><td colspan="2">東京都中央区長　殿
平成 27 年 9 月 15 日
東京家庭裁判所
裁判所書記官　小　林　一　夫　㊞</td></tr>
<tr><td>原因を証する書面</td><td colspan="2">☑　審判書謄本　□　決定書謄本</td></tr>
<tr><td>未成年者，親権者の氏名，戸籍の表示等</td><td colspan="2">☑　別添審判書（決定書）謄本のとおり
（複数掲げられている場合には，その全員についての記載を嘱託する。）
未成年者の戸籍筆頭者の氏名（　甲　野　義太郎　）※
□　別紙目録のとおり</td></tr>
<tr><td>戸籍記載の原因</td><td colspan="2">別添審判書（決定書）謄本の裁判の確定
（戸籍記載の原因が生じた日）
☑　平成　27　年　9　月　12　日
□　親権者（　　　　）につき平成　年　月　日
　　親権者（　　　　）につき平成　年　月　日</td></tr>
<tr><td colspan="3">戸籍の記載をすべき事項
戸籍の記載事項の対象となる裁判は下記の該当数字を○で囲んだもの
（確定・発効・失効の別は，「戸籍記載の原因」欄記載のとおり）</td></tr>
<tr><td colspan="3">1　親権喪失の裁判</td></tr>
<tr><td colspan="3">2　管理権喪失の裁判</td></tr>
<tr><td colspan="3">③　親権停止の裁判</td></tr>
</table>

<table>
<tr><td>家事事件手続法第 116 条に基づく戸籍記載嘱託事務としてこの嘱託により戸籍記載がされたことを確認するため，この嘱託に基づく記載がされた戸籍の謄本の交付を請求する。
裁判所書記官　小　林　一　夫　㊞</td></tr>
</table>

※　戸籍筆頭者が区々である場合には，審判書（決定書）謄本記載の順序で，「，」で区切って各筆頭者を記載する。

【戸籍受附帳の記載】

〔図22〕

受附番号	受理送付の別	受附年月日（事件発生年月日）	件名	届出事件本人の氏名（届出人の資格氏名）	本籍又は国籍	備考
一一八六	受理	九月一七日（九月一二日確定）	親権停止（嘱託）	甲野義和 甲野花子	中央区日本橋五丁目六番地 右に同じ	母甲野花子の親権停止の裁判確定東京家庭裁判所から嘱託

（注）(1) 受附月日欄には裁判確定の月日を括弧書きし、件名欄には嘱託の旨を括弧書きする。
(2) 届出事件本人の氏名は未成年被後見人を先に記載する。
(3) 備考欄には、嘱託の主旨を記載する。

【戸籍の記載】子の戸籍

〔図23〕

本籍　東京都中央区日本橋五丁目六番地

氏名　甲野義太郎

（編製事項省略）

（出生事項省略）

平成弐拾七年九月拾弐日母親権停止（停止期間二年間）の審判確定

同月拾七日嘱託㊞（法定一〇九）

父　甲野義太郎

母　花子

長男

義和

出生　平成弐拾年六月拾弐日

〔図24〕

子の戸籍（コンピュータシステムによる証明書記載例）

（1の1）　全部事項証明

本　　籍 氏　　名	東京都中央区日本橋五丁目６番地 甲野　義太郎
戸籍事項 戸籍編製	（編製事項省略）
戸籍に記録されている者	【名】義和 【生年月日】平成２０年６月１２日 【父】甲野義太郎 【母】甲野花子 【続柄】長男
身分事項 出　　生	（出生事項省略）
親　　権	【親権停止の審判確定日】平成２７年９月１２日 【親権停止者】母 【親権停止期間】２年間 【記録嘱託日】平成２７年９月１７日
	以下余白

発行番号

第二章　未成年後見

第一　未成年後見一般

問1　平成一一年法律第一四九号による民法等の一部改正により、従前の後見制度及び保佐制度に関する戸籍の取扱いは、どのように変わったか。

答　成年後見制度の改正（平成一二年四月一日施行）により、後見制度及び保佐制度に関する事項は、後見登記等に関する法律に定める登記によって公示されることになった。また、後見人に関する届出の規定は未成年者の後見に関する届出の規定（戸八一条から八四条）に、保佐人及び後見監督人に関する届出の規定は、未成年後見監督人に関する届出の規定（戸八五条）に改められたため、改正後における届出による後見・保佐に関する戸籍記載は、未成年者の後見に関する事項のみとなった。

解説

一　成年後見制度の改正

成年後見制度は、判断能力の不十分な成年者を保護するための制度であり、改正前の民法では、禁治産・準禁治産の制度及びこれを前提とする後見人・保佐人等の制度が設けられていた。しかし、この制度については、かねてからいろいろな点で利用しにくい制度になっているとの指摘があったことから、従来の制度を利用しやすい制度にするための法改正が行われた（平成一一年法律一四九号等、平成一二年四月一日施行）。

新しい成年後見制度は、従来の禁治産・準禁治産を後見・保佐・補助の制度（法定後見制度）に改め、新たに任意後見制度を創設するとともに、従来の戸籍記載に代えて成年後見登記制度を創設するなど、抜本的な改正が行われた。改正前においては、民法の禁治産宣告又は準禁治産宣告を受けると本人の行為能力が制限され、本人と取引する相手方に及ぼす影響が大きいことから、取引の安全を図る上からも、禁治産宣告等が確定したときは、後見人又は保佐人に就職した者からの届出に基づいて、禁治産者又は準禁治産者である本人の戸籍にその旨の記載をして公示されていた（改正前の戸八一条・八五条及び戸規三三条・三五条五号）。しかし、このような公示の在り方に対しては、関係者の中には抵抗感を持つ者が多く、そのことが禁治産・準禁治産制度の利用を妨げる一因となっているとの批判があった。

そこで、また、前記民法の改正により新設された補助制度や任意後見制度においては、補助人又は任意後見人に様々な代理権を付与することができるが、これを戸籍に記載する場合には、実務上十分な対応ができないおそれもあった。そこで、これらの事情を考慮して、成年後見制度の改正に伴い、取引の安全の要請と本人のプライバシー保護の要請との調和を図る趣旨から、戸籍記載に代わる新たな公示方法として「後見登記等に関する法律（平成一一年法律一五二号）」による成年後見登記制度が創設され「法務大臣の指定する法務局、地方法務局若しくはこれらの支局又はこれらの出張所」が登記所として所管することとされた（同法二条）。

したがって、改正法施行後は、後見人に関する戸籍の届出の規定は、未成年者の後見に関する届出の規定に（民八三八条一号、戸八一条・八二条・八四条）、保佐人及び後見監督人に関する届出の規定（改正前の戸八五条）は未成年後見監督人に関する届出の規定に改められたため、戸籍法改正後の後見に関する戸籍記載は、未成年者の後見に関する事項のみとなった。

二　戸籍から登記への移行

改正前の民法の規定に基づく禁治産宣告・準禁治産宣告（ただし、心神耗弱〔注〕を原因とする者に限る。）を受け、戸籍記載がされている者については、本人、配偶者、四親等内の親族等の申請により、戸籍記載から登記（後見の登記・保佐の登記）による公示へ移行することができる経過措置の規定が設けられている（後見登記法附則二条一項・二項）。登記へ移行した者については、登記官からその本籍地の市町村長に対してその旨の通知がされ、この通知を受けた市町村長は、戸籍上の禁治産・準禁治産に関する事項を消除するため、その戸籍を再製することとされている（同条四項・五項）。

〔注〕　改正後は、「精神上の障害により事理を弁識する能力が著しく不十分である者」（民一一条）とされている。

問2　未成年後見とは、どのような制度か。

答　未成年後見とは、未成年者に対して親権を行う者がないとき若しくは親権を行う者に管理権がないときに開始し、未成熟であるがゆえに判断能力が不十分な未成年者の身分上及び財産上の保護を目的とする制度である。この後見の職務を行う者が未成年後見人である。

未成年後見は、未成年者を保護する制度である。

解　説

一　未成年後見制度の意義

未成年者は、本来親権者である父母の身上監護と財産管理を受ける立場にあるが、その双方が死亡し、又はその一方若しくは双方が生存していても、親権若しくは財産管理権を喪失し、又は親権停止された場合には、親権者の保護を受けることはできない。このような場合に親権の延長としての未成年後見が認められ、その未成年後見人によって未成年者の適切な監護・教育及び財産上の利益の保護が図られることになる。ただ、未成年後見人の未成年者に対する後見事務の執行に当たっては、父母の子に対するような自然の愛情を期待することができないので、父母が親権を行使する場合とは異なり、その職務の執行に当たっては家庭裁判所又は未成年後見監督人の監督の下におかれている。

二　未成年後見人の選任

従前は、法人を未成年後見人に選任することも、また、複数の未成年後見人を選任することも認められていなかった。しかし、未成年後見人選任の選択肢を広げ、また、未成年後見人の負担を軽減するとの観点から、平成二三年法律第六一号により民法の一部が改正され、法人の未成年後見人の選任及び複数の未成年後見人の選任が許容されるに至っている（**問11・問12**参照）。

三　戸籍記載と公示

右のような未成年後見制度は、未成年者の身分上及び財産上の保護と同時に未成年者の財産に関する権限の行使等における第三者の安全を図ることをも目的とするものである。したがって、未成年後見が開始しているか否か、また未成年後見人がだれであるかは、身分上・財産上の利害につき極めて重大な事項であるから、未成年後見の開始、終了及び未成年後見人の地位喪失等について戸籍に記載し、公示することとされている。

問3　未成年後見の機関として、どのようなものがあるか。

答　未成年後見の執行機関として未成年後見人があり、その監督機関として未成年後見監督人・家庭裁判所がある。未成年後見人には、指定未成年後見人、法定未成年後見人及び選定未成年後見人があり、また、未成年後見監督人にも指定未成年後見監督人と選定未成年後見監督人がある。

解説

未成年後見の機関を表に示すと、次のとおりである。

- 未成年後見の機関
  - （執行機関）　未成年者の後見人
    - 指定未成年後見人（民八三九条）
    - 選定未成年後見人（民八四〇条）
  - （監督機関）
    - 未成年後見監督人
      - 指定未成年後見監督人（民八四八条）
      - 選定未成年後見監督人（民八四九条）
    - 家庭裁判所（民八四六・八六三条）

一　未成年後見

未成年者に対する後見は、親権を行う者がないときに初めて開始し、未成年後見を行う者として、まず、指定未成年後見人を第一順位とし（民八三九条）、それがないときには第二順位として選定未成年後見人が選任される（民八四

○条)。

なお、未成年後見人の員数は複数とすることができ、自然人に限らず法人も未成年後見人になることができる(民八四○条二項・三項括弧書。**問11・問12**参照)。

1　指定未成年後見人

未成年後見人は、親権の延長と解されているから、未成年者に対して最後に親権を行う者が、死後に自分に代わって未成年者の身上監護及び財産管理をなすべき未成年後見人を指定することが認められている。これを指定未成年後見人という。この未成年後見人の指定は遺言でしなければならないとされており、遺言以外の方法、例えば、生前の契約などで指定しても指定の効力は生じない(民八三九条一項本文)〔**注一**〕。

未成年後見人の指定権者である「最後に親権を行う者」が管理権を有しないときは、未成年後見人を指定することはできない(同項ただし書)。民法は、管理権を有しない者をなお親権者とするが、親権を行う者が管理権を有しないときには、未成年後見が開始することとしている(民八三八条一号)。したがって、最後に親権を行う者が管理権を有しないときには、既に未成年後見が開始しているはずであるから、未成年後見人の指定は重複することになるし、また、自ら管理権を有しない者が未成年者の財産管理の責任を担う未成年後見人を指定することは妥当でないから、最後に親権を行う者でも管理権を喪失し(民八三五条)、又は辞任した者(民八三七条一項)には、未成年後見人の指定権を与えていない。

親権を行う父母の一方が管理権を有していないときは、他の一方が(最後に親権を行う者には当たらないが)遺言によって指定することができる(民八三九条二項)。そして、右の未成年後見人を指定した者が死亡したときには、直ちに未成年後見が開始する(民八三八条一号)が、この未成年後見人は管理権のみを有し、身上監護権は依然として管理権を有しない親権者に属している。例えば、父が管理権喪失の審判を受けたため母が遺言で未成年後見人を指定した場合、母が死亡して就職した当該指定未成年後見人は管理権のみを有し、身上監護権は依然として親権者である父に属している。その後、父が死亡したときは未成年者に対して身上監護を行う者がなくなるが、この場合、どのように解すべきかが問題となる。民法は、身上監護だけの未成年後見人を予定していないから、結局、この場合は、母が指定した管理権のみの未成年後見人の権限が拡張され、完全な権限をもつ未成年後見人となると解されている（明治三四・五・二八民刑五七一号回答、昭和二五・二・三民事甲一五四号回答）。

2　選定未成年後見人

未成年者について未成年後見が開始しているのに指定未成年後見人がない場合には、家庭裁判所は未成年被後見人又はその親族（民七二五条）、その他の利害関係人〔**注二**〕の請求によって未成年後見人を選任する（民八四〇条一項）〔**注三**〕。また、未成年後見人の死亡、辞任（民八四四条）、解任（民八四六条）、欠格事由の発生（民八四七条）によって未成年後見人が欠けたときにも、家庭裁判所は、未成年被後見人又はその親族、その他の利害関係人の請求によって後任の未成年後見人を選任することとされている（民八四〇条一項後段）。また、父又は母が親権喪失の審判を受けた場合だけでなく、親権停止の審判を受けた場合についても、その父又は母に、家庭裁判所への未成年後見人の選任請求を課すこととされた（民八四一条）。これを選定未成年後見人という。

二　未成年後見監督人

未成年後見人に対する監督機関である。旧民法施行当時は絶対的必要機関とされ、後見人があれば必ず後見監督人を置かなければならないとされていたが（旧民九一一条・九一三条）、新法（昭和二二年法律二二二号）はこれを任意機関として、未成年後見人を指定することができる者が、遺言で、未成年後見監督人を指定した場合のほかは、必要があると認めるときに、家庭裁判所が未成年被後見人の親族又は後見人の請求によって未成年後見監督人を選任することができることとされた。その後、平成一一年法律第一四九号の民法改正により、未成年被後見人本人からの請求、及び家庭裁判所の職権によっても、未成年後見監督人の選任をすることができることとされている（民八四八条・八四九条）。

なお、未成年後見人と同様に、未成年後見監督人の員数は複数とすることができ、自然人に限らず法人も未成年後見監督人になることができる（民八四九条・八五二条・八四〇条三項括弧書。問19参照）。

1　指定未成年後見監督人

未成年後見について、未成年後見人を指定できる者は、遺言で未成年後見監督人を指定することができる（民八四八条）。これを指定未成年後見監督人といい、未成年後見についてだけの監督機関であって、第一次の未成年後見監督人である。

2　選定未成年後見監督人

未成年後見について、指定未成年後見監督人がない場合及び一度定められた未成年後見監督人が欠けた場合においては、家庭裁判所は未成年被後見人、その親族若しくは未成年後見人の請求により又は職権で未成年後見監督人を選任することができる（民八四九条）。もっとも、この場合必ず選任するのではなく、家庭裁判所が未成年被後見人の財産状態・未成年後見人の人物その他具体的な事案に即して判断し、その必要があると認められるときだけ選任することになる（なお、平成二三年法律六一号の民法の一部改正により未成年後見監督人と成年後見監督人の規律が共通となることから、民法第八四九条の二を削り、第八四九条に一本化された。）。

三　家庭裁判所の未成年後見監督

家庭裁判所は、未成年後見人及び未成年後見監督人の選任（民八四〇条・八四九条）、解任（民八四六条・八五二条）、辞任の許可（民八四四条・八五二条）の権限を有し、また、未成年後見事務の監督権としては、⑴いつでも未成年後見人に対して未成年後見事務の報告若しくは財産の目録の提出を求め、又は未成年後見の事務若しくは被後見人の財産の状況を調査することができる（民八六三条一項、家事一七六条・別表第一の八一項）。⑵また、未成年後見監督人、未成年被後見人又はその親族その他の利害関係人の請求があったとき、及び請求がなくとも必要と認めるときは職権で、被後見人の財産の管理その他未成年後見の事務について必要な処分を命ずることができる（民八六三条二項）。右のほか、民法が特に家庭裁判所の権限として定めたのは、未成年後見人の就職の際の財産調査・目録調製の期間及び未成年後見人の任務終了の際の管理計算の期間の伸長についてだけである（民八五三条・八七〇条）。

〔注一〕　民法が未成年後見人の指定は遺言によるべきこととした理由は、⑴親権者は自分の生存中任意に未成年後見人を自分に代わらせることはできないのだから遺言によって指定することで足りること、⑵未成年後見人の指定が生前行為でなされることが認められると、親権者がその指定意思を変更し、指定と取消しを繰り返すなど親族間に紛争を生じさせるおそれがあることが挙げられている〔中川淳「改訂親族法逐条解説」五〇二頁〕。

〔注二〕　ここに利害関係人とは、広く未成年後見人を選任するについて直接に利害関係を有する者―未成年被後見人の債権者など―、被後見人の財産が管理されていることに法律上利害関係を有する者―債務者を含む―である。

〔注三〕　未成年後見人選任の請求義務者としては、その他に、児童相談所長（児童福祉法三三条の八）、及び、生活保護の実施機関（都道府県知事、市長及び福祉事務所を管理する町村長、生活保護法八一条・一九条）がある。

問4　未成年後見監督人は必ず置かなければならないか。

答　未成年後見監督人は、旧法当時は、絶対的必要機関とされていたが、現行法の下では任意機関とされ、遺言で指定した場合のほかは、必要のある場合に家庭裁判所が未成年被後見人、その親族若しくは未成年後見人の請求により、又は職権で選任することができることとされている。

解説

一　旧法当時

現行法の後見においては、後見人を執行機関とし、後見監督人を第一次の監督機関としている。旧法の下では、親族会を上級監督機関、後見監督人をその下にある直接の監督機関とし、裁判所は親族会の決議が違法な場合にはその無効を宣言し、不当な場合には不服の訴えによってこれを取り消す（旧民九五一条）という間接の監督権を行使するに止まった。そして、後見監督人は絶対的必要機関とされ、後見人にその選任義務が課せられるとともに、後見人に更迭があったときは後見監督人も解任することとされていた（旧民九一一条・九一三条）。後見人の職務については、極めて具体的な基準が定められ（新法に承継されなかったものとして旧民九二七条・九三一条・九三三条などがある。）、これに違反するときは親族会に解任権を生ずるものとされていた（旧民九一一条・九一二条・九一七条・九一九条）。

二　現行法

(1)未成年後見監督人を任意機関とし、未成年後見人を指定することができる者が、遺言で、未成年後見監督人を指定した場合のほかは、必要のある場合に未成年被後見人、その親族若しくは未成年後見人が家庭裁判所に請求して、又は必要があると認めるときは職権で、これを選任することができることとされている（民八四八条・八四九条）。(2)親族会を廃止した結果、それに属していた監督権の主要なものを家庭裁判所に移した。(3)未成年後見人の職務執行について従前のような具体的な基準を示すことを改め、家庭裁判所の一般的監督下に置くこととされている。

問５　未成年後見の事務のうち未成年被後見人の身上監護とは、どのような内容の職務か。

答　未成年後見は親権の延長であることから、一定の制約はあるが親権者と同様の権利義務を有し、未成年者の監護教育、居所指定、懲戒及び職業許可等がその内容とされている。

解説

未成年後見の身上監護に関する事務

未成年後見は親権の延長であるから、未成年後見人は未成年被後見人の身上監護に努める義務を有することは当然である。民法は、親権の効力に関する規定（民八二〇から八二三条）を未成年後見人の事務として準用した上で、一定の制限を加えている（民八五七条）。すなわち、未成年者の後見人は、監護教育をする権利義務、居所指定権、懲戒権、職業許可権については親権者と同一の権利義務を有するとした上で、親権者が定めた教育の方法及び居所を変更し、営業を許可し、その許可を取り消し、又はこれを制限するには、未成年後見監督人があるときはその同意を得なければならないとされている（民八五七条ただし書）。右のうち、未成年者が営業以外の職業に就こうとする場合の許可であれば、未成年後見監督人がいてもその同意を得る必要はなく、未成年後見人が単独で許可を与えることができるが、営業は、損益の危険を自ら負担するような取引行為をすることが少なくなく、未成年被後見人の財産に影響するところが大きいことから、この場合に限って未成年後見監督人の関与を必要として規定したものと解されている（「新版注釈民法㉕親族⑸」四〇五頁）。

また、未成年後見人の代理権は、原則として身分行為には及ばないが、法律の定める一定の場合に、例えば、未成年者の後見人も⑴認知の訴（民七八七条）、⑵一五歳未満の未成年被後見人の氏の変更（民七九一条一項・三項）、⑶一五歳未満の未成年被後見人の縁組の代諾（民七九七条）・離縁の代諾（民八一一条二項）、⑷未成年者が養親となる縁組の取消し（民八〇四条）、⑸相続の承認・放棄（民八六四条・一三条一項六号）、⑹親権を行うべき父又は母が未成年者であって未成年後見に服しているときは、未成年後見人が被後見人である未成年者の親権を代行する（民八六七条一項）等、未成年被後見人の身分上の行為について代理権を有する。

問6　未成年後見事務としての財産管理とは、どのような職務か。

答　未成年後見の一半をなすものであり、未成年被後見人の財産を管理し、また、その財産に関する法律行為について未成年被後見人を代表する職務である。

解説

一　財産管理

未成年後見事務としての財産管理は、単に現存する財産を管理するというだけでなく、未成年被後見人の財産に関する一切を管理するという広範なものであるが、親権者の財産管理権におけるよりもいっそう多くの制限に服すべきものとされている。すなわち、(1)親権者は、財産管理権を行使するについては、自己のためにすると同一の注意義務を負うに止まる（民八二七条）のに対し、未成年後見人は、善良なる管理者の注意をもって財産管理に当たらなければならない（民八六九条・六四四条）。(2)未成年後見人はその就職時に、いわゆる後見予算を作成しなければならないし（民八六一条）、財産を調査し財産目録を調製しなければならない（民八五三条）。(3)財産の管理権は処分権を含むと解されることは親権の場合と同様であるが、一定の重要な行為については、法定代理権及び同意権の制限がある（民八六四条）と同時に、(4)財産管理の費用は被後見人の財産から支出してよいが、親権者の場合（民八二八条）と異なって収益権はない、などである。これは、未成年者の財産管理において親権者のような自然の親子間の愛情を必ずしも期待できない未成年後見人の場合との差異に由来するものと考えられている（「注釈民法(25)親族(5)」三八六頁）。

二　財産管理事務

未成年後見人の財産管理事務については、その就職の際、在職中及び任務終了の際のそれぞれについて規定されている。

1　未成年後見人の就職時

(1)　財産調査及び目録調製　未成年後見人は、就職したときには遅滞なく未成年被後見人の財産の調査に着手し、原則として一か月以内(家庭裁判所において伸長することができる。民八五三条一項ただし書、家事一七六条・別表第一の七項)に、その調査を終わって、その目録を調製しなければならない。この財産の調査及び目録の調製は、未成年後見監督人があるときはその立会いの上で行わなければならず、立会いなしにしたときはその効力がないから(民八五三条二項)、改めて立会いの上でしなければならない(昭和一〇・四・一六大審院判決・法律新聞三八三五号)。財産目録は家庭裁判所に提出すべき義務を負わされているものでもなく、また、その承認を得る必要もない。

(2)　債権債務の申出　未成年後見人が未成年被後見人に対して債権を有し、又は債務を負う場合には、財産の調査に着手する前に未成年後見監督人に申し出なければならない。財産調査中に発見したものについては、それから遅滞なくこの義務を負うものと解されている。もっとも、この義務は未成年後見監督人がある場合に限られるので、ないときはその義務もない(民八五五条一項)。右の義務に違反して債権を申し出なかったときはその債権を失うものとされている(同条二項)。

(3)　支出金の予定　未成年後見人は、就職の初めに未成年被後見人の生活、教育、療養看護及び財産の管理のために要する年間の費用を予定しなければならない(民八六一条)。右のいわゆる「後見予算」は、未成年被後見人の財産及び収入に応じて定めなければならないが、この場合、支出の総額を示せば足り、細目にわたって計上する必要はないとされている。なお、この義務に違反した場合（支出費用の予定をしなかったり、不当な予定をしたり、予定を超える必要以上の支出をしたようなとき）における制裁の規定はなく、未成年後見人解任の事由として考慮されることになる。

2 未成年後見人の在職中

(1) 財産行為の代理権　未成年後見人は未成年被後見人の財産を管理し（財産の保存、財産の性質を変じない利用、改良を目的とする行為をいい、右の管理の目的の範囲内における処分行為を含むものと解されている。）、また、未成年被後見人の財産に関する法律行為について、未成年被後見人を代表（代理と同義と解される。）する（民八五九条一項）。なお、未成年被後見人の行為を目的とする債務を生ずべき行為については、本人の同意を得なければならない（民八五九条・八二四条ただし書）。これは、未成年被後見人の自由を拘束する債務を負担するには本人の同意を要することによって行為の自由を確保しようとする趣旨であり、また、未成年被後見人の行為とは、事実上の行為を意味し、法律行為を含まないものとされている。なぜならば、事実行為は未成年後見人が未成年被後見人に代わってすることができないが、法律行為は未成年後見人が代わってすることができるからである。また、元本の領収（例えば、不動産の賃貸、利息付消費貸借における賃料や利息等法定果実を生む財産を受領すること。）を除き、民法第一三条第一項各号所定の行為又は営業を代理するには、未成年後見監督人があるときには、その同意を要することとされ（民八六四条）、未成年後見人がこれに違反して代理行為をしたときは、未成年被後見人又は未成年後見人においてこれを取り消すことができる（民八六五条）。

(2) 利益相反行為の制限　未成年後見人と未成年被後見人との利害が相反する行為については、未成年後見人には代理権がない。利害が相反する行為とは、例えば、未成年後見人と未成年被後見人間の売買・贈与などの譲渡行為

（ただし、未成年後見人から未成年被後見人に財産を無償で譲渡する行為は、利益相反行為ではない―昭和一四・三・一八大審院判決・民集一八巻一八三頁等）や未成年被後見人の財産をもって未成年後見人の債務の代物弁済とする契約あるいは抵当権を設定する契約等未成年被後見人の財産を処分する行為（昭和三五・二・二五最高裁判決・民集一四巻二号二七九頁）などである。これらの利益相反行為については、未成年後見人に代理権がないから、未成年後見人の請求により家庭裁判所が特別代理人を選任して、その者が代理し、又は同意を与えることになる（民八六〇条・八二六条）。ただし、未成年後見監督人がある場合には、未成年後見監督人が未成年被後見人を代理し、又は代わって同意を与える（民八六〇条ただし書・八五一条四号）。右の利益相反行為の制限に違反してなされた代理行為は無権代理行為であり（大正七・五・二三大審院判決・民録二四輯一〇二七頁、大正一一・五・二四大審院判決・民集一巻三二三頁）、違反して与えられた同意に基づく未成年被後見人の行為は、同意のない行為となって、取り消し得るものと解されている（我妻栄「親族法」三四五頁）。

(3)　財産行為の代理権・同意権の制限及び取消権　前述(1)のとおり、未成年後見人は民法第八五九条に基づいて、概括的に未成年被後見人の財産管理権及び法律行為の代理権を有しているが、未成年被後見人保護の立場から、営業及び民法第一三条第一項各号に掲げる重要な行為に関する未成年後見人の法定代理と同意については、未成年後見監督人の同意を得なければならないとしている（民八六四条。右のうち法定代理権に関する制限は、未成年後見及び成年後見の双方に適用されるが、同意権の制限は未成年後見の場合のみ問題となる。）。ただ、未成年後見監督人は必置機関ではないから（問4参照）、未成年後見監督人が置かれていない場合には、未成年後見人は法定代理権及び同意権についてこの制限を受けない。したがって、未成年後見人は原則として未成年被後見人に代わって、すべての法律行為をすることができ（民八五九条・八二四条ただし書は、本人の同意を要するとする。）、また、未成年後見の場合は、意思能力を有する未成年者が自ら財産に関する法律行為をするにつき、未成年後見人は同意を与えることができる。

未成年後見人が未成年後見監督人があるにもかかわらず、その同意を得ないで未成年被後見人を代理して営業若しくは(元本の領収(1)参照)以外の)民法第一三条第一項各号に掲げる行為をし、又は未成年者がこれらの行為をすることに同意したときは、未成年被後見人及び未成年後見人がこれを取り消すことができる(民八六五条)。

(4) 未成年被後見人からの財産譲受の取消し　民法第八六六条における、被後見人の財産等の譲受けの取消しに関する規定は、未成年被後見人の財産について正確な知識をもつ未成年後見人がこれを不当に安く譲り受けるなど不正の利益を得ることは、未成年後見制度の目的に反するから、これらの譲渡行為について取消権を与え、未成年被後見人の保護を図ろうという趣旨とされる(中川淳「改訂親族法逐条解説」五七九頁)。すなわち、未成年後見人が未成年被後見人の財産を譲り受けた場合(未成年後見監督人又は特別代理人が代理した場合も)、あるいは、未成年後見人が未成年被後見人に対する第三者の権利を譲り受けて、未成年後見人自ら未成年被後見人に対する権利者となった場合には、未成年被後見人においてこれを取り消すことができる(民八六六条)。

3　未成年後見終了時

未成年後見の終了に関する事務の中核は、管理の計算である。未成年後見本来の事務は、未成年後見終了によって終結するから、この管理の計算事務は、厳密な意味での未成年後見事務ではなく、事務処理としての事務と解される。

(1) 管理の計算　未成年後見の任務が終了したときは(未成年被後見人が成年に達した場合、死亡した場合のような絶対的終了、あるいは未成年後見人の辞任、解任、欠格事由の発生等の相対的終了のいずれの場合も)、未成年後見人(計算終了前に死亡したときは、その相続人)は、二か月以内に未成年後見開始から終了に至る一切の財産変動を対象とする財産管理の計算をしなければならない（民八七〇条）。この場合、未成年後見監督人があるときは、その立会いの上で計算することが必要とされる（民八七一条）。

(2)　未成年者と未成年後見人間の法律行為の取消し　未成年者も成年に達すれば完全な行為能力を有するから、その者の行為はすべて有効なはずである。ところが、長期間にわたって自己の財産が未成年後見人の管理下にあった場合には、未成年者が自己の財産の現状について十分な知識を持ち得ないのが通例であり、未成年後見人の中にはこれを奇貨として未成年であった者を欺き形式的には瑕疵のない契約や単独行為をさせて不当な利益を図ることが多いといわれる。このような事情の下におかれる未成年であった者を保護するために、未成年者であった被後見人が成年に達した後（婚姻した場合も同じ―民七五三条）、未成年後見の計算終了前に未成年後見人又はその相続人との間にした契約や単独行為（例えば、民法五一九条の債務免除等）は、未成年であった者においてこれを取り消すことができる（民八七二条）。これは、前述の未成年であった者の保護と計算の混乱を防ぐ趣旨とされる。

(3)　財産の返還　未成年後見の終了に際しては、未成年後見人はその管理下にある未成年被後見人の財産を返還しなければならない。また、返還すべき金銭は、未成年後見の計算が終了した時に返還すべき金額が確定するから、この時から利息（法定利率年五分―民四〇四条）を付すべきものとされている（民八七三条一項）。次に、未成年後見人は未成年被後見人の財産の管理に当たっては、親権者と異なり、善良な管理者の注意をもってその事務を遂行しなければならないから（民八六九条・六四四条、一の(1)参照）、これに反して未成年後見人が自己のために未成年被後見人の金銭を消費した場合は即時に返還すべき義務が生じ、消費した時からの利息の支払いと、損害があったときは、その賠償をしなければならない（民八七三条）。

(4)　未成年後見終了後の応急処理義務　未成年後見の終了によって未成年後見人の管理権は消滅するが、その「財産管理権を有するに至った者」（成年に達した者、親権者、後任の未成年後見人、未成年被後見人の相続人等）が直ちに財産の管理をなし得ることは不可能な場合が多い。そのようなときに、未成年被後見人（又は未成年被後見人であった者）の財産管理を放置して置くことは、当事者に不測の損害を及ぼすおそれがある。そこで、不測の事態を防止するために、急迫の事情がある場合に前任の未成年後見人又はその相続人等は「財産管理権を有するに至った者」がその事務を処理することができるに至るまで、必要な処分をしなければならない（民八七四条・六五四条）。そして、未成年後見終了の相手方への対抗要件についても委任に関する規定を準用して、未成年後見の終了したことを相手方に通知し、又は相手方がこれを知ったときでなければ相手方に対抗することができないこととし、当事者の保護を図っている（民八七四条・六五五条）。

(5) 未成年後見に関する債権の消滅時効　未成年後見人又は未成年後見監督人と未成年被後見人の間に、例えば、未成年後見人が未成年後見事務遂行上の立替金で、未成年後見終了後未成年被後見人が返還すべきものや、未成年後見人が職務を怠ったため、未成年被後見人に生じた損害の賠償債権等は、親権者の管理権消滅の場合と同様に、五年の消滅時効にかかる（民八七五条・八三二条）。

第二　未成年後見の開始と未成年後見人の就職

一　未成年後見人

問7　未成年後見が開始する原因は、何か。

答　未成年後見の開始原因は、未成年者に対して親権を行う者がないとき又は親権を行う者が管理権を有しないときである。

解説

一　未成年後見の開始

未成年被後見人に対し未成年後見人による保護の関係が発生することを未成年後見の開始ということになるが、民法第八三八条第一号は、未成年後見の開始原因を限定的に規定し、原因以外の事由によっては未成年後見は開始しない。未成年後見は、右の原因によって法律上当然に開始するものであり、その開始原因として、(1)未成年者に対して親権を行う者がないとき、(2)未成年者に対して親権を行う者が管理権を有しないときの二つの場合に未成年後見が開始するに過ぎないものとしている。

二　未成年後見の開始原因

未成年後見は、前述**一**の(1)と(2)の二つの原因によって開始する（民八三八条一号）。

1　未成年者に対して親権を行う者がないとき

父母が共同して親権を行使しているときに、その一方が死亡した場合、親権喪失（民八三四条）・親権停止（民八三四条の二）の審判を受けた場合又は親権を辞任（民八三七条）した場合であっても他の一方が親権を行使するから、未成年後見は開始しない（双方が同時に死亡し又は同時に親権を喪失・停止したときは開始する。）。したがって、未成年後見が開始する主な場合は、次のとおりである。

(1)　共同親権者の一方が死亡し、又は親権を喪失した等の事由により単独親権となった後に、その単独親権者が死亡、親権喪失、親権停止、親権辞任等の事由により親権を行うことができなくなったとき

(2)　父母が離婚した後、親権者となった父又は母が死亡、親権喪失、親権停止、親権辞任等の事由により親権を行うことができなくなったとき（たとえ、他の一方の母又は父が生存していても、親権は右生存者に移行せず未成年後見が開始する。昭和二三・八・一二民事甲二三七〇号回答、昭和二六・九・二七民事甲一八〇四号回答）

(3)　嫡出でない子の親権者たる母又は父が死亡、親権喪失、親権停止、親権辞任等の事由により親権を行うことができなくなったとき

(4)　単独親権者が後見開始又は保佐開始の審判を受けたとき（民八三八条一号、明治三三・一一・一六民刑一四五一号回答、大正四・二・一〇民九五号回答、我妻栄「親族法」三三一頁）

(5)　単独親権者が心神喪失（明治三九・四・一七民刑二九八号回答）、行方不明（昭和六・一〇・八民事七一〇号回答）、長期不在、重病等により事実上親権を行うことができないとき

(6)　子の母が未婚の未成年者であるため、その母の父母（子の祖父母）が親権を代行している場合において、子の母が死亡したとき（引き続き母の父母（子の祖父母）が親権を代行することは認められず、未成年後見が開始する。昭和二

五・一二・六民事甲三〇九一号回答）

(7)　養親（夫婦の場合は、その双方）が死亡したとき（死亡養親との縁組が継続しているため、実親があっても後見が開始する。昭和二三・一一・一二民事甲三五八五号通達）

(8)　養父母が離婚した後、親権者となった養親と離縁したとき（もう一方の親権者とならなかった養親との縁組が継続している限り、未成年後見が開始する。昭和二四・一一・五民事甲二五五一号回答）

(9)　養親の一方が死亡した後、生存養親と離縁したとき（死亡養親との縁組が継続しているため、実親があっても未成年後見が開始する。昭和二五・三・三〇民事甲八五九号回答二）

2　親権を行う者が管理権を有しないとき

親権者が親権を行使するに当たって、財産の管理権の行使が困難又は不適当であることにより子の利益を害するときは、家庭裁判所は、子、その親族、未成年後見人、未成年後見監督人又は検察官の請求によって、親権（身上監護権と財産管理権）のうち財産管理権の喪失の審判をすることができる（民八三五条）。また、親権者が財産の管理能力を欠く等やむを得ない事由があるときは家庭裁判所の許可を得て、本人の自発的な意思で管理権だけを辞任することができる（民八三七条）。したがって、管理権を喪失・辞任しても子の身上の監護権はなおこの親権者に委されることになる（なお、監護権だけの辞任は認められないから、監護権を欠く管理権だけの親権はあり得ない。）。

未成年後見が開始するのは、単独親権者が管理権喪失の審判を受け、又は管理権を辞任したときであり、この場合の未成年後見は、財産の管理に限定されることはいうまでもない（昭和八・二・二一民事甲二二〇号回答）。その後に親権を行う者（管理権を喪失・辞任し身上監護権のみを有する者）がなくなったときは、財産管理のみを行っていた後見人が身上に関する任務をも行うことになる（明治三四・五・二八民刑五七一号回答、昭和二五・二・三民事甲一五四号回答、**問3**参照）。

問8　未成年後見は、いつ開始するか。また、未成年後見開始と未成年後見人就職の時期は、必ず一致するか。

答　未成年後見は、未成年後見開始原因の発生のときに開始する。未成年後見において、親権者死亡の場合はその死亡の日、親権喪失、親権停止又は管理権喪失の場合はその審判確定の日、親権又は管理権の辞任の場合はその届出の日、未成年後見人の指定の場合は遺言者の死亡の日である。また、後見開始と後見人就職の時期は必ずしも一致しない（問11参照）。

解説

一　後見開始の日（一般の場合）

後見は、後見開始原因（問7参照）が発生したときに開始する。未成年後見における親権者の死亡、親権喪失、親権停止又は管理権喪失、親権・管理権の辞任による後見開始の時期はいずれも明りょうである。すなわち、⑴親権者の死亡による未成年後見は、親権を行う者が死亡した日、⑵親権喪失、親権停止又は管理権喪失（民八三四条・八三四条の二・八三五条）による未成年後見はその審判確定の日、⑶親権・管理権の辞任（民八三七条）による未成年後見は家庭裁判所の許可を得てその届出（戸八〇条）をした日、⑷遺言によってすべき未成年後見人指定の場合は、遺言者の死亡の日すなわち遺言の効力が生じた日である。

二　後見開始の日（事実上親権行使不能の場合）

しかし、事実上親権を行使し得ない場合の後見開始の時期は、必ずしも明りょうでない場合が多い。平成二三年法律第六一号（平成二四年四月一日施行）による改正前は、後見開始の届書に、後見開始の年月日を記載する必要があっため、次のような先例が出されていた。例えば、親権者の行方不明又は長期不在等による場合に、後見開始の届書に記載すべき後見開始年月日は（改正前戸八一条二項）、行方不明となった日を記載し、その日も不明であるときは、行方不明となったことを知った日を記載するのが戸籍実務の取扱いとされていた（昭和二九・九・二五民事甲一九三五号回答、昭和四〇・一〇・一九民事㈡発四〇七号回答）。また、棄児については、出生の日ではなく新戸籍編製の日を記載し（昭和三〇・一二・五民事㈡発五九三号回答）、意思能力のない本籍不明の孤児等については、出生の日を記載する取扱いとされていた（昭和二四・一一・一四民事甲二六四九号回答）。なお、改正法が施行された平成二四年四月一日以降は、これらの事由により未成年後見が開始し、未成年後見人が選任された場合には、裁判所書記官からの嘱託により戸籍の記載がされることとなったため（家事一一六条、家事規七六条一項二号）、届書に後見開始の年月日を記載する必要はなくなった。

三　後見開始と未成年後見人就職時期

未成年後見開始と未成年後見人就職の時期は、必ずしも一致しない。例えば、選定未成年後見人の場合は、選任審判の確定によって初めて就職することになるから、それまでの間、未成年者に保護機関がない状態に置かれ、遺産分割や相続放棄、代諾養子縁組等の具体的な手続の必要が生じたときに未成年後見人選任の申立てがなされるのが実情であって、多くの場合には未成年後見人が置かれることがないままに、未成年者が成年に達してしまう例が多いのが実情といわれている（鈴木ハツヨ「後見人および後見監督人の選任と職務（家族法大系Ⅴ）」一〇七頁）。

問9　未成年後見人となることができないのは、どのような場合か。

答　民法第八四七条に定める欠格事由に該当する者は、当然に未成年後見人となることはできない。

解説

一　欠格事由との関係

未成年後見人は未成年被後見人の身上を監護し財産を管理すべき責務を負う者であり、その任務は、社会的・公益的性格をもつものであるから、相応の能力と職務を行うについて信頼をおける者でなければならない。したがって、ある者について欠格事由がある場合は法律上当然に未成年後見人となることはできないし、未成年後見人に選任された後、その在職中に欠格事由が発生したときは、その事由発生と同時に当然にその地位を失い（明治三二・五・二七民刑九三四号回答）、未成年後見人が欠けた場合（民八四〇条一項後段）として後任者が選任されなければならない。もしも、欠格事由を有する者が遺言によって未成年後見人に指定されてもその効力はなく、また、家庭裁判所において欠格者を選任したときはその審判は無効と解される（我妻栄「親族法」三五八頁）。

二　欠格事由者

後見人の欠格事由該当者は、次のとおりである（民八四七条）。

1　未成年者

行為無能力者として自ら親権若しくは後見に服するものであり、他人の財産を管理すべき義務を負う後見人としての資格が与えられないのは当然である。ただし、婚姻によって成年と擬制された者（民七五三条）は（成年達成前に離婚した後も）後見人となることができる。

2　家庭裁判所で免ぜられた法定代理人、保佐人又は補助人

親権喪失（民八三四条）・親権停止（民八三四条の二）・管理権喪失（民八三五条）の審判を受けた者、後見人、保佐人を解任された者は、当該被後見人についてかつて「免ぜられた」ことがあるときだけでなく、他の者について免ぜられた者であるときにも欠格となる。これは右のような者は一般的に未成年後見人として不適当なことが家庭裁判所において証明済みだからである。なお、法定代理人又は保佐人を辞任した場合は含まれない。

3　破産者

破産手続開始の決定（破産法一五条以下）を受けた者は、社会的に信用を失ったものであり、その者に未成年後見を行わせることは未成年被後見人のために不利益が多いからであるとされる。ただし、復権（同法二五五条・二五六条）したときは欠格でなくなる。

4　未成年被後見人に対して訴訟をし、又はした者並びにその配偶者及び直系血族

未成年被後見人に対して現に訴訟中（原告となることだけでなく被告となることを含み、訴訟関係に立つ意）であるか、又はかつて訴訟をしたことのある者は欠格者である。さらに右の者の配偶者や直系血族も欠格者とし、その範囲を拡大している。これは利害の対立する者として訴訟で争った者は、感情の上でも未成年被後見人との間に融和を欠くおそれがあり、未成年被後見人の利益を保護するものとして適当でないことが考慮されたものと解されている（「新版注釈民法㉕親族⑸」三四五頁）。

5　行方の知れない者

従来の住所又は居所を去ってその所在が知れない者に未成年被後見人の利益を保護させることは事実上不可能で

あるから、欠格となることは当然である。

なお、外国人について欠格者とする規定はおかれていない。職務の内容から欠格者と解する見解（青山道夫「注釈親族法(下)」一七三頁）があるが、戸籍実務の取扱いは未成年後見人となり得るものとしている（昭和二九・六・二三東京戸籍事務連絡協議会決議〔注〕、昭和二九・六・二九民事甲一三四八号回答）。

〔注〕最高裁判所家庭局、法務省民事局、東京家庭裁判所及び東京法務局の四庁をもって構成し、昭和二四年五月に発足以来、戸籍事務の処理・運営について各庁間の連絡・調整等を図るための協議が行われている。

問10　未成年後見人はどのようにして決定され、いつ就職するのか。

答　指定後見人は未成年者に対して最後に親権を行う者の遺言によって指定され、遺言者が死亡して後見が開始すると同時に就職する。また、未成年後見人となるべき者がないときは、家庭裁判所が一定の者の請求によって未成年後見人を選任し、その選定未成年後見人は選任審判が告知された日に就職する。

解説

一　指定未成年後見人

未成年後見人の指定は、遺言でしなければならないものとされている（民八三九条、指定権者等については

問3参照)。遺言については、民法が定める一定の要件を満たしていることを要し(民九六〇条以下)、その要件に違背する遺言は効力を生じないから、未成年後見人指定も効力を生じないことはいうまでもない。

指定は、遺言の効力発生の時に効力を生じるから、指定された者は遺言者の死亡と同時に未成年後見人に就職する(大正八・四・七民事八三五号回答)。したがって、指定された者は届出前であっても、遺言が効力を生じた以上その日から任務に就かなければならず、また、就職の日から一〇日以内に、遺言の謄本を添付して未成年後見開始届(戸八一条)をしなければならない。

二　選定未成年後見人

前述のとおり、未成年後見においては第一に未成年後見人となるのは指定未成年後見人(民八三九条)である。未成年後見人がないときは、家庭裁判所が、未成年被後見人又はその親族その他の利害関係人等の請求によって選任(家事三九条・別表第一の七一項)した未成年後見人が就職することになる(民八四〇条一項)。後見人の死亡、辞任、解任、欠格事由の発生によって後見人が欠けたときも同様とされている(同条一項後段。**問3**参照)。

また、既に未成年後見人がある場合においても、家庭裁判所は、必要があると認めるときは、未成年被後見人、その親族若しくは未成年後見人の請求により、又は裁判所の職権で、更に未成年後見人を選任することができる(民八四〇条二項。**問11**参照)。

未成年後見人の選任は家庭裁判所の審判事項であり、未成年被後見人の住所地の家庭裁判所の管轄とされている(家事一七六条)。そして、未成年後見人選任の審判に対しては、即時抗告は許されないので(家事一七九条参照)、その選任される者に告知されたときに審判の効力が生ずる(家事七四条)。未成年後見人選任の裁判が確定した場合は、裁判所書記官により被後見人の本籍地の戸籍事務管掌者に対し戸籍記載の嘱託がなされる(家事一一六条、家事規七六条一項二号、法定記載例一二〇から一二三）。

〔注〕 審判は、これを受ける者に告知することによって効力が生ずる。ただし、即時抗告をすることができる審判は確定しなければ、その効力が生じないものとされている（家事七四条）。この家事審判の告知の方法等に関しては、同条第一項の規定により、裁判所が相当と認める方法によってすることになるが、相当とは各場合の事情に応じて過不足のないことであって（昭和六・六・二七大審院判決・民集一〇巻八号四九一頁）、社会通念によって決めるほかない。結局、被告知者が当該審判を了知し得べき状態におくことが必要であるから、その方法としては次のものがあるとされる（「家事審判法実務講義案―改訂版」法曹会一二三頁以下）。

1 言渡し（昭和三二・一〇・八東京高裁決定・家月一〇巻一号三〇頁）
2 書記官による交付送達（民訴一〇〇条）
3 執行官・郵便集配人（民訴九九条）、廷吏（裁六三条三項）による交付送達
4 書留郵便等に付する送達（民訴一〇七条）
5 公示送達（昭和三二・四・一九法曹会決議・「法曹」八〇号七四頁）
6 通常郵便に付する送付
7 請書による直接交付

問11　一人の未成年被後見人に対して、複数の未成年後見人を置くことができるか。また、一人の未成年後見人が複数の未成年被後見人の未成年後見人となることができるか。

答　複数の未成年後見人の選任が可能である。また、一人の未成年後見人が複数の未成年被後見人の未成年後見人となることも差し支えない。

解説

一　未成年後見制度の改正

平成二三年法律第六一号による民法等の一部改正（平成二四・四・一施行）前における同法第八四二条は、「未成年後見人は、一人でなければならない。」としていた。その根拠として、数人の未成年後見人を置くときは責任が分散し、あるいは意見の不一致を来すなどして事務が渋滞し、結局は未成年被後見人の不利益を招くおそれがあるからとされていた。

その後、親権の効力に関する改正及び未成年後見制度の改正等を含む民法等の一部を改正する法律案が平成二三年の第一七七回国会に提出され、同年五月に全会一致で可決・成立し、平成二四年四月一日から施行されている。その改正法の一項目目である「複数の未成年後見人の許容」の改正理由として、⑴自然人が一人で未成年後見人の職務を担い、そのすべてを果たすのは、負担が大きい場合があること、⑵未成年者に多額の財産があり、その財産の管理については、法律の専門家等を未成年後見人に選任し、一方、身上監護を中心とするその余の後見事務は親族を未成年後見人に選任するのが適当な場合があること等が挙げられた。

そして、未成年後見人の選任の仕方や権限行使の定め方次第では、複数の未成年後見人が適切に職務遂行することが可能と考えられた。そこで、改正法では、未成年後見人選任の選択肢を広げて、未成年後見人の負担を軽減するとの観点から、従来の未成年後見を一人に限定した民法第八四二条を削除して、複数の未成年後見人の選任が許容されることとなった（民八四〇条二項）。

二　複数の未成年後見人の権限

複数の未成年後見人が選任された場合は、身上監護権、財産管理権のいずれについても、権限を共同行使することが原則とされた（民八五七条の二第一項）。もっとも、家庭裁判所は、(1)一部の未成年後見人について、財産に関する権限のみを行使すべきことを定めることができる（同条二項）。また、(2)財産に関する権限について、各未成年後見人が単独で権限を行使すべきこと（単独行使の定め）、又は複数の未成年後見人が事務を分掌して権限を行使すべきこと（事務分掌の定め）を定めることもできるとされている（同条三項）。

なお、一人の未成年後見人が複数の未成年被後見人のために未成年後見人となることは差し支えないと解される。

問12　法人を未成年後見人に選任できるか。

答　法人を未成年後見人に選任することができる。

解説　従前は、法人を未成年後見人に選任することはできないものと解されていた。それは、未成年後見人の職務の中心は一般に未成年者の身上監護にあると考えられ、法人がこのような事務を適切に行うことができるか等の疑問があったことによるものと思われる。

しかし、法人であっても、体制の整備によっては身上監護の事務に対処することは可能であり、むしろ組織で対応することによって未成年後見人の負担を軽減するという利点も考えられる。また、事実上自立した年長の未成年者であれば、未成年後見人が引き取って監護することはなく、職務内容としては財産に関する権限の行使が主なものとなる。このような場合には、法人がその職務を行うことが一律に不適当とはいえない。

そこで、平成二三年法律第六一号による民法等の一部改正に際し、未成年後見人の選択肢を広げ、また、未成年後見人の負担を軽減するとの観点から、法人の未成年後見人の選任が許容された（改正により新設された民法八四〇条三項の括弧書参照）〔注〕。

〔注〕新設された民法第八四〇条第三項の規定は、未成年後見人選任の際の考慮要素を明示したものである。家庭裁判所における未成年後見人となる者の適格性の審査はこれまでも行われてきたが、①法人の未成年後見人の選任の許容に伴い、利益相反のおそれのある者を適切に排除することができるように法文上考慮事情を明示するのが適当であること、②平成一

一年に法人又は複数の後見人を許容する改正がされた成年後見制度において、選任の考慮事情が法文上列挙された（民八四三条四項）ことなどから、未成年後見についても、選任する際の考慮事情が法文上列挙された。

問13　未成年後見人が就職した場合は、どのような手続で戸籍に記載されるか。

答　指定未成年後見人の場合は、遺言により指定された未成年後見人が、未成年後見開始の届出をすることにより、戸籍に記載される。

選定未成年後見人の場合は、選任の裁判が確定後、裁判所書記官による戸籍記載の嘱託に基づいて記載される。

解説

一　指定未成年後見人による未成年後見開始届

指定未成年後見人（**問3参照**）は、その就職の日、つまりは遺言者の死亡の日（**問10参照**）から一〇日以内に、後見開始の原因及び年月日、未成年後見人就職の年月日を記載して未成年被後見人若しくは未成年後見人の本籍地又は届出人の所在地の市町村長に届け出なければならない（戸八一条・二五条）。その添付書類は、遺言の謄本である。なお、未成年後見は、開始原因の発生によって当然に開始するから、この届出は報告的届出にほかならない。

この届出による戸籍の記載は、未成年者の身分事項欄に「平成弐拾五年九月拾八日親権を行う者がないため（親権を行う者が管理権を有しないため）千葉市中央区千葉港五番地甲原忠太郎同籍孝吉未成年後見人に就職同月弐拾参日届出同月弐拾五日同区長から送付㊞」と記載される（法定記載例一一八）。なお、未成年後見人が法人である場合は「平成弐拾五年九月拾八日親権を行う者がないため（親権を行う者が管理権を有しないため）東京都中央区京橋一丁目一番一号社会福祉法人丙未成年後見人に就職同月弐拾参日届出同月弐拾五日千葉市中央区長から送付㊞」と記載される（法定記載例一一九）。

（コンピュータシステムによる証明書記載例）

1　未成年後見人が自然人の場合

未成年者の後見	【未成年後見人就職日】平成２５年９月１８日 【未成年者の後見開始事由】親権を行う者がないため（親権を行う者が管理権を有しないため） 【未成年後見人】甲原孝吉 【未成年後見人の戸籍】千葉市中央区千葉港５番地　甲原忠太郎 【届出日】平成２５年９月２３日 【送付を受けた日】平成２５年９月２５日 【受理者】千葉市中央区長

2　未成年後見人が法人の場合

未成年者の後見	【未成年後見人就職日】平成２５年９月１８日 【未成年者の後見開始事由】親権を行う者がないため（親権を行う者が管理権を有しないため） 【未成年後見人】社会福祉法人丙 【未成年後見人の住所】東京都中央区京橋一丁目１番１号 【届出日】平成２５年９月２３日 【送付を受けた日】平成２５年９月２５日 【受理者】千葉市中央区長

未成年後見人の職務執行は、届出をまって初めてその効力を生ずるものではないから、就職の届出以前に未成年後見人としてなした行為は無効ではなく（明治四〇・五・八東京控訴院判決・法律新聞四三七号六頁）、また、指定未成年後見人は、その就職届出の前であるか否かを問わず、未成年後見人としての任務に就かなければならないとされる（大正六・二・二七東京控訴院判決・判決大系一五巻（Ⅰｂ）―二・一三二九頁）。

二　選定未成年後見人に関する戸籍記載の嘱託

選定未成年後見人（問3参照）については選任の裁判が確定した場合に、裁判所書記官から未成年被後見人の本籍地の戸籍事務管掌者に対する戸籍記載の嘱託に基づき戸籍の記載をすることになる（民八四〇条、家事一一六条一号・別表第一の七一項、家事規七六条一項二号、戸一五条）。

1　親権喪失又は親権停止を原因として未成年後見が開始した場合

親権者について、親権喪失又は親権停止の裁判が確定したことを原因として未成年後見が開始した場合、家庭裁判所は、未成年被後見人又はその親族その他の利害関係人の請求によって未成年後見人を選任する（民八四〇条一項）。この場合の戸籍の記載は、裁判所書記官からの嘱託により、未成年者の身分事項欄に「平成弐拾五年九月拾八日千葉市中央区千葉港五番地甲原忠太郎同籍孝吉未成年後見人に選任の裁判確定同月弐拾日嘱託㊞」と記載される（法定記載例一二〇）。なお、未成年後見人が法人である場合は「平成弐拾五年九月拾八日東京都中央区京橋一丁目一番一号社会福祉法人丙未成年後見人に選任の裁判確定同月弐拾日嘱託㊞」と記載される（法定記載例一二一）。未成年後見人の追加選任（民八四〇条二項）があった場合も同様である。

（コンピュータシステムによる証明書記載例）

1　未成年後見人が自然人の場合

未成年者の後見	【未成年後見人選任の裁判確定日】平成２５年９月１８日 【未成年後見人】甲原孝吉 【未成年後見人の戸籍】千葉市中央区千葉港５番地　甲原忠太郎 【記録嘱託日】平成２５年９月２０日

2　未成年後見人が法人の場合

未成年者の後見	【未成年後見人選任の裁判確定日】平成２５年９月１８日 【未成年後見人】社会福祉法人丙 【未成年後見人の住所】東京都中央区京橋一丁目１番１号 【記録嘱託日】平成２５年９月２０日

2　管理権喪失、行方不明又は長期不在を原因として未成年後見が開始した場合

親権者について、管理権喪失、行方不明又は長期不在を原因として未成年後見が開始した場合、家庭裁判所は、未成年被後見人又はその親族その他の利害関係人の請求によって未成年後見人を選任する（民八四〇条一項）。この場合の戸籍の記載は、裁判所書記官からの嘱託により、未成年者の身分事項欄に「平成弐拾五年九月拾八日親権を行う者がないため（親権を行う者が管理権を有しないため）千葉市中央区千葉港五番地甲原忠太郎同籍孝吉未成年後見人に選任の裁判確定同月弐拾日嘱託㊞」と記載される（法定記載例一一二）。なお、未成年後見人が法人である場合は「平成弐拾五年九月拾八日親権を行う者がないため（親権を行う者が管理権を有しないため）東京都中央区

京橋一丁目一番一号社会福祉法人丙未成年後見人に選任の裁判確定同月弐拾日嘱託㊞」と記載される（法定記載例一二三）。未成年後見人の追加選任（民八四〇条二項）があった場合も同様であり、未成年者の後見開始事由も省略せずに記載する（戸籍八七三号六二頁）。

（コンピュータシステムによる証明書記載例）

1　未成年後見人が自然人の場合

未成年者の後見	【未成年後見人選任の裁判確定日】平成２５年９月１８日 【未成年者の後見開始事由】親権を行う者がないため（親権を行う者が管理権を有しないため） 【未成年後見人】甲原孝吉 【未成年後見人の戸籍】千葉市中央区千葉港５番地　甲原忠太郎 【記録嘱託日】平成２５年９月２０日

2　未成年後見人が法人の場合

未成年者の後見	【未成年後見人選任の裁判確定日】平成２５年９月１８日 【未成年者の後見開始事由】親権を行う者がないため（親権を行う者が管理権を有しないため） 【未成年後見人】社会福祉法人丙 【未成年後見人の住所】東京都中央区京橋一丁目１番１号 【記録嘱託日】平成２５年９月２０日

二　渉外未成年後見

問14　日本に居住する外国人の未成年後見関係は、どこの国の法律によることになるか。

答　未成年後見については、原則として被後見人である未成年者の本国法が準拠法となるが、日本に居住する外国人の未成年者に関しては、その本国法によれば未成年後見の開始原因があるのに、日本における未成年後見の事務を行う者がない場合は、その住居所の有無を問わず、我が国の裁判所が日本の法律によって未成年後見人を選任することができる。

解説　未成年者に対し親権を行う者がいないときは、未成年後見によってその未成年者を保護する必要がある。つまり、未成年後見は、未成熟であるがゆえに判断能力が不十分な未成年者についてその身上又は財産上の保護を目的とする制度であり、諸外国においても一般的に認められている。しかし、未成年後見人の資格、権限、選任方法等は国によって異なる。

一　未成年後見の準拠法

未成年後見は、未成年者の保護に関する制度であるという点からすれば、固定的・統一的に規律されることが望ましいといえるから、一般的には、未成年被後見人の本国法によるのが最もよくその目的を達することができるといえる。通則法も、未成年後見開始の原因、未成年後見の機関、未成年後見人の権利・義務、未成年後見の終了など未成年後見に関する事項は、原則として未成年被後見人の本国法によることとされている（通則法三五条一項）。

二　日本に居住する外国人の未成年後見

一般的に、未成年被後見人が外国に住所又は居所を有する場合、その保護をより実効性のあるものにするためには、その居住国で未成年後見人が選任されることが望ましい。また、未成年被後見人はその居住する社会と密接な関係をもち、その準拠法に社会保護法としての機能が要請される。

そこで、通則法は、外国人の未成年者については、その本国法によって未成年後見開始の原因があるが、日本における未成年後見の事務を行う者がないときには、日本における住居所の有無を問わず、例外的に未成年後見人の選任の審判その他の未成年後見に関する審判の準拠法を日本法とすることを規定している（通則法三五条二項一号）から、右の場合は、未成年後見開始の原因については本国法によるが、そのほかの事由については日本の法律によることとなる（渉外戸籍実務研究会「設題解説渉外戸籍実務の処理Ⅶ」七六頁）。したがって、日本における外国人の未成年後見は、原則としてその本国法（すなわち外国法）が準拠法となるが、当該子の本国法によれば後見開始の原因があるものの、日本における後見の事務を行う者がないときは、当該子の日本における住所や居所の有無を問わず、日本の民法によることになる。

なお、日本に住所又は居所を有する外国人の未成年者については、日本の家庭裁判所に国際裁判管轄が認められるものと解されるから、日本の家庭裁判所において子の準拠法に従い未成年後見人選任の審判を行うことができる。また、日本における住所や居所の有無を問わず、前記の通則法第三五条第二項第一号の要件を満たす外国人の未成年者についても、日本の家庭裁判所において、未成年後見人選任の審判をすることができるものと解される（前掲書七七頁）。

三　未成年後見監督人

問15　未成年後見監督人は、どのようにして決定されるか。

答　指定未成年後見監督人は、未成年後見人を指定できる者の遺言によって指定される。選定未成年後見監督人は家庭裁判所が必要があると認めるときに、一定の者の請求、又は家庭裁判所の職権により選任される。

解　説

一　未成年後見監督人

未成年後見人に対する監督機関であり、旧法時においては絶対的必要機関とされていたが、現行法の下では、未成年被後見人に多大の財産があるなど必要がある場合に置かれる任意機関とされ、未成年後見において遺言で指定した場合のほかは、必要がある場合に家庭裁判所が一定の者の請求によって選任することができるものとされている（問4参照）。

二　指定未成年後見監督人

未成年後見人を指定することができる者（管理権を有する最後に親権を行う者、又は親権を行う父母の一方が管理権を有しないときの他方）によって指定された未成年後見監督人である。この未成年後見監督人の指定は、未成年後見人の指定と同様に遺言によらなければならず、遺言以外の方法、例えば、生前の契約などで指定しても指定の効力は生じない

（民八四八条）。なお、指定未成年後見監督人は、未成年後見についての監督機関である。

三　選定未成年後見監督人

家庭裁判所は、必要があると認めるときは、未成年被後見人、その親族若しくは未成年後見人の請求により又は家庭裁判所の職権で、未成年後見監督人を選任することができる（民八四九条）。この場合の「必要があると認める」事由については、未成年後見監督人のないことが未成年被後見人に著しく不利益をもたらす場合をいい、未成年被後見人の利益保護のために未成年後見人を監督する機関を置くことの必要性と解されている（「新版注釈民法(25)親族(5)」三六二頁）。

家庭裁判所における未成年後見監督人の選任手続は、未成年後見人の選任手続と同様であり（家事一七六条・一七七条・別表第一の七四項）、未成年被後見人の住所地の家庭裁判所の管轄に属する審判事件である（家事一七六条）。未成年後見監督人選任の審判は、即時抗告は許されておらず、未成年後見監督人となる者に告知されることによって効力を生じ、その時から未成年後見監督人として職務（**問17**参照）を行うことになる。

問16　未成年後見監督人となることができないのは、どのような場合か。

答　未成年後見監督人には、未成年後見人の欠格事由の規定が準用されているほか、その公正な職務の遂行を確保するために未成年後見人の配偶者等一定の親族関係にある者は未成年後見監督人になることはできないとされている。

解説

未成年後見監督人の欠格事由

未成年後見監督人は未成年後見人を監督する職務を有しているから、未成年後見人の欠格事由の規定（民八四七条）が準用され、まず、未成年後見人の欠格事由として、未成年者や破産手続開始の審判を受けた者等は未成年後見監督人となることができないものとされている（民八五二条）。さらに、後見監督人が後見人との間に特別な親族関係があるときには、公正な職務を行うことが期待できないため、未成年後見人の配偶者、直系血族及び兄弟姉妹は未成年後見監督人となることができないとされている（民八五〇条）。この場合、配偶者とは法律上の配偶者であることを要し、事実上の配偶者はこれに含まれない。また、直系血族は、自然血族と法定血族とを区別しないし、兄弟姉妹も父母を同じくする（全血の）兄弟姉妹と父母の一方を同じくする（半血の）兄弟姉妹とを区別しない。したがって、事実上の配偶者や事実上の養親子関係にある場合には、解任事由となり得るに過ぎない。

右に反してなされた未成年後見監督人の指定又は選任は無効となり、また、未成年後見監督人に就職した後に右の欠格事由が生じた場合は、その事実発生と同時にその地位を失うことになる（明治三二・五・二七民刑九三四号回答参照）。

問17　未成年後見監督人は、どのような役割をもっているか。

答　未成年後見監督人の基本的な役割は、未成年後見人の事務の監督が中心となるが、そのほか、未成年後見人が欠けた場合の未成年後見人選任請求、緊急の場合の必要な処分、利益相反行為における未成年被後見人の代理がある。

解説

一　未成年後見人の事務の監督

未成年後見監督人は、一般的に未成年後見人の事務を監督することを役割・職務としているが、民法が具体的に定めているものには次のようなものがある。(1)未成年後見人の就職時の財産調査、財産目録調製の立会い(民八五三条二項)、(2)未成年後見人が被後見人に対して有する債権・債務の申出受領(民八五五条)、(3)未成年者の身上監護に関する未成年後見人の処分(親権者が定めた教育方法・居所の変更、営業の許可・許可の取消し・制限)についての同意(民八五七条)、(4)未成年後見事務報告及び財産目録提出の請求、未成年後見事務若しくは被後見人の財産の状況の調査(民八六三条一項)、(5)家庭裁判所に対する未成年後見事務についての必要な処分の請求(民八六三条二項)、(6)未成年後見人が被後見人に代わってする営業若しくは(元本受領(**問6・二2**(1)参照)以外の)民法第一三条第一項各号の行為に対する同意及び未成年後見人が被後見人の行為に与える同意に対する同意(民八六四条)、(7)未成年後見終了の際の管理計算についての立会い(民八七一条)である。

二　未成年後見人の選任請求

未成年後見監督人は、未成年後見人が（死亡・解任・欠格事由の発生等によって）欠けた場合には、遅滞なく後任の未成年後見人の選任を家庭裁判所へ請求しなければならない（民八五一条二号）。

三　緊急の場合の必要な処分

未成年後見人が欠け、後任の未成年後見人がいまだ就職していない場合や未成年後見人がその職務を行うことができないような支障がある場合において、急迫の事情があり、後見事務の処理を必要とするときには、未成年後見監督人は必要な処分を行うことができる（民八五一条三号）。ここでいう「必要な処分」とは、これをしないと被後見人に回復し難い不利益をもたらすものをいい、時効の中断、債務者の差押え・債権者代位、倒壊しようとする家屋の修理などが挙げられる。

四　利益相反行為における被後見人の代理

未成年後見人又はそれを代表する者（例えば、未成年後見人の親権・後見・保佐に服する者）と被後見人との間の利益相反行為（**問6・二2**(2)参照）については、未成年後見人に被後見人を代表（代理）する権限を認めず、未成年後見監督人がある場合は未成年後見監督人が代わって被後見人を代理する（民八五一条四号）。未成年後見監督人が複数人置かれている場合に（**問18**参照）、その一人が被後見人と利益相反するときは、他の利益相反しない未成年後見監督人が被後見人を代理する。

問18　未成年後見監督人を複数人置くことができるか。

答　未成年後見監督人の人員に制限はない。

解説

一　未成年後見監督人の追加的選任

民法等の一部を改正する法律（平成二三年法律六一号）により、未成年後見人の追加的選任を認めるのに併せて、未成年後見監督人についても追加的選任が認められた。

ところで、改正前の民法では、未成年後見監督人の選任に関する民法第八四九条と、成年後見監督人の選任に関する同法第八四九条の二とが分けて規定されていたが、これは、両者の選任の要件に相違があることによるものであった。しかし、未成年後見監督人についても追加的選任が認められたことにより、両者の選任の要件に相違はなくなり、規定が共通となることから民法第八四九条の二が削除され、第八四九条に一本化された。

二　複数の未成年後見監督人の権限行使

複数の未成年後見監督人がある場合に、単独で権限行使をすることとすると、それぞれの方針が異なるときには、子の安定的な監護が損なわれるおそれがある。そこで、複数の未成年後見監督人がある場合の権限行使については、未成年後見人の権限の行使等に関する民法第八五七条の二の規定を準用し、身上監護に関する職務は必ず権限の共同行使とし、財産に関する職務についても家庭裁判所で単独行使の定め又は事務分掌の定めをすることができるという例外を認めつつ、権限の共同行使を原則としている（民八五二条）。

問19　未成年後見監督人が就職した場合は、どのような手続で戸籍に記載されるか。

答　指定未成年後見監督人の場合は、遺言により指定された未成年後見監督人が、未成年後見監督人就職の届出をすることにより、戸籍に記載される。
選定未成年後見監督人の場合は、選任の裁判の確定後、裁判所書記官による戸籍記載の嘱託に基づいて記載される。

解説

未成年後見監督人就職の戸籍記載手続

未成年後見監督人は、被後見人に相当の財産があるなど必要な場合に置かれる任意機関であるが、被後見人と第三者との間の財産上の行為に関与する権限を有していることから（民八六四条・一三条一項・八五一条四号参照）、未成年後見監督人が置かれているか否かは重要な事項であり、これを戸籍に記載して一般に公示することとされている（戸規三五条五号、法定記載例一三四から一三七など）。

そこで、指定未成年後見監督人が置かれたときは（民八四八条）、未成年後見監督人就職の届出をすべきこととされている（戸八五条・八一条）。この届出は、報告的届出であり、また、未成年後見の監督機関に関する届出であるから、未成年被後見人、未成年後見人及び未成年後見監督人が届出事件の本人である。

そして、届出義務者は未成年後見監督人であり、就職した日から一〇日以内に届出をすることを要する。すなわち指定未成年後見監督人の場合は、遺言の効力が生ずる日（遺言者の死亡した日）、つまり未成年後見開始の日（民九八五条一項）が右の届出期間の起算日となる。

また、選定未成年後見監督人については、選任の裁判が確定した場合に（民八四九条）、裁判所書記官から、被後見人の本籍地の戸籍事務管掌者に対し、戸籍記載の嘱託（家事一一六条一号・別表第一の七四項、家事規七六条一項二号、法定記載例一三六・一三七）がなされる。

第三　未成年後見の終了

一　未成年後見の終了一般

問20　未成年後見人は、どのような場合にその地位を失うのか。

答　未成年後見人がその地位を失うのは二つの場合がある。その一つは未成年後見人が辞任する等未成年後見は継続しながら未成年後見人がその地位を去る場合であり、もう一つは未成年被後見人の死亡等未成年後見そのものの終了に伴って当然にその地位を失う場合とがある。

解説

1　未成年後見人の地位喪失の例

未成年後見人がその地位を失う場合の一つとして、未成年後見は継続しながら未成年後見人がその地位を去る場合がある。例えば、未成年後見人の死亡（失踪宣告）、辞任・解任及び欠格等、相対的に未成年後見が終了する場合である。これに対して、未成年後見そのものの必要がなくなり、未成年後見が絶対的に終了するのに伴って未成年後見人が当然にその地位を失う場合がある。例えば、未成年後見においては、未成年者の死亡（失踪宣告）、未成年者の成年到達又は婚姻、親権を行う者があるに至った場合（民八三六条・八三七条二項）などである。

2　未成年後見人の地位喪失と戸籍の記載

前者の未成年後見の相対的な終了の場合のうち、未成年後見人の死亡又は欠格事由の発生を原因としてその地位を喪失したときは、未成年後見人地位喪失の届出により戸籍に記載され（戸八二条）、また、未成年後見人の辞任、解任を原因としてその地位を喪失したときは、裁判所書記官からの嘱託により戸籍に記載される（家事一一六条・別表第一の七二項・七三項、家事規七六条一項三号・四号）。後者の絶対的な終了の場合には、未成年者の後見終了の届出がなされることになる（戸八四条）。

二　未成年後見人の辞任・解任及び欠格（相対的終了）

問21　未成年後見人は辞任することができるか。辞任するには特別の手続を要するか。

答　未成年後見人は任意に辞任することはできないが、老齢、疾病等その職務を遂行することができないような正当な事由があるときは辞任することができる。この辞任は、家庭裁判所の許可審判を得てすることとされている。

解説

一　未成年後見人の辞任

未成年後見は、未成年者保護の制度であり、未成年被後見人の保護の任務を負う未成年後見人の地位は、それが権利であるとともに社会的公益的義務をもつものと解されていることから、みだりにその職を退くことは許されないとし、民法は、旧法以来後見人の辞任については一定の制約を加えてきた(旧民九〇七条、民八四四条)。これは、指定・選定による各後見人において異なるところはない。

二　辞任の許可審判

現行法においては「正当な事由があるとき」とされているが、これは家庭裁判所において具体的な事案に即して判断されるべきであり、客観的にみて未成年後見人が未成年後見事務を遂行することが困難な事情があることをいうものと解される。例えば、旧法における辞任事由で、解釈上の参考になるものとして、実質的に、未成年後見人が未成年被後見人のために十分な職務の遂行ができないほど遠隔地で職業に従事しているなどがある。また、その他の正当事由として、未成年後見人の老齢、疾病、身体障害等が考えられる。

三　辞任手続

未成年後見人が辞任するには、家庭裁判所の許可を得てすることができるものとされ（民八四四条）、その許可は審判事項であるから（家事三九条・別表第一の七二項）、未成年被後見人の住所地の家庭裁判所に（家事一七六条）未成年後見人自ら申立てをすることになる。未成年後見人の辞任の審判に対しては、許可の場合も、却下の場合も即時抗告は許されないので、未成年後見人に告知されることによって審判の効力が生じ、確定する（家事七四条二項、青木義人・大森政輔「全訂戸籍法」三七五頁）。この辞任許可の審判が確定し効力が生じた場合は、裁判所書記官から未成年被後見人の本籍地の戸籍事務管掌者に対し戸籍記載の嘱託がなされる（家事一一六条一号・別表第一の七二項、**問25**及び**問33**参照）。

後見人が辞任するときは、当然に後任の未成年後見人の選任が必要となるから、未成年後見人は家庭裁判所に対し遅滞なくその選任を請求しなければならない（民八四五条）。後任の未成年後見人を選任する裁判が確定したときは、裁判所書記官により被後見人の本籍地の戸籍事務管掌者に対する戸籍記載の嘱託（家事一一六条一号・別表第一の七一項）がなされる。

問22　未成年後見人を解任するのは、どのような理由がある場合か。また、その解任の手続はどうか。

答　未成年後見人に不正な行為等後見の任務に適しない事由があるときは、家庭裁判所は一定の者の請求により、又は職権で、これを解任することができる。

解　説

一　未成年後見人の解任

未成年後見人は、被後見人の身上監護と財産管理の責務を負うものであるから、未成年後見の職務を遂行する上で、その任務に適しない事由があるときに解任されるのは当然のことといえる。これは、指定未成年後見人あるいは選定未成年後見人であるとを問わない。また、未成年後見人の解任は、未成年後見人の資格を全面的に喪失させるものであるから、親権の一部である管理権のみの喪失が認められるのと異なり、未成年後見人の職務の一部についてのみ解任することはできない。

二　解任事由

民法は、未成年後見人の不正な行為、著しい不行跡という二つの具体的な解任事由を例示した上で、その他後見の任務に適しない事由という抽象的な解任事由を規定している（民八四六条）。これらの解任事由に該当するか否かについては、結局、家庭裁判所において未成年後見人と未成年被後見人の関係、社会的地位、生活状態などの事情から総合的に判断されることになる。

「不正行為」とは、例えば、未成年後見人が未成年被後見人の財産を横領し自分のために費消するとか、未成年被後見人の財産を未成年後見人自ら自分の所有であると主張する場合など、いずれも不正行為に該当し、必ずしも直接に未成年後見の任務に関してなされたものであることを要せず、その行為が未成年後見の任務に適しない行為であれば解任事由になるとされる（「新版注釈民法(25)親族(5)」三三四頁）。また、「著しい不行跡」とは、未成年後見人の操行不良の程度が未成年被後見人の身上監護に悪影響を及ぼす場合だけでなく、財産管理について未成年被後見人に危険を生じさせる場合も含むと解されている（中川淳「改訂親族法逐条解説」五二〇頁）。そして、「その他後見の任務に適しない事由」とは、右二つの具体的な例示のような場合のほか、未成年後見人がその権限を濫用したり、管理が失当であったり、あるいは未成年後見の任務を怠る場合がこれに当たるものとされている。

三　解任手続

未成年後見人の解任は、家庭裁判所のいわゆる審判事項であり（家事三九条・別表第一の七三項）、未成年被後見人の住所地の家庭裁判所の管轄に属する（家事一七六条）。この審判手続は、(1)未成年後見監督人、未成年被後見人、その親族（民七二五条）若しくは検察官の請求又は家庭裁判所の職権〔**注**〕によって開始する（民八四六条）、(2)家庭裁判所は解任の審判をする前に本人の陳述を聴かなければならないとされ（家事一七八条一項二号）、また、未成年被後見人の利益のために必要があると認めるときは、解任の請求をした者の申立てにより、未成年後見人の職務の執行を停止し、又はその職務を代行する者を選任することができる。そして、家庭裁判所はこの職務代行者をいつでも改任することができるものとされている（家事一八一条・一二七条）。右の審判の効力が生じ若しくは効力を失った場合には、裁判所書記官は遅滞なく未成年被後見人の本籍地の戸籍事務管掌者に対し、戸籍の記載を嘱託しなければならない（家事一一六条一号・別表第一の七三項、**問25**参照）。(3)解任の審判に対しては、未成年後見人から即時抗告をすることができ（家事一七九条二号）、また、解任の申立てを却下する審判に対しては、申立人（検察官を含む）、未成年後見監督人、被後見人及びその親族から即時抗告をすることができる（同条三号）。(4)解任の効力は、審判の確定によって生じる。解任の審判に対しては前述のとおり即時抗告が許されるから、未成年後見人が審判の告知を受けた日から二週間以内に（家事八五条・八六条）即時抗告がなされないときはその期間満了のとき、また、即時抗告がなされても終審の裁判（却下）があったときは、その時点で審判は確定する。この解任の審判が確定し効力が生じた場合は、裁判所書記官から未成年被後見人の本籍地の戸籍事務管掌者に対し戸籍記載の嘱託がなされる（家事一一六条一号・別表第一の七三項、家事規七六条一項四号、**問25**及び「第四の三　未成年後見の届出事例及び戸籍記載等の処理例」3参照）。

〔**注**〕　昭和三七年法律第四〇号による民法の一部改正により、家庭裁判所は職権で後見人等を解任し得ることとなった。この場合は申立てがないので、家庭裁判所の「職権解任手続開始相当の認定」によって手続が開始される。これは、その端緒となった家裁調査官の報告書又はこれに準ずる書面（審問調書抄本、上申書、電話聴取書、相談結果報告書など）の上に、一応職権により解任手続を進めてみるに足りる相当の理由があるとの認定をするものである。その後の審判手続等は、原則として申立てによる解任の場合と同様であるから、手続の終了は、解任審判か、解任しない旨の終了認定か、あるいは事件本人（後見人）又は被後見人の死亡による自然終了によるが、申立ての却下とか取下げはあり得ない（藤島武雄・中村平八郎「改訂家事調停・審判事件の申立と実務」一五〇頁）。

問23　未成年後見人が死亡、辞任、解任、欠格事由の発生等によりその地位を失ったときは、どのような手続で戸籍に記載されるか。

答　未成年後見人が、死亡又は欠格事由の発生を原因としてその地位を失ったときは、未成年後見人地位喪失の届出により戸籍に記載される。
未成年後見人が、辞任又は解任を原因としてその地位を失ったときは、裁判所書記官からの嘱託により戸籍に記載される。

解説　未成年後見人の地位喪失は、未成年後見は継続しながら未成年後見人がその地位を去る場合、すなわち、未成年後見の相対的終了の場合に生じる。この地位喪失の主な原因は、未成年後見人の死亡（失踪宣告）、辞任（民八四四条、**問21**参照）、解任（民八四六条、**問22**参照）、欠格事由の発生（民八四七条、**問9**参照）である。そして、これらの原因が生じたときは、未成年後見人は当然にその地位を失うこととなる（未成年後見の相対的終了）。このときに、未成年後見人が不在となる場合は、後任の後見人を定める必要が生じるため、家庭裁判所が未成年被後見人又はその親族その他の利害関係人の請求によって後任者を選任する（民八四〇条）。
未成年後見の相対的な終了においては、未成年後見人の死亡、欠格事由の発生により地位を喪失する場合と、未成年後見人の辞任、解任により地位を喪失する場合とで、戸籍記載の手続が異なる。

1　死亡、欠格事由の発生による未成年後見終了の記載

未成年後見人が死亡し、又は民法第八四七条第二号から第五号までに掲げる欠格事由に該当する者となったため、その地位を失ったときは、未成年後見人地位喪失の届出により戸籍の記載がされる。当該届出においては、未成年後見人が一名であった場合と、複数名であった場合とで、届出義務者が異なる（戸八二条）。

未成年後見人が一名であった場合の届出義務者は、その後任者であり、就職の日から一〇日以内に、未成年後見人地位喪失の届出をしなければならない（戸八二条一項）。また、未成年後見人が複数いる場合の届出義務者は、他の未成年後見人であり、その事実を知った日から一〇日以内に、未成年後見人地位喪失の届出をしなければならない（戸八二条二項）。なお、これらの未成年後見人地位喪失の届出は、未成年者本人、その親族又は未成年後見監督人から届け出ることもできる（戸八二条三項）。

未成年後見人地位喪失届には法定の添付書類はないが、未成年後見人が死亡により地位を喪失した場合には当該死亡事項が記載された戸籍謄本等、また、欠格事由に該当することにより地位を喪失した場合には当該欠格事由に該当することとなったことを証する裁判書の謄本等の提出を求めることができる（戸規六三条）。また、後任の未成年後見人から届出をする場合において、当該後任者選任の戸籍の記載嘱託がいまだなされていない場合には、選任の審判書謄本を添付することにより届出資格を確認することができ、かつ、前任者の地位喪失原因も確認することができた場合には、受理することができる（戸籍実務研究会編「初任者のための戸籍実務の手引き（改訂新版第六訂）」一六六頁）。

右の届出による戸籍の記載は、未成年者の身分事項欄に「平成弐拾四年拾月七日未成年後見人甲原孝吉死亡未成年後見人乙原高助同月拾五日地位喪失届出㊞」と記載される（法定記載例一三二、死亡による地位喪失の場合）。

（コンピュータシステムによる証明書記載例）

未成年者の後見	【未成年後見人地位喪失事由の発生日】平成２４年１０月７日 【地位喪失事由】未成年後見人甲原孝吉の死亡 【届出日】平成２４年１０月１５日 【届出人】未成年後見人　乙原高助

2　辞任、解任による未成年後見終了の記載

未成年後見人が、家庭裁判所から辞任許可の審判を得た場合（民八四四条）、又は、未成年後見人解任の審判が確定した場合（民八四六条）には、裁判所書記官から、未成年被後見人の本籍地市区町村長に対し、戸籍記載の嘱託がなされるため戸籍の届出を要しない（家事一一六条・別表第一の七二項・七三項、家事規七六条一項三号・四号）。

(1)　未成年後見人辞任許可の裁判確定による戸籍の記載嘱託があった場合

未成年後見人の辞任許可の裁判が確定した場合は、裁判所書記官からの嘱託により、未成年者の身分事項欄に「平成弐拾四年八月弐拾四日未成年後見人甲原孝吉辞任許可の裁判確定同月弐拾七日嘱託㊞」と記載される（法定記載例一三〇）。

（コンピュータシステムによる証明書記載例）

未成年者の後見	【未成年後見人辞任許可の裁判確定日】平成２４年８月２４日 【辞任した未成年後見人】甲原孝吉 【記録嘱託日】平成２４年８月２７日

(2)　未成年後見人解任の裁判確定による戸籍の記載嘱託があった場合

未成年後見人の解任の裁判が確定した場合は、裁判所書記官からの嘱託により、未成年者の身分事項欄に「平成弐拾四年拾壱月九日未成年後見人甲原孝吉解任の裁判確定同月拾四日嘱託㊞」と記載される（法定記載例一三一）。

（コンピュータシステムによる証明書記載例）

未成年者の後見	【未成年後見人解任の裁判確定日】平成２４年１１月９日 【解任された未成年後見人】甲原孝吉 【記録嘱託日】平成２４年１１月１４日

問24　未成年後見監督人が死亡、辞任、解任、欠格事由の発生等によりその地位を失ったときは、どのような手続で戸籍に記載されるか。

答　未成年後見監督人が、死亡又は欠格事由の発生を原因としてその地位を失ったときは、未成年後見監督人地位喪失の届出により戸籍に記載される。

未成年後見監督人が、辞任又は解任を原因としてその地位を失ったときは、裁判所書記官からの嘱託により戸籍に記載される。

解説

未成年後見監督人の辞任・解任及び欠格事由の発生等その地位の相対的な終了の原因については、民法において未成年後見人に関する規定を準用しているから、未成年後見人の場合と基本的には同様である（民八五二条・八四四条・八四六条・八四七条。なお、未成年後見監督人については、民法第八五〇条で更に欠格事由が定められている。**問16**を参照願いたい。）

未成年後見監督の相対的な終了があったときの戸籍記載の手続については、未成年後見監督人の死亡、欠格事由の発生により地位を喪失する場合と、未成年後見監督人の辞任、解任により地位を喪失する場合とで、その手続が異なる。

1　死亡、欠格事由の発生による未成年後見監督人地位喪失の記載

未成年後見監督人が死亡し、又は民法第八四七条第二号から第五号までに掲げる欠格事由に該当する者となったため、その地位を失ったときは、未成年後見監督人地位喪失の届出により戸籍の記載がされる。

未成年後見監督人の地位喪失の届出義務者については、未成年後見人の規定が準用されている。未成年後見監督人が一名であった場合で後任者が選任されているときは、その後任者が就職の日から一〇日以内に、未成年後見監督人地位喪失の届出をしなければならない（戸八五条・八二条一項）〔注〕。また、未成年後見監督人が複数いる場合には、他の未成年後見監督人が、その事実を知った日から一〇日以内に、未成年後見監督人地位喪失の届出をしなければならないこととなる（戸八五条・八二条二項）。これらの未成年後見監督人地位喪失の届出は、未成年者本人、その親族又は未成年後見人から届け出ることもできる（戸八五条・八二条三項）。

未成年後見監督人地位喪失届には法定の添付書類はないが、未成年後見監督人が死亡により地位を喪失した場合には当該死亡事項が記載された戸籍謄本等、また、欠格事由に該当することにより地位を喪失した場合には当該欠格事由に該当することとなったことを証する裁判書の謄本等の提出を求めることができる（戸規六三条）。また、後任の未成年後見監督人から届出をする場合において、当該後任者選任の戸籍の記載嘱託がいまだなされていない場合には、選任の審判書謄本を添付することにより届出資格を確認することができ、かつ、前任者の地位喪失原因も確認することができた場合には、受理することができる（戸籍実務研究会編「初任者のための戸籍実務の手引き（改訂新版第六訂）」一六六頁）。

この届出による戸籍の記載は、未成年者の身分事項欄に「平成弐拾四年拾月七日未成年後見監督人甲野梅子死亡未成年後見監督人乙野広造同月拾五日地位喪失届出㊞」と記載される（参考記載例一六三、死亡による地位喪失の場合）。

（コンピュータシステムによる証明書記載例）

未成年者の後見	【未成年後見監督人地位喪失事由の発生日】平成２４年１０月７日 【地位喪失事由】未成年後見監督人甲野梅子の死亡 【届出日】平成２４年１０月１５日 【届出人】未成年後見監督人　乙野広造

2　辞任、解任による未成年後見監督人地位喪失の記載

未成年後見監督人が、家庭裁判所から辞任許可の審判を得た場合（民八五二条・八四四条）、又は、未成年後見人解任の審判が確定した場合（民八五二条・八四六条）には、裁判所書記官から、未成年被後見人の本籍地市区町村長に対し、戸籍記載の嘱託がなされるため戸籍の届出を要しない（家事一一六条・別表第一の七五項・七六項、家事規七六条一項三号・四号）。

(1)　未成年後見監督人辞任許可の裁判確定による戸籍の記載嘱託があった場合

未成年後見監督人の辞任許可の裁判が確定した場合は、裁判所書記官からの嘱託により、未成年者の身分事項欄に「平成弐拾四年八月弐拾四日未成年後見監督人甲野梅子辞任許可の裁判確定同月弐拾七日嘱託㊞」と記載される（参考記載例一六一）。

（コンピュータシステムによる証明書記載例）

未成年者の後見	【未成年後見監督人辞任許可の裁判確定日】平成２４年８月２４日 【辞任した未成年後見監督人】甲野梅子 【記録嘱託日】平成２４年８月２７日

(2)　未成年後見監督人解任の裁判確定による戸籍の記載嘱託があった場合

未成年後見監督人の解任の裁判が確定した場合は、裁判所書記官からの嘱託により、未成年者の身分事項欄に「平成弐拾四年拾壱月九日未成年後見監督人甲野梅子解任の裁判確定同月拾四日嘱託㊞」と記載される（参考記載例一六二）。

（コンピュータシステムによる証明書記載例）

未成年者の後見	【未成年後見監督人解任の裁判確定日】平成２４年１１月９日 【解任された未成年後見人】甲野梅子 【記録嘱託日】平成２４年１１月１４日

〔注〕　未成年後見監督人は未成年後見人のような必置機関ではなく、必要のある場合に一定の者の請求もしくは家庭裁判所の職権により選任される任意機関である（民八四九条）。そこで、未成年後見監督人が欠格事由の発生によりその地位を喪失したが、後任者が選任されず未成年後見監督人が欠けることとなった場合には、未成年後見監督人地位喪失の届出義務者はいないこととなるため、地位を喪失した未成年後見監督人が、自ら未成年後見監督人任務終了の届出をする必要があるものと解される（戸八五条・八四条）。

三　裁判所書記官からの戸籍記載嘱託

問25　未成年後見に関して裁判所書記官から戸籍事務管掌者に対して戸籍記載の嘱託がなされるのは、どのような場合か。

答　未成年後見人（未成年後見監督人）の選任、辞任許可、解任、権限行使の定め（当該定めの取消しを含む。）の審判が確定した場合のほか、審判前の保全処分が発効又は失効したときに、戸籍記載の嘱託がなされる。

解説

一　戸籍記載の嘱託

(1)未成年後見人（未成年後見監督人）の選任をする審判、辞任を許可する審判、解任する審判、権限の行使についての定め及びその取消しの審判の効力が生じた場合（家事一一六条、家事規七六条一項二号から五号）、(2)特別養子縁組の成立（特別養子縁組の離縁）の申立てがあった場合に養子（未成年被後見人）の利益のため、当該審判の効力が生ずるまでの間、養子の未成年後見人の職務の執行を停止する審判及びその職務代行者を選任（改任）する審判があった場合（家事一六六条、家事規七六条二項一号）、又は、未成年後見人（未成年後見監督人）の解任の申立てがあった場合に被後見人の利益のため、右申立ての審判の効力が生ずるまでの間、未成年後見人（未成年後見監督人）の職務の執行を停止する審判及びその職務代行者を選任（改任）する審判があった場合（家事一八一条・一二七条、家事規七六条二項三号）には、裁判所書記官は、遅滞なく戸籍事務管掌者に対して戸籍記載の嘱託をしなければならない。なお、この家事事件手続法第三九条に規定する事件が高等裁判所に係属する場合（家事六条・九一条、裁一六条二号）には、当該高等裁判所が、これらの審判に代わる裁判を行うこととされている（家事一〇五条二項）。

右のように、戸籍記載の嘱託がなされる場合は、おおむね二つの類型に分けることができ、未成年後見に関するものとしては、右の⑴が「家事事件手続法別表第一に掲げる事項についての審判に基づく嘱託（家事一一六条一号）」の場合であり、⑵は「審判前の保全処分に関する嘱託（家事一一六条二号）」の場合である。

二　家事事件手続法別表第一に掲げる事項についての審判に基づく嘱託（家事一一六条一号）

家事事件手続法別表第一に掲げる事項についての審判に基づく未成年後見に関する戸籍の記載嘱託には、まず、未成年後見人の辞任又は解任に関するものがある。未成年後見人（未成年後見監督人）の辞任許可又は解任の審判がその効力を生じると、未成年後見人（未成年後見監督人）はその地位を失い、後任の未成年後見人（未成年後見監督人は必置機関ではないから、必ずしも後任者が選任されるとは限らない。）が選任される。ここで、後任者から、前任者が辞任又は解任をした旨の届出をすることとすれば、後任者が選任され、届出により戸籍に辞任・解任の旨の記載がなされるまでの間、右の審判が効力を生じているにもかかわらず、既に辞任しあるいは解任されてその地位を失った前任の未成年後見人（未成年後見監督人）が戸籍面上は依然として未成年後見人（未成年後見監督人）の形の状態におかれる。このように審判確定の結果が相当期間戸籍に反映されないという事態が制度上生じ得る。そこで、戸籍公示上の措置として、これらの審判が効力を生じた場合には、裁判所書記官は、遅滞なく（注）、戸籍事務管掌者（その旨の記載をすべき被後見人の本籍地の市町村長）に対し戸籍の記載を嘱託しなければならないとされ、戸籍事務管掌者はその「嘱託」に基づいて未成年被後見人の戸籍の身分事項欄にその旨（法定記載例一三〇・一三一、参考記載例一六一・一六二）を記載することとなる（戸一五条）。

次に、未成年後見人（未成年後見監督人）の選任の審判（民法八四〇条）、及び、未成年後見人（未成年後見監督人）の権限の行使についての定め及びその取消しの審判（民法八五七条の二・八五二条）があった場合にも、裁判所書記官は、遅滞なく、戸籍事務管掌者に対し、戸籍の記載嘱託をしなければならないとされている（家事一一六条一号、家事規七六条一項二号・五号）。これらは、平成二三年法律第六一号（平成二四年四月一日施行）による民法等の一部改正により、嘱託により戸籍の記載をするものと定められたものである。

このように嘱託により記載することとされた理由は、まず、権限行使の定めに関する審判の嘱託については、当該裁判には未成年後見人の権限を制限する性質のものもあり、未成年後見人に適切な戸籍の届出を期待することができない場合も考えられること、及び、成年後見登記制度においても、同様の裁判があった場合には成年後見登記の嘱託を要することとの均衡を図ったためとされている（飛澤知行「一問一答　平成二三年民法等改正――児童虐待防止に向けた親権制度の見直し」八六頁）。また、未成年後見人選任の審判に関する嘱託については、未成年後見人の届出をまって戸籍の記載をするという取扱いを維持すると（改正前戸八一条一項）、家庭裁判所が未成年後見人の選任の審判と同時に権限行使の定めをした場合等において、就職した未成年後見人が未成年後見開始の届出をしない間に裁判所書記官から権限行使の定めに関する戸籍記載の嘱託がされる可能性があり、そのような場合には、嘱託にかかる戸籍記載ができないという不都合が生じてしまうことになるためとされている（前掲書八六頁）。

これらの嘱託がなされた場合には、戸籍事務管掌者はその「嘱託」に基づいて未成年被後見人の身分事項欄にその旨（法定記載例一二四から一二九、参考記載例一五五から一六〇）を記載することとなる（戸一五条）。

〔注〕　時間的即時性を表す言葉として「直ちに」「遅滞なく」「すみやかに」があるが、「直ちに」というのはこの三つの中では

最も時間的即時性が強く、何をおいてもすぐにやれという趣旨を表そうという場合に多く用いられる（民法五四二条等）。これに対して「遅滞なく」は時間的即時性は強く要求されるが、その場合でも、正当、又は合理的な理由に基づく遅滞は許されると解されており、事情の許す限り速やかにという趣旨を表す場合に用いられるものであり（戸籍記載の嘱託についてもこの趣旨と解される。）、「すみやかに」というのは、できるだけ早くという意味を表すには違いないが、訓示的な意味に用いられることが多い（林修三「法令用語の常識」三〇頁）。

三　審判前の保全処分に関する嘱託（家事一一六条二号）

未成年後見人（未成年後見監督人）の解任等即時抗告をすることができる本案審判は、確定しなければ効力を生じないから（家事七四条二項ただし書）、審判の確定によって法律関係が定まるまでの間に、関係人の財産に変動が生じ、その生活が困難になるなど、これを放置することができない事態が生ずることが少なくない。そこで、このような事態の発生を防ぐために、家庭裁判所は、未成年後見人（未成年後見監督人）の解任の申立てがあった場合に未成年被後見人の利益のため必要があるとき（家事一八一条・一二七条）、又は、特別養子縁組の成立（特別養子縁組の離縁）の申立てがあった場合に養子（未成年被後見人）の利益のため必要があるとき（家事一六六条）は、右の申立てによりその審判の効力が生ずるまでの間、未成年後見人（未成年後見監督人）の職務の執行を停止し、又はその職務の代行者を選任することができるものとされている。さらに、これらの審判前の保全処分が確定した後にその理由が消滅し、その他の事情が変更したときは、家庭裁判所はその審判を取り消すことができる（家事一一二条）。

このような後見に関する審判前の保全処分を命ずる審判、あるいはその審判を取り消す審判で、家事事件手続法第一一六条第二号に定めるものが効力を生じた場合（保全処分が発効した場合と失効した場合）には、裁判所書記官は、遅滞なく、戸籍事務管掌者に対し戸籍記載の嘱託をしなければならないものとされている（家事規七六条二項一号・三号）。戸籍事務管掌者は右の嘱託に基づいて被後見人の戸籍の身分事項欄にその旨（参考記載例一五一から一五三）を記載することになる（「第四の三　未成年後見の戸籍記載等の処理例」6参照）。

なお、後見に関して審判前の保全処分が発効又は失効した場合に戸籍記載の嘱託がなされる具体的な事例については**問27**の解説を参照されたい。

四　未成年被後見人の死亡（絶対的終了）

問26　未成年後見は、どのような原因によって終了するか。

答　未成年被後見人の死亡（失踪宣告）により未成年後見の必要はなくなるから絶対的に終了する。これに対し、未成年後見人の死亡、辞任、解任及び欠格事由の発生等の場合は、未成年後見は依然として継続し、未成年後見人の交替が行われるに過ぎない。

解説

一　未成年後見の終了原因

未成年後見の終了原因については二つの場合があり、その一つは未成年後見人地位喪失の原因となる場合、すなわち未成年後見は継続しているが、後見人がその地位を去って後任の後見人が定められる相対的終了の原因になるものと、未成年後見そのものが絶対的に終了して、未成年後見の機関（未成年後見人及び未成年後見監督人）が必要でなくなる原因である。前者の相対的終了の原因については、**問20・問24**において述べたとおりであるが、次に述べるのは後者の絶対的終了の原因についてである。

二　未成年後見の絶対的終了原因

(1)未成年者が死亡し又は失踪宣告を受けたとき、(2)未成年者が成年に達したとき（婚姻により成年に達したものとみなされたとき—民七五三条—も含まれる）、(3)未成年者に対し親権又は管理権を行う者があるに至ったときの三つである。

なお、(3)の場合には、(ア)新たに親権者が生ずるに至ったときと、(イ)従前の親権者が親権又は管理権を回復したときがある。(ア)については、例えば、①未成年者が養子となり養親の親権に服するに至ったとき(大正七・三・一三民四〇二号回答、昭和二三・一二・九民事甲三一八五号回答)、②未成年後見に服する未成年者たる養子につき離縁によって実親が親権を行うに至ったとき(昭和三七・九・一三民事(二)発三九六号通知)、③嫡出でない子につき準正により父が親権を行うに至ったとき(昭和二三・五・一三民事甲一二五九号回答、昭和二五・一二・四民事甲三〇八九号回答)、また、(イ)については、例えば、④親権喪失、親権停止又は管理権喪失の審判により未成年後見に付されていた場合に、その審判が取り消されたとき(民八三六条)、⑤親権又は管理権の辞任により後見が開始した後にこれを回復したとき(民八三七条二項)、⑥親権者につき、後見・保佐開始の審判の取消しがあったとき(大正九・三・二民一七八号回答)、⑦行方不明又は長期不在の親権者が帰来したとき(昭和三七・二・一三民事甲三〇号)などである。

問27　未成年後見が終了したときは、必ずその届出を要するか。

答　未成年後見が絶対的に終了するすべての場合に未成年後見終了の届出をする必要はなく、場合により市町村長限りの職権で戸籍に未成年後見終了の記載をすべきときもある。

解説

未成年後見終了の場合

(1)　未成年後見の終了原因（**問26**参照）のうち、未成年者が死亡（失踪宣告）した場合には、その届出によって戸籍に死亡（失踪宣告）の記載がなされるから、さらに後見終了の記載をする実益がないので、後見終了の届出も戸籍の記載もともに不要とされている（大正五・三・二二民六九号回答）。

(2)　未成年者が成年に達したとき（婚姻による成年擬制を含む。）は、市町村長限りの職権によって未成年後見終了の旨の戸籍記載ができるが（昭和二八・一二・二五民事甲二四七九号回答等）、未成年後見に服する未成年者が成年に達し、又は婚姻により成年に達したものとみなされることにより未成年後見が終了したことは、本人の戸籍の出生の年月日又は婚姻の記載により判断し得ることから、本人から特に未成年後見終了の記載について申出がない限り、職権でその記載をすることを要しないものとされている（昭和五四・八・二一民二―四三九一号通達）。

(3)　親権又は管理権を行う者があるに至った場合において、前問（**問26**）の解説**二**に例示した場合のうち、①から⑤のように、それぞれ届出の受理によって親権の発生・回復・変更の効力が生じるときは、後見終了の届出をまつまでもなく、市町村長限りの職権で未成年後見終了の記載をすることができるが（昭和二三・一二・九民事甲三一八五号回答等)、いずれも戸籍の記載自体又は縁組、離縁等の届出によって未成年後見が終了したことは明らかであるから、これらの場合も本人から特に申出のない限り、未成年後見終了の職権記載を省略して差し支えないとされている(昭和五四・八・二一民二—四三九一号通達)。

しかし、行方不明又は長期不在の親権者が帰来し、親権を行使し得るようになった⑦の場合には、未成年後見終了の届出が必要であり、戸籍の記載も省略すべきでないと解されている(木村三男「戸籍届書の審査と受理Ⅱ」七九頁)。

問28　未成年後見監督人は、どのような原因によってその任務を終了するか。

答　未成年後見監督人の任務は、⑴未成年後見そのものの終了、⑵未成年後見監督人の死亡、⑶未成年後見監督人の辞任・解任、⑷未成年後見監督人につき欠格事由の発生等の原因によって終了する。

解説

未成年後見監督人の任務終了原因

未成年後見監督人は、⑴未成年被後見人が死亡又は失踪宣告を受けたとき、未成年被後見人が成年に達したとき（婚姻による成年擬制を含む。）又は親権者若しくは管理権を行う者があるに至ったときなどのように（**問27**参照）、未成年後見そのものが絶対的に終了する場合は、その任務も終了する。

また、⑵未成年後見監督人の死亡、⑶未成年後見監督人の辞任又は解任（未成年後見人に関する規定が準用されるため、未成年後見人の場合と異ならない―民八五二条・八四四条・八四六条、家事一七六条・別表第一の七五項・七六項）及び⑷未成年後見監督人につき欠格事由が発生したとき（欠格事由についても後見人に関する規定（民八四七条）が準用される（民八五二条）ほか、後見監督人についてだけの欠格事由として民八五〇条の規定がある。）など後見監督人の任務が相対的に終了する原因がある（**問15**、**問27**参照）。

問29　未成年後見監督人につき任務終了の届出を要するのは、どのような場合か。

答　未成年後見監督人につき欠格事由が発生した場合は、任務の終了した未成年後見監督人から任務終了の届出を要するが、その届出前に後任の未成年後見監督人から地位喪失の届出があったときは、任務終了の届出義務は免れる。なお、右以外の原因で任務が終了した場合には、後述（解説）の理由により届出の必要はない。

解説

一　未成年後見監督人の任務終了届出

未成年後見監督人の任務は、⑴未成年後見そのものの終了、⑵未成年後見監督人の死亡、⑶辞任又は解任、⑷欠格事由の発生を原因として終了する（**問28**参照）。しかし、任務終了の届出を要するのは、⑷の場合のみである。

すなわち、未成年後見そのものが絶対的に終了する⑴の場合は、未成年後見人から未成年後見終了の届出（戸八四条、**問27**参照）がなされ、その届出に基づく戸籍の記載によって公示されるから、未成年後見監督人からさらに任務終了の届出をする必要はない。また、未成年後見監督人の死亡により任務が終了する⑵の場合には、その未成年後見監督人の戸籍に死亡の記載がなされることによって公示されるから、この場合も任務終了の届出をする必要はない〔**注**〕。未成年後見監督人が辞任の許可又は解任によってその任務が終了する⑶の場合には、裁判所書記官から戸籍記載の嘱託がなされ（家事一一六条一号・別表第一の七五項・七六項、家事規七六条一項三号・四号、戸一五条、**問25**参照）、その嘱託に基づいて辞任・解任の旨が戸籍に記載されるから、この場合もまた、任務終了の届出の必要がない。結局、未成年後見監督人につき任務終了の届出を要するのは、例えば、(ア)未成年後見監督人について破産手続開始決定が確定し（民八五二条・八四七条）、あるいは(イ)未成年後見監督人が未成年後見人と婚姻した（民八五〇条）ことなどにより欠格事由が生じた(4)の場合のみということになる（青木義人・大森政輔「全訂戸籍法」三八三頁）。ただし、その届出前に、後任者又は他の未成年後見監督人等から未成年後見監督人の地位喪失の届出があったときは、任務終了の届出義務は免れる。

二　未成年後見監督人任務終了届出の要件

未成年後見監督人の任務終了の届出も、その性質上報告的届出に属する。届出事件の本人は未成年被後見人、未成年後見人及び未成年後見監督人であるが、未成年後見監督人の任務終了の届出をすべき届出義務者は、当該未成年後見監督人である（戸八五条・八四条）。したがって、未成年後見監督人は任務終了の原因が発生した日（欠格事由が発生したときは、その事由発生と同時に当然にその地位を失う―明治三二・五・二七民刑九三四号回答）で、その日から一〇日以内に届出事件本人の本籍地又は届出人の住所地（戸二五条）に未成年後見監督人任務終了届をしなければならない。届書には、一般的記載事項（戸二九条）のほか「任務終了の原因及び年月日」の記載を要するが、例えば、前述の例で、未成年後見監督人がその就任後に、(ア)破産手続開始決定がされたことにより、任務が終了した場合には、右の審判及びその確定年月日を、また、(イ)未成年後見人と婚姻したことにより任務が終了した場合は、右の婚姻及びその成立の年月日をそれぞれ届書に記載することになる（標準様式の届書の場合には、あらかじめ設けられた原因のうち「□未成年後見監督人の任務が終了した」の欄の□に「✓」を付し、その右欄に終了年月日を、また、「その他」欄に原因の具体的事由を記載する）。この届出に基づいて未成年被後見人の戸籍中その身分事項欄にする戸籍記載の振合いは「平成弐拾九年拾月参日未成年後見監督人甲川松子に欠格事由が生じたため任務終了同月七日届出㊞」の例で差し支えないと解される（木村三男「戸籍届書の審査と受理Ⅱ」九二頁）。なお、未成年後見監督人任務終了届の添付書類については、特に規定されていないが、終了の原因を証する書面、例えば、前述の(ア)の場合には破産手続開始決定の裁判書謄本及びその確定証明書を、また、(イ)の場合には、未成年後見人との婚姻事項の記載のある戸籍謄（抄）本を添付するのが相当と解される。

〔**注**〕　未成年後見監督人が死亡したときは、後任者若しくは他の未成年後見監督人がいる場合には、それらの者より未成年後見監督人地位喪失の届出がされることとなる。なお、当該地位喪失届は、未成年者、その親族又は未成年後見人も届出することができる（戸八五条・八二条、**問24**参照）。

第四　未成年後見の届出及び戸籍の処理

一　届出の諸要件

問30　未成年後見人に関する届出において、届出事件本人、届出期間、届出地及び届出人は、それぞれどのようになっているか。

答(1)　未成年後見開始届、未成年後見人地位喪失届及び未成年後見終了届の届出事件本人は、被後見人及び未成年後見人である。

(2)　未成年後見開始届の届出期間は、未成年後見人就職の日から一〇日以内である。

未成年後見人地位喪失届の届出期間は、①未成年後見人が不在となるときは後任者の就職の日から一〇日以内、②他の未成年後見人があるときはその事実を知った日から一〇日以内である。

未成年後見終了届は、未成年後見終了の原因が発生した日から一〇日以内である。

(3)　届出地は、届出事件本人の本籍地又は所在地である。

(4)　未成年後見開始届及び未成年後見終了届の届出義務者は、いずれも未成年後見人である。

未成年後見人地位喪失届の届出義務者は、①未成年後見人が不在となるときは後任の未成年後見人であり、

②他の未成年後見人があるときはその未成年後見人である。

解説

一　未成年後見人に関する届出の届出事件本人

未成年後見開始届、未成年後見人地位喪失届及び未成年後見終了届における届出事件本人とは、届出事件における当事者であり、未成年後見届書中の「未成年後見を受ける人」の欄に記載される人（被後見人）と「未成年後見をする人」の欄に記載される人（未成年後見人）のことである。

二　未成年後見人に関する届出の届出期間

1　未成年後見開始届

未成年後見人就職の日、すなわち遺言者の死亡の日（民九八五条一項）から一〇日以内である（戸八一条）。

2　未成年後見人地位喪失届

①　未成年後見人が不在となるときは、後任の未成年後見人が就職した日から一〇日以内である（戸八二条一項）。

②　他の未成年後見人があるときは、その事実を知った日から一〇日以内である（戸八二条二項）。

3　未成年後見終了届

未成年後見終了の原因が発生した日から一〇日以内である（戸八四条）。

三　未成年後見人に関する届出の届出地

届出事件本人である被後見人及び未成年後見人の本籍地又は所在地である（戸二五条）。

四　未成年後見人に関する届出の届出義務者

未成年後見開始届及び未成年後見終了届の届出義務者は、いずれも未成年後見人である（戸八一条一項・八四条）。

未成年後見人地位喪失届の届出義務者は、次のとおりである。
① 未成年後見人が不在となるときは、後任の未成年後見人である（戸八二条一項）。
② 他の未成年後見人があるときは、その未成年後見人である（戸八二条二項）。
なお、未成年者、その親族又は未成年後見監督人も、未成年後見人地位喪失の届出をすることができる（戸八二条三項）。

問31　未成年後見監督人に関する届出において、届出事件本人、届出期間、届出地及び届出人は、それぞれどのようになっているか。

答(1)　未成年後見監督人就職届、未成年後見監督人地位喪失届及び未成年後見監督人任務終了届の届出事件本人は、被後見人、未成年後見人及び未成年後見監督人である。
(2)　未成年後見監督人就職届の届出期間は、未成年後見監督人就職の日から一〇日以内である。
未成年後見監督人地位喪失届の届出期間は、①未成年後見監督人が不在となるときは後任者の就職の日から一〇日以内、②他の未成年後見監督人があるときはその事実を知った日から一〇日以内である。
未成年後見監督人任務終了届は、任務終了の原因が発生した日から一〇日以内である。

(3) 届出地は、届出事件本人の本籍地又は所在地である。

(4) 未成年後見監督人就職届及び未成年後見監督人任務終了届の届出義務者は、いずれも未成年後見監督人である。

未成年後見監督人地位喪失届の届出義務者は、①未成年後見監督人が不在となるときは後任の未成年後見監督人であり、②他の未成年後見監督人があるときはその未成年後見監督人である。

解説

一 未成年後見監督人に関する届出の届出事件本人

未成年後見監督人就職届、未成年後見監督人地位喪失届及び未成年後見監督人任務終了届は、未成年後見の監督機関に関する届出であるから、この届出における事件本人は、未成年被後見人、未成年後見人及び未成年後見監督人ということになる。

二 未成年後見監督人に関する届出の届出期間

1 未成年後見監督人就職届

未成年後見監督人就職の日、すなわち遺言者の死亡の日（民九八五条一項）から一〇日以内である（戸八五条・八一条）。

2 未成年後見監督人地位喪失届

① 未成年後見監督人が不在となるときは、後任の未成年後見監督人が就職した日から一〇日以内である（戸八五条・八二条一項）。

② 他の未成年後見監督人があるときは、その事実を知った日から一〇日以内である（戸八五条・八二条二項）。

3　未成年後見監督人任務終了届

未成年後見監督人任務終了の原因が発生した日から一〇日以内である（戸八五条・八四条）。

三　未成年後見監督人に関する届出の届出地

届出事件本人である未成年被後見人、未成年後見人及び未成年後見監督人の本籍地又は所在地である（戸二五条）。

四　未成年後見監督人に関する届出の届出義務者

未成年後見監督人就職届及び未成年後見監督人任務終了届の届出義務者は、いずれも未成年後見監督人である（戸八五条・八一条一項・八四条）。

未成年後見監督人地位喪失届の届出義務者は、次のとおりである。

① 未成年後見監督人が不在となるときは、後任の未成年後見監督人である（戸八五条・八二条一項）。

② 他の未成年後見監督人があるときは、その未成年後見監督人である（戸八五条・八二条二項）。

なお、未成年者、その親族又は未成年後見人も、未成年後見監督人地位喪失の届出をすることができる（戸八五条・八二条三項）。

問32　未成年後見人に関する届出及び未成年後見監督人に関する届出の際に、届書に添付すべき書類には、どのようなものがあるか。

答　後述（解説）のとおりである。

解説

一　未成年後見開始届

遺言によって未成年者の後見人に指定された場合（指定未成年後見人、民八三九条）は、遺言の謄本を添付しなければならない（戸八一条二項）。

なお、家庭裁判所の審判によって選定された未成年後見人の場合（選定未成年後見人、民八四〇条）は、裁判所書記官から被後見人の本籍地の戸籍事務管掌者に対し戸籍記載の嘱託がなされるので戸籍の届出を要しない。

二　未成年後見人地位喪失届

未成年後見人地位喪失届の添付書類は特に規定されていないが、未成年後見人が死亡により地位を喪失した場合には当該死亡事項が記載された戸籍謄本等、また、欠格事由に該当することにより地位を喪失した場合には、当該欠格事由に該当することとなったことを証する裁判書の謄本等を添付するのが相当と解される（戸規六三条、戸籍実務研究会編「初任者のための戸籍実務の手引き（改訂新版第六訂）」一六六頁）。

また、後任者からなされる未成年後見人地位喪失の届出において、当該後任者の選任に関する戸籍の記載嘱託がいまだされていないときは、選任の審判書謄本を添付することにより、届出資格を確認することとなる（前掲書）。

三　未成年後見終了届

親権喪失、親権停止又は管理権喪失の審判の取消しによる未成年後見終了届の場合は、取消しの審判書の謄本及び審判の確定証明書を添付する。

四　未成年後見監督人就職届

指定未成年後見監督人の場合には、遺言の謄本を添付しなければならない（戸八五条・八一条二項）。

なお、選定未成年後見監督人の場合は、裁判所書記官から戸籍の記載嘱託がなされるため戸籍の届出を要しない。

五　未成年後見監督人地位喪失届

未成年後見監督人地位喪失届の添付書類は特に規定されていないが、未成年後見監督人が死亡により地位を喪失した場合には当該死亡事項が記載された戸籍謄本等、また、欠格事由に該当することにより地位を喪失した場合には、当該欠格事由に該当することとなったことを証する裁判書の謄本等を添付するのが相当と解される（戸規六三条、戸籍実務研究会編「初任者のための戸籍実務の手引き（改訂新版第六訂）」一六六頁）。

また、後任者からなされる未成年後見監督人地位喪失の届出において、当該後任者の選任に関する戸籍の記載嘱託がいまだされていないときは、選任の審判書謄本を添付することにより、届出資格を確認することとなる（前掲書）。

六　未成年後見監督人任務終了届

未成年後見監督人が破産手続開始の決定を受けたときは、欠格事由に該当する（民八五二条・八四七条）ので、任務終了届を要する。この場合は、破産手続開始の決定の裁判書の謄本及び確定証明書を添付する。

未成年後見監督人が未成年後見人と婚姻したときは、欠格事由に該当するので、任務終了届を要する（民八五〇条）。この場合は、婚姻事項が記載された戸籍謄（抄）本を添付することになる。

二　届書の審査

問33　未成年後見人に関する届書が窓口に提出された場合、審査のポイントは何か。

答　後述（解説）のとおりである。

解説

一　未成年後見開始届

1　未成年後見開始の原因及び年月日の記載（戸八一条二項一号）**に誤りはないか**

未成年後見開始の原因は、①未成年者に対して親権を行う者がないとき、又は②親権を行う者が管理権を有しないとき（民八三八条一号）である。

指定未成年後見人の後見開始の年月日は、遺言者の死亡の日である。

なお、選定未成年後見人の場合は、裁判所書記官から戸籍の記載嘱託がなされるため戸籍の届出を要しないが、後見開始の年月日は、次のとおりである。

ア　親権者の死亡のときは、死亡した日である。

イ　親権者が行方不明のときは、行方不明となった日である。もし、その日が不明のときは、行方不明を知った日である（昭和二九・九・二五民事甲一九三五号回答、昭和四〇・一〇・一九民事㈡発四〇七号回答）。また、棄児の親権者については行方不明の日は不明であることから、未成年後見開始の日は、棄児について新戸籍を編製した日としている（昭和三〇・一二・五民事㈡発五九三号回答）。

ウ　親権喪失、親権停止又は管理権喪失の審判のときは、その審判確定の日である。

エ　親権又は管理権辞任のときは、その届出の日である。

2　未成年後見人の就職した年月日の記載（戸八一条二項二号）に誤りはないか

未成年後見人の就職の日とは、未成年後見人が未成年後見の職務を行うことになった日である。

ア　遺言によって未成年後見人に指定された者（指定未成年後見人）の場合は、遺言者が死亡した日に未成年後見が開始し、同時に指定された者が未成年後見人に就職することになる。もし、遺言書が遺言者の死亡後、何日か経過してから発見された場合は、未成年後見人の就職の日は現実に後見の職務を行うことができる日となる。その場合の未成年後見開始届は現実に就職した日から一〇日以内に届出すればよいと解されている（青木義人・大森政輔「全訂戸籍法」三七三頁）。

イ　選定未成年後見人の場合は、裁判所書記官から戸籍の記載嘱託がなされるため戸籍の届出を要しないが、未成年後見人就職の日は、選任の審判が未成年後見人に告知された日である。口頭による告知の場合は、その告知の日である。審判書謄本の送付による告知の場合は、その謄本が未成年後見人に到着した日である。

ウ　一五歳未満の養子の離縁に際して、養子の離縁後の未成年後見人となるべき者に選任された未成年後見人は（民八一一条五項）、離縁の届出が受理された日が就職の日である。この場合、未成年後見人の就職については、家庭裁判所からの戸籍記載の嘱託はなされないため、戸籍法第八一条の規定に準じて、未成年後見人となるべき者が未成年後見開始の届出をすることとなる（平成二五・三・二八民一―三一六号通知）。なお、未成年後見開始の届出がなされない場合には、市区町村長は届出の催告の手続（戸四四条一項・二項）を行い、それでも届出がなされない場合には、管轄法務局等の長の許可を得て、職権で戸籍の記載をすることが相当とされている（前掲通知、戸四四条三項・二四条二項）。

二　未成年後見人地位喪失届

1　地位喪失の原因及び年月日の記載（戸八二条）に誤りはないか

未成年後見人地位喪失の原因及び年月日とは、未成年後見人の死亡、欠格事由の発生等で、当該未成年後見人がその地位を失った原因とその年月日である。

2　届出人に誤りはないか（八二条）

未成年後見人地位喪失届の届出義務者は、次のとおりである。

① 未成年後見人が不在となるときは、後任の未成年後見人である（戸八二条一項）。

② 他の未成年後見人があるときは、その未成年後見人である（戸八二条二項）。

なお、未成年者、その親族又は未成年後見監督人も、未成年後見人地位喪失の届出をすることができる（戸八二条三項）。

三　未成年後見終了届

・ 未成年後見終了の原因及び年月日が記載（戸八四条）されているか

① 父母の親権喪失、親権停止又は管理権喪失の審判取消しの審判が確定したときは、その裁判の確定した日である。

② 父母の親権又は管理権が回復したときは、その回復届出の日である。

問34　未成年後見監督人に関する届書が窓口に提出された場合、審査のポイントは何か。

答　後述（解説）のとおりである。

解説

一　未成年後見監督人就職届

未成年者に対して最後に親権を行う者が、遺言で未成年後見監督人を指定した場合（民八四八条・八三九条）に、指定された未成年後見監督人が、その就職の日から一〇日以内に未成年後見監督人就職届をしなければならない（戸八五条・八一条、法定記載例一三四・一三五）。

未成年後見監督人就職届がされたときは、一般的記載事項（戸二九条）のほかに、未成年後見監督人就職の年月日の記載に誤りがないかを審査する（戸八五条・八一条）。

未成年後見監督人就職の年月日は、遺言者の死亡の日である。

二　未成年後見監督人地位喪失届

1　地位喪失の原因及び年月日の記載（戸八五条・八二条）に誤りはないか

未成年後見監督人地位喪失の原因と年月日とは、未成年後見監督人の死亡、欠格事由の発生等で、当該未成年後見監督人がその地位を失った原因とその年月日である。

2　届出人に誤りはないか（戸八五条・八二条）

未成年後見監督人地位喪失届の届出義務者は、次のとおりである。

① 未成年後見監督人が不在となるときは、後任の未成年後見監督人である（戸八五条・八二条一項）。
② 他の未成年後見監督人があるときは、その未成年後見監督人である（戸八五条・八二条二項）。
なお、未成年者、その親族又は未成年後見人も、未成年後見監督人地位喪失の届出をすることができる（戸八五条・八二条三項）。

三 未成年後見監督人任務終了届

未成年後見監督人の任務は、①未成年後見そのものの終了、②未成年後見監督人の死亡、③辞任、④解任、⑤欠格事由の発生によって終了する〔注一〕。

このうち、未成年後見監督人任務終了届を要するのは、⑤の欠格事由が発生した場合である〔注二〕。未成年後見監督人任務終了届がされたときは、一般的記載事項のほかに、任務終了の原因及び年月日の記載に誤りがないか（戸八五条・八四条）、また、未成年後見監督人が破産手続開始の決定を受けたため任務終了したときは、その裁判確定の年月日の記載に誤りがないかを審査する。なお、未成年後見監督人が未成年後見人と婚姻したことによって任務が終了したときの年月日は、婚姻の日である。

〔注一〕 ①～④の任務終了は、次のとおり他の届出等によってされるから、未成年後見監督人任務終了届は要しない。
①の未成年後見そのものの終了は、未成年後見人から未成年後見終了届がされる（戸八四条）。
②の未成年後見監督人の死亡は、死亡届及び未成年後見監督人地位喪失届がされる（戸八六条・八二条）。
③④の辞任、解任は、家庭裁判所書記官から戸籍記載の嘱託がされる（家事一一六条・別表第一の七五項・七六項、家事規七六条一項三号・四号、戸一五条）。

〔注二〕 未成年後見監督人に欠格事由が発生したときは、後任者若しくは他の未成年後見監督人がいる場合には、それらの者より未成年後見監督人地位喪失の届出がされることとなる。なお、当該地位喪失届は、未成年者、その親族又は未成年後見人も届出することができる（戸八五条・八二条、**問24**参照）。

三　未成年後見の届出事例及び戸籍記載等の処理例

1　未成年後見の戸籍記載に関する事件の種別と諸要件

民法等の一部を改正する法律（平成二三年法律六一号・平成二四年四月一日施行）により、親権制度の見直しとともに、未成年後見に関する規定の改正も行われた。主な改正点は次のとおりである。

・法人の未成年後見人の許容（民八四〇条二項、改正前民八四二条削除）
・複数の未成年後見人の許容（民八四〇条三項括弧書）
・未成年後見人が複数ある場合の権限行使に関する規定の新設（民八五七条の二）

これらの改正に伴い、戸籍記載に関する届出及び嘱託の規定も改められた。主な改正点は、次のとおりである。

① 未成年後見人選任に関する戸籍記載の手続の変更
　未成年後見人選任の審判がなされた場合は、従来は届出により戸籍に記載されていたが（改正前戸八一条）、改正後は裁判所書記官からの嘱託により戸籍に記載されることとなった（家事規七六条一項二号）。
② 未成年後見人更迭届の廃止、及び、未成年後見人地位喪失届の新設（戸八二条）
③ 未成年後見人が複数ある場合の権限行使の定めに関する嘱託の規定の新設（家事規七六条一項五号）

未成年後見監督人についても、同様の改正がなされている（民八四二条・八五二条）。改正後の未成年後見に関する届出事件の種別とその諸要件及び戸籍の記載につき届出又は嘱託のいずれによるべきかを図示すると、以下の【表1】【表2】のとおりである。

【表１】届出により戸籍に記載するもの（未成年後見）

事件の種別		記載方法	届出期間	届出義務者	添付書類	根拠条文
未成年後見開始（遺言による指定のみ）（法定118・119）		届出	就職の日から10日以内	未成年後見人	遺言の謄本	戸81，民839
未成年後見人地位喪失（法定132）	後見人が不在となる場合	届出	後任者の就職の日から10日以内	後任の未成年後見人	地位喪失原因を証する書面（法定ではない）	戸82，戸規63，民847
	他の後見人がある場合	届出	その事実を知った日から10日以内	その他の未成年後見人	地位喪失原因を証する書面（法定ではない）	戸82，戸規63，民847
未成年後見終了（法定133）		届出	後見終了の日から10日以内	未成年後見人	親権喪失，親権停止又は管理権喪失の審判取消しの場合は，審判の謄本及び確定証明書（法定ではない）	戸84，戸規63，民4・753・836
未成年後見監督人就職（遺言による指定のみ）（法定134・135）		届出	就職の日から10日以内	未成年後見監督人	遺言の謄本	戸85・81，民848
未成年後見監督人地位喪失（法定163）	後任者が選任された場合	届出	後任者の就職の日から10日以内	後任の未成年後見監督人	地位喪失原因を証する書面（法定ではない）	戸85・82，民852・847・850
	他の後見監督人がある場合	届出	その事実を知った日から10日以内	その他の未成年後見監督人	地位喪失原因を証する書面（法定ではない）	戸85・82，民852・847・850
未成年後見監督人任務終了		届出	任務終了の日から10日以内	未成年後見監督人	欠格事由に該当することを証する書面（法定ではない）	戸85・84，民852・847・850

【表２】嘱託により戸籍に記載するもの（未成年後見）

事件の種別	記載方法	申立権者	管轄裁判所	根拠条文
未成年後見人選任の審判（法定120～123）	嘱託	未成年被後見人，親族，利害関係人，辞任した未成年後見人，児童相談所長，都道府県知事，市長，福祉事務所を管理する町村長，家庭裁判所（職権）	未成年被後見人の住所地を管轄する家庭裁判所	民840，家事116・176，家事規76Ⅰ②，児福33の８，生活保護81・19
未成年後見人の辞任についての許可の審判（法定130）	嘱託	未成年後見人	同上	民844，家事116・176，家事規76Ⅰ③
未成年後見人の解任の審判（法定131）	嘱託	未成年後見監督人，未成年被後見人，親族，検察官，児童相談所長，家庭裁判所（職権）	同上	民846，家事116・176，家事規76Ⅰ④，児福33の９
未成年後見人の権限の行使についての定め及びその取消しの審判（法定124～129）	嘱託	家庭裁判所（職権）	同上	民857の２，家事116・176，家事規76Ⅰ⑤
未成年後見監督人の選任の審判（法定136・137）	嘱託	未成年被後見人，親族，未成年後見人，家庭裁判所（職権）	同上	民849，家事116・176，家事規76Ⅰ②
未成年後見監督人の辞任についての許可の審判（法定161）	嘱託	未成年後見監督人	同上	民852・844，家事116・176，家事規76Ⅰ③
未成年後見監督人の解任の審判（法定 162）	嘱託	未成年後見人，未成年被後見人，親族，検察官，家庭裁判所（職権）	同上	民852・民846，家事116・176，家事規76Ⅰ④
未成年後見監督人の権限の行使についての定め及びその取消しの審判（法定 155～160）	嘱託	家庭裁判所（職権）	同上	民852・民857の２，家事116・176，家事規76Ⅰ⑤

2　未成年者について親権者の親権喪失を原因として未成年後見人選任の裁判が確定し、未成年者の本籍地の市町村長に戸籍記載の嘱託があった場合

本事例は、単独親権者について親権喪失の審判が確定し、裁判所書記官から戸籍記載の嘱託がなされた後に、家庭裁判所の未成年後見人選任の審判が確定し裁判所書記官から未成年被後見人の本籍地の市町村長に戸籍記載の嘱託があった場合の例である（**問11**）。

※〔**図1**〕嘱託書の記載例は三一四・三一五頁。

【戸籍受附帳の記載】

〔**図2**〕

本籍地の受附帳

受附番号	受理送付の別	受附年月日（事件発生年月日）	件名	届出事件本人の氏名（届出人の資格氏名）	本籍又は国籍	備考
二六一四	受理	八月八日 （八月七日確定）	未成年後見人選任 （嘱託）	甲野啓太郎 甲原孝吉	平河町一丁目四番地 千葉市中央区千葉港五番地	未成年後見人甲原孝吉選任の裁判確定東京家庭裁判所から嘱託

（注）(1)　受附月日欄には裁判確定の月日を括弧書きし、件名欄には嘱託の旨を括弧書きする。
(2)　届出事件本人の氏名は未成年被後見人を先に記載する。
(3)　備考欄には、嘱託の主旨を記載する。

戸籍の記載をすべき事項 戸籍の記載事項の対象となる裁判は下記の該当数字を○で囲んだもの （確定・発効・失効の別は，「戸籍記載の原因」欄記載のとおり）
①　未成年後見人の選任　（☑親権を行う者がない　□親権を行う者に管理権がない）
2　未成年後見監督人の選任
3　未成年後見人が数人ある場合の財産管理権限に限定する定め
4　未成年後見人が数人ある場合の財産管理権限の単独行使の定め
5　未成年後見人が数人ある場合の財産管理権限の事務分掌の定め
6　未成年後見人が数人ある場合の財産管理権限に限定する定めの取消し
7　未成年後見人が数人ある場合の財産管理権限の単独行使の定めの取消し
8　未成年後見人が数人ある場合の財産管理権限の事務分掌の定めの取消し
9　未成年後見監督人が数人ある場合の財産管理権限に限定する定め
10　未成年後見監督人が数人ある場合の財産管理権限の単独行使の定め
11　未成年後見監督人が数人ある場合の財産管理権限の事務分掌の定め
12　未成年後見監督人が数人ある場合の財産管理権限に限定する定めの取消し
13　未成年後見監督人が数人ある場合の財産管理権限の単独行使の定めの取消し
14　未成年後見監督人が数人ある場合の財産管理権限の事務分掌の定めの取消し
15　未成年後見人の辞任許可
16　未成年後見監督人の辞任許可
17　未成年後見人の解任
18　未成年後見監督人の解任

家事事件手続法第116条に基づく戸籍記載嘱託事務としてこの嘱託により戸籍記載がされたことを確認するため，この嘱託に基づく記載がされた戸籍の謄本の交付を請求する。 裁判所書記官　丙山竹子　㊞

※1　戸籍筆頭者が区々である場合には，審判書（決定書）謄本記載の順序で，「，」で区切って各筆頭者を記載する。
※2　未成年後見人又は未成年後見監督人の戸籍筆頭者の氏名は，選任事件のときにのみ記載をする。
※3　「戸籍記載の原因が生じた日」について，1名の者に複数の裁判がされた場合で，各裁判を特定する必要があるときは，「戸籍の記載をすべき事項」欄の該当数字を用いて記載する。

〔図1〕

書式2　（未成年後見型）

（事件番号）平成29年（家）第　2897　号

戸　籍　記　載　嘱　託　書	（受付印欄）
東京都千代田区長　殿 平成29年8月7日 東京家庭裁判所 裁判所書記官　丙　山　竹　子	受付　平成29年8月8日 番号　第2614号

原因を証する書面	☑　審判書謄本　□　決定書謄本
未成年者，未成年後見人又は未成年後見監督人の氏名，戸籍の表示等	☑　別添審判書（決定書）謄本のとおり （複数掲げられている場合には，その全員についての記載を嘱託する。） 未成年者の戸籍筆頭者の氏名（　甲　野　義　太　郎　）※1 未成年後見人又は未成年後見監督人の戸籍筆頭者の氏名 （　甲　原　忠　太　郎　）※1，2 □　別紙目録のとおり
戸籍記載の原因	別添審判書（決定書）謄本の裁判の確定 - - - - - - - - - - （戸籍記載の原因が生じた日） ☑　平成29年　8月　7日 □　未成年後見人又は未成年後見監督人（　　　　）（※3） につき平成　　年　　月　　日 未成年後見人又は未成年後見監督人（　　　　）（※3） につき平成　　年　　月　　日

〔図3〕

本籍　東京都千代田区平河町一丁目四番地

氏名　甲野　義太郎

（編製事項省略）

（出生事項省略）

（親権喪失事項省略）

平成弐拾九年八月七日千葉市中央区千葉港五番地甲原忠太郎同籍孝吉未成年後見人に選任の裁判確定同月八日嘱託㊞（法定一一〇）

父　甲野　義太郎

母　梅子

長男

啓太郎

出生　平成弐拾弐年拾弐月弐拾五日

〔図４〕

子の戸籍（コンピュータシステムによる証明書記載例）

（１の１）　全部事項証明

本　　籍 氏　　名	東京都千代田区平河町一丁目４番地 甲野　義太郎
戸籍事項 　戸籍編製	（編製事項省略）
〜〜〜	〜〜〜
戸籍に記録されている者	【名】啓太郎 【生年月日】平成２２年１２月２５日 【父】甲野義太郎 【母】甲野梅子 【続柄】長男
身分事項 　出　　生	（出生事項省略）
親　　権	（親権喪失事項省略）
未成年者の後見	【未成年後見人選任の裁判確定日】平成２９年８月７日 【未成年後見人】甲原孝吉 【未成年後見人の戸籍】千葉市中央区千葉港５番地　甲原忠太郎 【記録嘱託日】平成２９年８月８日
	以下余白

発行番号

戸籍の記載をすべき事項 戸籍の記載事項の対象となる裁判は下記の該当数字を○で囲んだもの （確定・発効・失効の別は，「戸籍記載の原因」欄記載のとおり）
1　未成年後見人の選任　（□親権を行う者がない　□親権を行う者に管理権がない）
2　未成年後見監督人の選任
3　未成年後見人が数人ある場合の財産管理権限に限定する定め
4　未成年後見人が数人ある場合の財産管理権限の単独行使の定め
5　未成年後見人が数人ある場合の財産管理権限の事務分掌の定め
6　未成年後見人が数人ある場合の財産管理権限に限定する定めの取消し
7　未成年後見人が数人ある場合の財産管理権限の単独行使の定めの取消し
8　未成年後見人が数人ある場合の財産管理権限の事務分掌の定めの取消し
9　未成年後見監督人が数人ある場合の財産管理権限に限定する定め
10　未成年後見監督人が数人ある場合の財産管理権限の単独行使の定め
11　未成年後見監督人が数人ある場合の財産管理権限の事務分掌の定め
12　未成年後見監督人が数人ある場合の財産管理権限に限定する定めの取消し
13　未成年後見監督人が数人ある場合の財産管理権限の単独行使の定めの取消し
14　未成年後見監督人が数人ある場合の財産管理権限の事務分掌の定めの取消し
15　未成年後見人の辞任許可
16　未成年後見監督人の辞任許可
⑰　未成年後見人の解任
18　未成年後見監督人の解任

家事事件手続法第116条に基づく戸籍記載嘱託事務としてこの嘱託により戸籍記載がされたことを確認するため，この嘱託に基づく記載がされた戸籍の謄本の交付を請求する。 裁判所書記官　丙山一夫　㊞

※1　戸籍筆頭者が区々である場合には，審判書（決定書）謄本記載の順序で，「，」で区切って各筆頭者を記載する。

※2　未成年後見人又は未成年後見監督人の戸籍筆頭者の氏名は，選任事件のときにのみ記載をする。

※3　「戸籍記載の原因が生じた日」について，1名の者に複数の裁判がされた場合で，各裁判を特定する必要があるときは，「戸籍の記載をすべき事項」欄の該当数字を用いて記載する。

〔図５〕

書式２　（未成年後見型）

（事件番号）平成 28 年（家）第　2897　号

<table>
<tr><td colspan="2">戸　籍　記　載　嘱　託　書</td><td rowspan="2">（受付印欄）

受付　平成 28 年 11 月 14 日

番号　第 5645 号</td></tr>
<tr><td colspan="2">東京都千代田区長　殿
平成 28 年 11 月 12 日
東京家庭裁判所
裁判所書記官　丙　山　一　夫</td></tr>
<tr><td>原因を証する書面</td><td colspan="2">☑　審判書謄本　　□　決定書謄本</td></tr>
<tr><td>未成年者，未成年後見人又は未成年後見監督人の氏名，戸籍の表示等</td><td colspan="2">☑　別添審判書（決定書）謄本のとおり
（複数掲げられている場合には，その全員についての記載を嘱託する。）
未成年者の戸籍筆頭者の氏名（　乙野義太郎　）※１
未成年後見人又は未成年後見監督人の戸籍筆頭者の氏名
（　　　　　　　　）※１，２
□　別紙目録のとおり</td></tr>
<tr><td>戸籍記載の原因</td><td colspan="2">別添審判書（決定書）謄本の裁判の確定
- - - - - - - - - -
（戸籍記載の原因が生じた日）
☑　平成 28 年　11 月　10 日
□　未成年後見人又は未成年後見監督人（　　　　　　　　）（※３）
にっき平成　　年　　月　　日
　未成年後見人又は未成年後見監督人（　　　　　　　　）（※３）
にっき平成　　年　　月　　日</td></tr>
</table>

本事例は、未成年後見人の解任の審判が確定し、裁判所書記官から、右の裁判確定による戸籍記載の嘱託があった場合の例である（問23）。

【戸籍受附帳の記載】

〔図6〕

受附番号	受理送付の別	受附年月日（事件発生年月日）	件名	届出事件本人の氏名（届出人の資格氏名）	本籍又は国籍	備考
五六四五	受理	一一月一四日（一一月一〇日確定）	未成年後見人解任（嘱託）	乙野啓太郎 甲原孝吉	平河町一丁目四番地 さいたま市浦和区高砂三丁目五番地	未成年後見人甲原孝吉解任の裁判確定東京家庭裁判所から嘱託

（注）(1) 受附月日欄には裁判確定の月日を括弧書きし、件名欄には嘱託の旨を括弧書きする。
(2) 届出事件本人の氏名は未成年被後見人を先に記載する。
(3) 備考欄には、嘱託の主旨を記載する。

【戸籍の記載】 子の戸籍

〔図7〕

本籍	東京都千代田区平河町一丁目四番地
氏名	乙野　義太郎

（編製事項省略）

（出生事項省略）

（未成年後見事項省略）

平成弐拾八年拾壱月拾日未成年後見人甲原孝吉解任の裁判確定同月拾四日嘱託㊞（法定一三一）

父	乙野　義太郎
母	梅子
	長男
	啓太郎
出生	平成弐拾弐年八月八日

〔図８〕

子の戸籍（コンピュータシステムによる証明書記載例）

（１の１）　全部事項証明

本　　籍 氏　　名	東京都千代田区平河町一丁目４番地 乙野　義太郎
戸籍事項 　戸籍編製	（編製事項省略）
戸籍に記録されている者	【名】啓太郎 【生年月日】平成２２年８月８日 【父】乙野義太郎 【母】乙野梅子 【続柄】長男
身分事項 　出　　生	（出生事項省略）
未成年者の後見	（未成年後見事項省略）
未成年者の後見	【未成年後見人解任の裁判確定日】平成２８年１１月１０日 【解任された未成年後見人】甲原孝吉 【記録嘱託日】平成２８年１１月１４日
	以下余白

発行番号

4　未成年後見人の死亡を原因とする未成年後見人地位喪失届を未成年被後見人の本籍地市町村長にした場合

〔図８〕

未成年後見人等の地位喪失届

平成28年12月5日　届出

東京都千代田区　長　殿

受理　平成28年12月5日　第　2699　号		発送　平成　年　月　日	
送付　平成　年　月　日　第		長印	
書類調査　㊞	戸籍記載　㊞	記載調査　㊞	

	後見を受ける人		地位を喪失する人（☑未成年後見人　□未成年後見監督人）	
（ふりがな）	こう	けいたろう	へいの	ゆきお
氏名	氏　甲野	名　啓太郎	氏　丙野	名　幸雄
生年月日	平成25年12月25日		昭和41年3月16日	
住所（住民登録をしているところ）	東京都千代田区平河町二丁目4番3号		東京都豊島区池袋一丁目5番10号	
本籍（外国人のときは国籍だけを書いてください）	東京都千代田区平河町一丁目4番地		東京都豊島区池袋一丁目12番地	
	筆頭者の氏名　甲野義太郎		筆頭者の氏名　丙野幸雄	
地位喪失の原因	☑死亡　□その他（　　）			
地位喪失の年月日	平成28年10月7日			
その他				

届出人	
	☑後任者　□他の未成年後見人　□未成年者　□未成年者の親族　□未成年後見監督人
住所	東京都千代田区平河町二丁目4番3号
本籍	千葉市中央区千葉港12番地　筆頭者の氏名　乙原高助
署名	乙原高助　㊞　昭和50年8月6日生

本事例は、未成年後見人が死亡によって欠けたため、後任の未成年後見人が選任され（民八四〇条）、後任未成年後見人から未成年被後見人の本籍地の市町村長に未成年後見人地位喪失届がなされた場合の例である（問24）。

【戸籍受附帳の記載】

〔図9〕

受附番号	受理送付の別	受附年月日（事件発生年月日）	件名	届出事件本人の氏名（届出人の資格氏名）	本籍又は国籍	備考
二六九九	受理	一二月五日 （一〇月七日）	未成年後見人地位喪失	甲野　啓太郎 丙野　幸雄 （未成年後見人乙原高助）	平河町一丁目四番地 豊島区池袋一丁目一二番地 千葉市中央区千葉港一二番地	未成年後見人丙野幸雄死亡により地位喪失

（注）(1)　受附月日欄には、未成年後見人の地位喪失事由発生の月日を括弧書きする。

(2)　届出事件本人の氏名は、未成年被後見人、地位喪失した未成年後見人の順で記載し、その後に括弧書きで届出人の資格氏名を記載する。

(3)　備考欄には、未成年後見人の地位喪失の原因を記載する。

【戸籍の記載】子の戸籍

〔図10〕

本籍　東京都千代田区平河町一丁目四番地

氏名　甲野　義太郎

（編製事項省略）

（出生事項省略）

（未成年後見事項省略）

平成弐拾八年拾壱月参拾日親権を行う者がないため千葉市中央区千葉港十二番地乙原高助未成年後見人に選任の裁判確定同年拾弐月弐日嘱託㊞（法定一二二）

平成弐拾八年拾月七日未成年後見人丙野幸雄死亡未成年後見人乙原高助同年拾弐月五日地位喪失届出㊞（法定一三二）

父　甲野　義太郎

母　梅子

長男

啓太郎

出生　平成弐拾五年拾弐月弐拾五日

〔図11〕

子の戸籍（コンピュータシステムによる証明書記載例）

（1の1）　全部事項証明

本　　籍	東京都千代田区平河町一丁目４番地
氏　　名	甲野　義太郎
戸籍事項 　戸籍編製	（編製事項省略）
〜〜〜	〜〜〜
戸籍に記録されている者	【名】啓太郎 【生年月日】平成２５年１２月２５日 【父】甲野義太郎 【母】甲野梅子 【続柄】長男
身分事項 　出　　生	（出生事項省略）
未成年者の後見	（未成年後見事項省略）
未成年者の後見	【未成年後見人選任の裁判確定日】平成２８年１１月３０日 【未成年者の後見開始事由】親権を行う者がないため 【未成年後見人】乙原高助 【未成年後見人の戸籍】千葉市中央区千葉港１２番地　乙原高助 【記録嘱託日】平成２８年１２月２日
未成年者の後見	【未成年後見人地位喪失事由の発生日】平成２８年１０月７日 【地位喪失事由】未成年後見人丙野幸雄の死亡 【届出日】平成２８年１２月５日 【届出人】未成年後見人　乙原高助
	以下余白

発行番号

5　未成年後見人の権限を財産に関する権限に限定する定めの裁判確定による戸籍記載の嘱託があった場合

平成二三年法律第六一号に基づく民法等の一部改正により、未成年後見人の選択肢を広げ、また、その負担を軽減するために、複数の未成年後見人の選任が認められるとともに（民八四〇条二項、問11参照）、法人の未成年後見人の選任が許容された（民八四〇条三項括弧書、問12参照）。

未成年後見人は身上監護権（民八五七条）及び財産管理権（民八五九条）を有し、複数の未成年後見人がいるときは、その権限の共同行使が原則とされているが（民八五七条の二第一項）、家庭裁判所の職権で、複数の未成年後見人のうちの一部の者について、財産の管理に関する権限のみを行使すべきことを定めたり（同条二項）、財産に関する権限について、各未成年後見人が単独で権限を行使すべきことや複数の未成年後見人が事務を分掌して権限を行使すべきことを定めることができるとされている（同条三項）。なお、事務分掌については、財産管理権だけを行使する未成年後見人は想定されているが、身上監護権だけを行使する未成年後見人は想定されていない。

次に示す事例は、複数の未成年後見人が選任された中で、その一部の者について財産に関する権限に限定する定めの裁判が確定し、裁判所書記官から戸籍記載の嘱託があった場合である（家事一一六条、家事規七六条一項五号、戸一五条、平成二三・一二・二六法務省令四二号・法定記載例一二四）。

戸籍の記載をすべき事項 戸籍の記載事項の対象となる裁判は下記の該当数字を○で囲んだもの （確定・発効・失効の別は，「戸籍記載の原因」欄記載のとおり）
1　未成年後見人の選任　（□親権を行う者がない　□親権を行う者に管理権がない）
2　未成年後見監督人の選任
③　未成年後見人が数人ある場合の財産管理権限に限定する定め
4　未成年後見人が数人ある場合の財産管理権限の単独行使の定め
5　未成年後見人が数人ある場合の財産管理権限の事務分掌の定め
6　未成年後見人が数人ある場合の財産管理権限に限定する定めの取消し
7　未成年後見人が数人ある場合の財産管理権限の単独行使の定めの取消し
8　未成年後見人が数人ある場合の財産管理権限の事務分掌の定めの取消し
9　未成年後見監督人が数人ある場合の財産管理権限に限定する定め
10　未成年後見監督人が数人ある場合の財産管理権限の単独行使の定め
11　未成年後見監督人が数人ある場合の財産管理権限の事務分掌の定め
12　未成年後見監督人が数人ある場合の財産管理権限に限定する定めの取消し
13　未成年後見監督人が数人ある場合の財産管理権限の単独行使の定めの取消し
14　未成年後見監督人が数人ある場合の財産管理権限の事務分掌の定めの取消し
15　未成年後見人の辞任許可
16　未成年後見監督人の辞任許可
17　未成年後見人の解任
18　未成年後見監督人の解任

家事事件手続法第116条に基づく戸籍記載嘱託事務としてこの嘱託により戸籍記載がされたことを確認するため，この嘱託に基づく記載がされた戸籍の謄本の交付を請求する。

裁判所書記官　小　林　一　夫　㊞

※1　戸籍筆頭者が区々である場合には，審判書（決定書）謄本記載の順序で，「，」で区切って各筆頭者を記載する。

※2　未成年後見人又は未成年後見監督人の戸籍筆頭者の氏名は，選任事件のときにのみ記載をする。

※3　「戸籍記載の原因が生じた日」について，1名の者に複数の裁判がされた場合で，各裁判を特定する必要があるときは，「戸籍の記載をすべき事項」欄の該当数字を用いて記載する。

〔図12〕

書式２　（未成年後見型）

（事件番号）平成 26 年（家）第　2897　号

戸　籍　記　載　嘱　託　書	（受付印欄）
東京都千代田区長 殿 平成 26 年 9 月 27 日 東京家庭裁判所 裁判所書記官　小　林　一　夫 ㊞	受付　平成 26 年 9 月 29 日 番号　第 1100 号

原因を証する書面	☑ 審判書謄本　□ 決定書謄本
未成年者，未成年後見人又は未成年後見監督人の氏名，戸籍の表示等	☑ 別添審判書（決定書）謄本のとおり （複数掲げられている場合には，その全員についての記載を嘱託する。） 未成年者の戸籍筆頭者の氏名（　甲　野　義太郎　）※1 未成年後見人又は未成年後見監督人の戸籍筆頭者の氏名 （　　　）※1，2 □ 別紙目録のとおり
戸籍記載の原因	別添審判書（決定書）謄本の裁判の確定 （戸籍記載の原因が生じた日） ☑ 平成　26　年　9　月　25　日 □ 未成年後見人又は未成年後見監督人（　　　）（※3） につき平成　年　月　日 未成年後見人又は未成年後見監督人（　　　）（※3） につき平成　年　月　日

【戸籍受附帳の記載】

〔図13〕

受附番号	受理送付の別	受附年月日（事件発生年月日）	件名	届出事件本人の氏名（届出人の資格氏名）	本籍又は国籍	備考
一一〇〇	受理	九月二九日（九月二五日確定）	未成年後見人の権限を財産に関する権限に限定する定め（嘱託）	甲野啓太郎 乙原高助	平河町一丁目四番地 千葉市中央区千葉港一二番地	未成年後見人乙原高助の権限を財産に関する権限に限定する裁判確定東京家庭裁判所から嘱託

（注）(1) 受附月日欄には裁判確定の月日を括弧書きし、件名欄には嘱託の旨を括弧書きする。
(2) 届出事件本人の氏名は未成年被後見人を先に記載する。
(3) 備考欄には、嘱託の主旨を記載する。

【戸籍の記載】 子の戸籍

〔図14〕

本籍　東京都千代田区平河町一丁目四番地

氏名　甲野義太郎

（編製事項省略）

（出生事項省略）

（未成年後見人選任事項省略）

（未成年後見人選任事項省略）

平成弐拾六年九月弐拾五日未成年後見人乙原高助の権限を財産に関する権限に限定する定めの裁判確定同月弐拾九日嘱託㊞（法定一一四）

父　甲野義太郎

母　梅子

長男

啓太郎

出生　平成拾五年拾月弐拾五日

〔図15〕

子の戸籍（コンピュータシステムによる証明書記載例）

（1の1）　全部事項証明

本　　籍	東京都千代田区平河町一丁目4番地
氏　　名	甲野　義太郎
戸籍事項 戸籍編製	（編製事項省略）
戸籍に記録されている者	【名】啓太郎 【生年月日】平成１５年１０月２５日 【父】甲野義太郎 【母】甲野梅子 【続柄】長男
身分事項 出　　生	（出生事項省略）
未成年者の後見	（未成年後見人選任事項省略）
未成年者の後見	（未成年後見人選任事項省略）
未成年者の後見	【未成年後見人の権限を財産に関する権限に限定する定めの裁判確定日】平成２６年9月２５日 【未成年後見人】乙原高助 【記録嘱託日】平成２６年9月２９日
	以下余白

発行番号

6　未成年後見人の職務執行停止及び代行者選任の裁判発効による戸籍記載の嘱託があった場合

未成年後見人を解任する審判事件が係属している場合において、未成年被後見人の利益のため必要があるときは、未成年後見人の解任の申立てをした者の申立てにより又は家庭裁判所の職権で、解任の申立てについての審判が効力を生ずるまでの間、審判前の保全処分として未成年後見人の職務の執行停止及びその職務代行者を選任することができ、その審判は、審判を受ける者にそれぞれ告知することによって効力を生ずるものとされている（家事一八一条で準用する同法一二七条）。

なお、未成年後見人の職務執行停止及び代行者選任の裁判が発効した場合には、裁判所書記官による戸籍記載の嘱託に基づいて戸籍の記載をする（家事一一六条、家事規七六条二項三号、戸一五条、平成一二・三・一五民二―六〇一号通達・参考記載例一五一）。

また、職務代行者選任処分については、職務執行停止の処分とは独立した処分と解されることから、それぞれの審判の発効日が異なる年月日となる可能性がある。この発効年月日が異なる以上、戸籍の記載もそれぞれの審判の発効日について公示する必要がある。本事例は、未成年後見人の職務執行停止及び代行者選任が同一の裁判で行われて確定し、審判を受ける双方の当事者に対し同じ日に告知され、裁判が発効した場合の処理例である。

戸籍の記載をすべき事項 戸籍の記載事項の対象となる裁判は下記の該当数字を○で囲んだもの （下記裁判の　（発効）・　失効　）
1　親権者の職務執行停止
2　親権者の職務代行者選任
3　親権者の職務代行者改任
4　親権者の管理権執行停止
5　親権者の管理権代行者選任
6　親権者の管理権代行者改任
⑦　未成年後見人の職務執行停止
⑧　未成年後見人の職務代行者選任
9　未成年後見人の職務代行者改任
10　未成年後見監督人の職務執行停止
11　未成年後見監督人の職務代行者選任
12　未成年後見監督人の職務代行者改任

家事事件手続法第116条に基づく戸籍記載嘱託事務としてこの嘱託により戸籍記載がされたことを確認するため，この嘱託に基づく記載がされた戸籍の謄本の交付を請求する。

裁判所書記官　小　林　一　夫　㊞

※1　「親権者，未成年後見人又は未成年後見監督人」には，職務執行停止関係事件（「戸籍の記載をすべき事項」欄1，4，7，10の事件）につきその職務の執行を停止された親権者，未成年後見人又は未成年後見監督人について記載する。
※2　「職務代行者等」には，職務代行者・管理権代行者関係事件（「戸籍の記載をすべき事項」欄2，3，5，6，8，9，11，12の事件）につき審判前の保全処分によって選任され又は改任された職務代行者又は管理権代行者について記載する。
※3　戸籍筆頭者が区々である場合には，審判書（決定書）謄本記載の順序で，「，」で区切って各筆頭者を記載する。
※4　職務代行者等の戸籍筆頭者の氏名は，職務代行者等が選任又は改任される場合にのみ記載をする。
※5　「戸籍記載の原因が生じた日」について，1名の者に複数の裁判がされた場合で，各裁判を特定する必要があるときは，「戸籍の記載をすべき事項」欄の該当数字を用いて記載する。

〔図16〕

書式３　（保全型）

（事件番号）平成 26 年（家ロ）第　3331　号

<table>
<tr><td colspan="2">戸　籍　記　載　嘱　託　書</td><td rowspan="2">（受付印欄）

受付　平成 26 年 9 月 21 日

番号　第 1085 号</td></tr>
<tr><td colspan="2">千葉市中央区長　殿
平成 26 年 9 月 20 日
東京家庭裁判所
裁判所書記官　小　林　一　夫　㊞</td></tr>
<tr><td>原因を証する書面</td><td colspan="2">☑ 審判書謄本　□ 決定書謄本　□ 取下書謄本</td></tr>
<tr><td>未成年者，親権者，未成年後見人又は未成年後見監督人（※1），職務代行者等（※2）の氏名，戸籍の表示等</td><td colspan="2">☑ 別添審判書（決定書）謄本のとおり
（複数掲げられている場合には，その全員についての記載を嘱託する。）
未成年者の戸籍筆頭者の氏名（　甲　野　義太郎　）※３
職務代行者等の戸籍筆頭者の氏名（　乙　川　忠　夫　）※３，４
□ 別紙目録のとおり</td></tr>
<tr><td>戸籍記載の原因</td><td colspan="2">☑ 別添審判書（決定書）謄本の裁判の　発効
□ 次の裁判の　取消し・執行停止　の裁判の発効
　裁判所
　平成　年　月　日発効の裁判
□ 次の裁判の失効
　裁判所
　平成　年　月　日発効の裁判
(1)　本案確定　(2)　本案申立取下げ　(3)　保全処分申立取下げ
(4)　（　　　）
- - - - - - - - - - - - - - - -
（戸籍記載の原因が生じた日）
☑ 平成　26　年　9　月　18　日
□ 親権者，未成年後見人又は未成年後見監督人（　　　）（※５）につき平成　年　月　日
　親権者，未成年後見人又は未成年後見監督人（　　　）（※５）につき平成　年　月　日</td></tr>
</table>

【戸籍受附帳の記載】

〔図17〕

受附番号	受理送付の別	受附年月日（事件発生年月日）	件名	届出事件本人の氏名（届出人の資格氏名）	本籍又は国籍	備考
一〇八五	受理	九月二一日（九月一八日発効）	後見停止代行選任（嘱託）	甲野義和 甲原孝吉 乙川松子	中央区千葉港五番地 甲野義太郎 東京都千代田区永田町二丁目五番地 京都市上京区小山初音町十八番地 乙川忠夫	未成年後見人甲原孝吉の職務執行停止及び代行者乙川松子選任の裁判発効東京家庭裁判所から嘱託

（注）(1) 受附月日欄には裁判確定の月日を括弧書きし、件名欄には嘱託の旨を括弧書きする。
(2) 届出事件本人の氏名は未成年被後見人を先に記載する。
(3) 備考欄には、嘱託の主旨を記載する。

【戸籍の記載】子の戸籍

〔図18〕

本籍　千葉市中央区千葉港五番地

氏名　甲野義太郎

（編製事項省略）

（出生事項省略）

（未成年後見人選任事項省略）

平成弐拾六年九月拾八日未成年後見人甲原孝吉の職務執行停止及び代行者京都市上京区小山初音町十八番地乙川忠夫同籍松子選任の裁判発効同月弐拾壱日嘱託㊞（参考一五一）

父　甲野義太郎

母　梅子

長男

義和

出生　平成拾九年六月拾日

〔図19〕

子の戸籍（コンピュータシステムによる証明書記載例）

（1の1）　全部事項証明

本　　籍 氏　　名	千葉市中央区千葉港５番地 甲野　義太郎
戸籍事項 　戸籍編製	（編製事項省略）
戸籍に記録されている者	【名】義和 【生年月日】平成１９年６月１０日 【父】甲野義太郎 【母】甲野梅子 【続柄】長男
身分事項 　出　　生	（出生事項省略）
未成年者の後見	（未成年後見人選任事項省略）
未成年者の後見	【未成年後見人職務執行停止及び代行者選任の裁判発効日】 　平成２６年９月１８日 【職務執行停止を受けた者】未成年後見人　甲原孝吉 【未成年後見代行者】乙川松子 【未成年後見代行者の戸籍】京都市上京区小山初音町１８番 　地　乙川忠夫 【記録嘱託日】平成２６年９月２１日
	以下余白

発行番号

7　未成年後見人の職務執行停止及び代行者選任の裁判発効日が異なる場合の戸籍の記載

職務代行者選任処分については、職務執行停止の処分とは独立した処分と解されることから、それぞれの審判の発効日が異なる年月日となる可能性がある。その発効年月日が異なる以上、戸籍の記載もそれぞれの審判の発効日について公示する必要がある。

しかし、未成年後見人の職務執行停止及び代行者選任の審判が発効し家庭裁判所から戸籍記載の嘱託がされた場合の戸籍の記載については、「参考記載例一五一」に示されており、コンピュータ戸籍の場合、裁判の発効年月日については、一つの年月日しか入力することができない仕様となっている。しかも、新たに【未成年後見人の職務執行停止の裁判発効日】のような新たなインディックスを設けることは、現在の戸籍情報システム上、できないようである。そこで、当面の対応策として、裁判発効日のインディックスをそのまま用いて職務執行停止の裁判発効日を記載し、【特記事項】として職務執行代行者選任の裁判発効日を記載するのが相当であろうとする参考事例が示されている（「未成年後見に関する戸籍の記載の嘱託について」戸籍八八三号六八頁）。この取扱いによる戸籍の記載は次のとおりである。

(1)　未成年後見人の職務執行停止の裁判と職務代行者選任の裁判がそれぞれ異なる日に発効し、しかも裁判所からの戸籍記載嘱託も異なる日に行われた場合

戸籍の記載をすべき事項 戸籍の記載事項の対象となる裁判は下記の該当数字を○で囲んだもの （下記裁判の　（発効）・　失効　）
1　親権者の職務執行停止
2　親権者の職務代行者選任
3　親権者の職務代行者改任
4　親権者の管理権執行停止
5　親権者の管理権代行者選任
6　親権者の管理権代行者改任
（7）未成年後見人の職務執行停止
8　未成年後見人の職務代行者選任
9　未成年後見人の職務代行者改任
10　未成年後見監督人の職務執行停止
11　未成年後見監督人の職務代行者選任
12　未成年後見監督人の職務代行者改任

家事事件手続法第116条に基づく戸籍記載嘱託事務としてこの嘱託により戸籍記載がされたことを確認するため，この嘱託に基づく記載がされた戸籍の謄本の交付を請求する。

裁判所書記官　小　林　一　夫　㊞

※1　「親権者，未成年後見人又は未成年後見監督人」には，職務執行停止関係事件（「戸籍の記載をすべき事項」欄1，4，7，10の事件）につきその職務の執行を停止された親権者，未成年後見人又は未成年後見監督人について記載する。
※2　「職務代行者等」には，職務代行者・管理権代行者関係事件（「戸籍の記載をすべき事項」欄2，3，5，6，8，9，11，12の事件）につき審判前の保全処分によって選任され又は改任された職務代行者又は管理権代行者について記載する。
※3　戸籍筆頭者が区々である場合には，審判書（決定書）謄本記載の順序で，「，」で区切って各筆頭者を記載する。
※4　職務代行者等の戸籍筆頭者の氏名は，職務代行者等が選任又は改任される場合にのみ記載をする。
※5　「戸籍記載の原因が生じた日」について，1名の者に複数の裁判がされた場合で，各裁判を特定する必要があるときは，「戸籍の記載をすべき事項」欄の該当数字を用いて記載する。

⑴　未成年後見人の職務執行停止の裁判と職務代行者選任の裁判がそれぞれ異なる日に発効し，戸籍記載嘱託も異なる日に行われた場合

〔図20〕

書式３　（保全型）

（事件番号）平成 26 年（家ロ）第　3331　号

<table>
<tr><td colspan="2">戸　籍　記　載　嘱　託　書</td><td rowspan="2">（受付印欄）

受付　平成 26 年 9 月 21 日

番号　第 1085 号</td></tr>
<tr><td colspan="2">千葉市中央区長　殿

平成 26 年 9 月 20 日

東京家庭裁判所

裁判所書記官　小　林　一　夫　㊞</td></tr>
<tr><td>原因を証する書面</td><td colspan="2">☑　審判書謄本　☐　決定書謄本　☐　取下書謄本</td></tr>
<tr><td>未成年者，親権者，未成年後見人又は未成年後見監督人（※1），職務代行者等（※2）の氏名，戸籍の表示等</td><td colspan="2">☑　別添審判書（決定書）謄本のとおり
（複数掲げられている場合には，その全員についての記載を嘱託する。）
未成年者の戸籍筆頭者の氏名（　甲　野　義太郎　）※３
職務代行者等の戸籍筆頭者の氏名（　　）※３，４
☐　別紙目録のとおり</td></tr>
<tr><td>戸籍記載の原因</td><td colspan="2">☑　別添審判書（決定書）謄本の裁判の　発効
☐　次の裁判の　取消し・執行停止　の裁判の発効
裁判所
平成　年　月　日発効の裁判
☐　次の裁判の失効
裁判所
平成　年　月　日発効の裁判
(1)　本案確定　(2)　本案申立取下げ　(3)　保全処分申立取下げ
(4)　（　　）
- - - - - - - - - - - - - - - -
（戸籍記載の原因が生じた日）
☑　平成　26　年　9　月　18　日
☐　親権者，未成年後見人又は未成年後見監督人（　　）
（※５）につき平成　年　月　日
親権者，未成年後見人又は未成年後見監督人（　　）
（※５）につき平成　年　月　日</td></tr>
</table>

戸籍の記載をすべき事項 戸籍の記載事項の対象となる裁判は下記の該当数字を○で囲んだもの （下記裁判の　（発効）　・　失効　）
1　親権者の職務執行停止
2　親権者の職務代行者選任
3　親権者の職務代行者改任
4　親権者の管理権執行停止
5　親権者の管理権代行者選任
6　親権者の管理権代行者改任
7　未成年後見人の職務執行停止
（8）未成年後見人の職務代行者選任
9　未成年後見人の職務代行者改任
10　未成年後見監督人の職務執行停止
11　未成年後見監督人の職務代行者選任
12　未成年後見監督人の職務代行者改任

家事事件手続法第116条に基づく戸籍記載嘱託事務としてこの嘱託により戸籍記載がされたことを確認するため，この嘱託に基づく記載がされた戸籍の謄本の交付を請求する。 裁判所書記官　小　林　一　夫　㊞

※1　「親権者，未成年後見人又は未成年後見監督人」には，職務執行停止関係事件（「戸籍の記載をすべき事項」欄1，4，7，10の事件）につきその職務の執行を停止された親権者，未成年後見人又は未成年後見監督人について記載する。

※2　「職務代行者等」には，職務代行者・管理権代行者関係事件（「戸籍の記載をすべき事項」欄2，3，5，6，8，9，11，12の事件）につき審判前の保全処分によって選任され又は改任された職務代行者又は管理権代行者について記載する。

※3　戸籍筆頭者が区々である場合には，審判書（決定書）謄本記載の順序で，「，」で区切って各筆頭者を記載する。

※4　職務代行者等の戸籍筆頭者の氏名は，職務代行者等が選任又は改任される場合にのみ記載をする。

※5　「戸籍記載の原因が生じた日」について，1名の者に複数の裁判がされた場合で，各裁判を特定する必要があるときは，「戸籍の記載をすべき事項」欄の該当数字を用いて記載する。

〔図21〕

書式３　（保全型）

（事件番号）平成26年（家ロ）第　3331　号

<table>
<tr><td colspan="2">戸　籍　記　載　嘱　託　書</td><td rowspan="2">(受付印欄)

受付　平成26年10月4日

番号　第1124号</td></tr>
<tr><td colspan="2">千葉市中央区長　殿
平成26年10月３日
東京家庭裁判所
裁判所書記官　小　林　一　夫　㊞</td></tr>
<tr><td>原因を証する書面</td><td colspan="2">☑　審判書謄本　□　決定書謄本　□　取下書謄本</td></tr>
<tr><td>未成年者，親権者，未成年後見人又は未成年後見監督人(※1)，職務代行者等（※2）の氏名，戸籍の表示等</td><td colspan="2">☑　別添審判書（決定書）謄本のとおり
(複数掲げられている場合には，その全員についての記載を嘱託する。)
未成年者の戸籍筆頭者の氏名（　甲　野　義太郎　）※３
職務代行者等の戸籍筆頭者の氏名（　乙　川　忠　夫　）※３，４
□　別紙目録のとおり</td></tr>
<tr><td>戸籍記載の原因</td><td colspan="2">☑　別添審判書（決定書）謄本の裁判の　発効
□　次の裁判の　取消し・執行停止　の裁判の発効
裁判所
平成　年　月　日発効の裁判
□　次の裁判の失効
裁判所
平成　年　月　日発効の裁判
(1)　本案確定　(2)　本案申立取下げ　(3)　保全処分申立取下げ
(4)　(　　)
- - - - - - - - - -
(戸籍記載の原因が生じた日)
☑　平成　26　年　10　月　１　日
□　親権者，未成年後見人又は未成年後見監督人（　　）（※５）につき平成　年　月　日
親権者，未成年後見人又は未成年後見監督人（　　）（※５）につき平成　年　月　日</td></tr>
</table>

【戸籍受附帳の記載】

〔図22〕

受附番号	受理送付の別	受附年月日（事件発生年月日）	件名	届出事件本人の氏名（届出人の資格氏名）	本籍又は国籍	備考
一〇八五	受理	九月二一日（九月一八日 発効）	後見停止（嘱託）	甲野義和 甲原孝吉	中央区千葉港五番地 甲野義太郎 東京都千代田区永田町二丁目五番地	未成年後見人甲原孝吉の職務執行停止の裁判発効 東京家庭裁判所から嘱託

（注）(1) 受附月日欄には裁判確定の月日を括弧書きし、件名欄には嘱託の旨を括弧書きする。
(2) 届出事件本人の氏名は未成年被後見人を先に記載する。
(3) 備考欄には、嘱託の主旨を記載する。

【戸籍受附帳の記載】

受附番号	受理送付の別	受附年月日（事件発生年月日）	件名	届出事件本人の氏名（届出人の資格氏名）	本籍又は国籍	備考
一一二四	受理	一〇月四日（一〇月一日 発効）	代行選任（嘱託）	甲野義和 乙川松子	中央区千葉港五番地 甲野義太郎 京都市上京区小山初音町十八番地 乙川忠夫	未成年後見人の職務代行者乙川松子選任の裁判発効 東京家庭裁判所から嘱託

（注）(1) 受附月日欄には裁判確定の月日を括弧書きし、件名欄には嘱託の旨を括弧書きする。
(2) 届出事件本人の氏名は未成年被後見人を先に記載する。
(3) 備考欄には、嘱託の主旨を記載する。

【戸籍の記載】 子の戸籍

〔図23〕

本籍	千葉市中央区千葉港五番地
氏名	甲野　義太郎

（編製事項省略）

（出生事項省略）

（未成年後見人選任事項省略）

平成弐拾六年九月拾八日未成年後見人甲原孝吉の職務執行停止の裁判発効同月弐拾壱日嘱託㊞

平成弐拾六年拾月壱日未成年後見人甲原孝吉の代行者京都市上京区小山初音町十八番地乙川忠夫同籍松子選任の裁判発効同月四日嘱託㊞

父	甲野　義太郎
母	梅子
長男	
（名）	義和
出生	平成拾九年六月拾日

〔図24〕

子の戸籍（コンピュータシステムによる証明書記載例）

（1の1）　全部事項証明

本　　籍	千葉市中央区千葉港5番地
氏　　名	甲野　義太郎
戸籍事項 　戸籍編製	（編製事項省略）
戸籍に記録されている者	【名】義和 【生年月日】平成１９年６月１０日 【父】甲野義太郎 【母】甲野梅子 【続柄】長男
身分事項 　出　　生	（出生事項省略）
未成年者の後見	（未成年後見人選任事項省略）
未成年者の後見	【未成年後見人職務執行停止及び代行者選任の裁判発効日】 　平成２６年９月１８日 【職務執行停止を受けた者】未成年後見人　甲原孝吉 【記録嘱託日】平成２６年９月２１日
未成年者の後見	【未成年後見人職務執行停止及び代行者選任の裁判発効日】 　平成２６年１０月１日 【未成年後見代行者】乙川松子 【未成年後見代行者の戸籍】京都市上京区小山初音町１８番地　乙川忠夫 【記録嘱託日】平成２６年１０月４日
	以下余白

発行番号

(2)　未成年後見人の職務執行停止の裁判と職務代行者選任の裁判がそれぞれ異なる日に発効したが、裁判所からの戸籍記載嘱託が同日に行われた場合

（紙戸籍の記載例）

「平成弐拾六年九月拾八日未成年後見人甲原孝吉の職務執行停止の裁判発効及び同月弐拾日代行者京都市上京区小山初音町十八番地乙川忠夫同籍松子選任の裁判発効同月弐拾壱日嘱託㊞」

（コンピュータシステムによる証明書記載例）

未成年者の後見	【未成年後見人職務執行停止及び代行者選任の裁判発効日】平成２６年９月１８日 【職務執行停止を受けた者】未成年後見人　甲原孝吉 【未成年後見代行者】乙川松子 【未成年後見代行者の戸籍】京都市上京区小山初音町１８番地　乙川忠夫 【記録嘱託日】平成２６年９月２１日 【特記事項】未成年後見人代行者選任の裁判発効日　平成２６年９月２０日

改訂 設題解説 戸籍実務の処理
—Ⅵ 親権・未成年後見編—
定価：本体3,700円（税別）

平成7年11月22日 初版発行 レジストラー・ブックス⑬⑥
平成25年6月14日 改訂版発行
平成29年2月3日 改訂版第2刷発行

監 修 木村三男
著 者 竹澤雅二郎
荒木文明
発行者 尾中哲夫

発行所 日本加除出版株式会社
本 社 郵便番号 171-8516
東京都豊島区南長崎3丁目16番6号
TEL （03）3953-5757（代表）
（03）3952-5759（編集）
FAX （03）3953-5772
URL http://www.kajo.co.jp/
営業部 郵便番号 171-8516
東京都豊島区南長崎3丁目16番6号
TEL （03）3953-5642
FAX （03）3953-2061

組版 ㈱倉田印刷 ／ 印刷・製本（POD） 京葉流通倉庫㈱

落丁本・乱丁本は本社でお取替えいたします。

Printed in Japan
ISBN978-4-8178-4091-2 C3032 ¥3700E